VERLAG ANTJE
KUNSTMANN

YANIS VAROUFAKIS

DER GLOBALE MINOTAURUS

AMERIKA UND DIE ZUKUNFT DER WELTWIRTSCHAFT

Aus dem Englischen
von Ursel Schäfer

Verlag Antje Kunstmann

Titel der Originalausgabe: *The Global Minotaur. America, the True Origins of the Financial Crisis and the Future of the World Economy*
Umschlaggestaltung: Heidi Sorg & Christof Leistl, München
Typografie + Satz: www.frese-werkstatt.de
Druck und Bindung: Pustet, Regensburg
ISBN 978-3-88897-754-1
2. Auflage 2015

Inhalt

Danksagung 7

KAPITEL 1 *Einführung* 11
KAPITEL 2 *Zukunftslabore* 40
KAPITEL 3 *Der Globale Plan* 76
KAPITEL 4 *Der Globale Minotaurus* 113
KAPITEL 5 *Die Helfer des Untiers* 139
KAPITEL 6 *Der Crash* 176
KAPITEL 7 *Die Helfer schlagen zurück* 201
KAPITEL 8 *Die weltweite Hinterlassenschaft des Minotaurus: Eine sinkende Sonne, verwundete Tiger, ein instabiles Europa und ein angstvoller Drache* 219
KAPITEL 9 *Eine Zukunft ohne Minotaurus?* 260

Anmerkungen 270
Empfohlene Lektüre 278
Auswahlbibliografie 280
Grafiken, Tabellen, Kästen 282
Abkürzungen 283
Register 284

Danksagung

Die Metapher vom Globalen Minotaurus kam mir während endloser Gespräche mit Joseph Halevi über das, was die Welt nach den Wirtschaftskrisen der 1970er-Jahre bewegte. Unser Austausch war intensiv, regelmäßig und anregend. Er erstreckte sich über zwei Jahrzehnte, bei Begegnungen in Australien und Europa, von Angesicht zu Angesicht, per E-Mail, in allen möglichen Medien und Stimmungen. Und dabei kristallisierte sich allmählich eine kohärente Sicht des Weltwirtschaftssystems heraus, in der die amerikanischen Defizite eine zentrale und auf paradoxe Weise beherrschende Rolle spielten.

An die Öffentlichkeit gelangte diese Sicht erstmals 2003 in einem Artikel in *Monthly Review* mit dem Titel »Der Globale Minotaurus«. Darin präsentierten Joseph und ich die Arbeitshypothese, das definierende Merkmal der Weltwirtschaft sei die Umkehrung der Ströme bei den Handels- und Kapitalüberschüssen zwischen den Vereinigten Staaten und dem Rest der Welt. Zum ersten Mal in der Weltgeschichte stärkte der Hegemon seine Hegemonie dadurch, dass er absichtlich seine Defizite vergrößerte, nachdem er seine globale Überschussposition verloren hatte. Der Trick dabei war, zu verstehen, *wie* Amerika das anstellte und auf welche tragische Weise der Erfolg dieser Strategie dem Finanzkapitalismus den Weg bereitete, der die amerikanische Vorherrschaft stärkte und zugleich die Saat zu ihrem möglichen Ende legte.

Es wurde eine interessante Geschichte, die offenbar gut zu dem passte, was viele ganz unterschiedliche Menschen über unsere schöne globale Welt dachten. Und als dann der Crash von 2008 kam, klang unsere Geschichte noch einleuchtender – zumindest für uns. In Reaktion auf die anschließende Krise warben Joseph und ich unseren guten Freund und Kollegen Nicholas Theocarakis an, eine noch umfassendere Geschichte zu erzählen: die Geschichte, wie die Ereignisse von 2008 sowohl für den globalen Kapitalismus als auch für die Art und Weise, wie wir ihn als Ökonomen deuten können, einen Bruch darstellten.

Das Ergebnis ist ein kürzlich erschienenes wissenschaftliches Werk mit dem Titel *Modern Political Economics*; in ihm ist die Präsenz des Globalen Minotaurus beinahe auf jeder Seite spürbar. Weil sich dieses Buch an unsere wissenschaftlichen Kollegen und Studenten richtet, ist die grundlegende Argumentation mit ausführlichen Diskussionen und langatmigen Exkursen verwoben, die jeden Leser außerhalb des akademischen Milieus in den Wahnsinn treiben dürften. Deshalb hatte ich die Idee, den Kern der Geschichte vom Globalen Minotaurus in dem Buch zusammenzufassen, das Sie in der Hand halten.

Als Erstes danke ich Joseph und Nicholas für die gemeinsamen Gedanken, die in die folgenden Seiten eingeflossen sind. Außerdem danke ich: George Krimpas für moralische Unterstützung, intellektuelle Führung und dringend nötige Korrekturen; Nicholas Theocarakis (noch einmal) für die gründliche Lektüre einer früheren Fassung; Alejandro Nadal für ein paar hervorragende Anmerkungen und Clive Liddiard für intelligentes Korrekturlesen. Und schließlich schulde ich Rob Langham von Routledge Dank, der mir vorgeschlagen hat, mit meiner Idee für dieses Projekt an Zed Books heranzutreten, und natürlich Ken Barlow von Zed Books, dass er meine Idee begeistert und effizient aufgegriffen hat.

Für Danaë Stratou,
meine globale Partnerin

KAPITEL 1
EINFÜHRUNG

Ein Augenblick im Jahr 2008

Nichts macht uns menschlicher als eine *Aporie* – der Zustand massiver Verwirrung, in den wir geraten, wenn unsere Gewissheiten zu Bruch gehen, wenn wir auf einmal in einer Sackgasse stecken, nicht mehr erklären können, was unsere Augen sehen, unsere Finger berühren, unsere Ohren hören. In diesen seltenen Momenten, in denen unsere Vernunft darum ringt zu begreifen, was die Sinnesorgane ihr melden, lässt unsere Verwirrung uns demütig werden und stellt den so vorbereiteten Geist auf bis dahin unerträgliche Wahrheiten ein. Und wenn die Aporie ihr Netz sehr weit auswirft, sodass sich die ganze Menschheit darin verfängt, wissen wir, dass wir einen besonderen historischen Augenblick erleben. Der September 2008 war ein solcher Augenblick.

Die Welt hatte sich gerade auf eine Weise selbst in Erstaunen versetzt, die es seit 1929 nicht mehr gegeben hatte. Gewissheiten, die eine jahrzehntelange Konditionierung uns eingebläut hatte, waren schlagartig weg, und mit ihnen Vermögenswerte im Wert von 40 Billionen Dollar weltweit, davon allein 14 Billionen Vermögen privater Haushalte in den Vereinigten Staaten, 700.000 amerikanische Arbeitsplätze pro Monat, unzählige Häuser und Wohnungen überall, die ihre Besitzer nicht mehr halten konnten … Die Liste ist ebenso lang, wie die Zahlen unvorstellbar sind.

Die kollektive Aporie wurde durch die Reaktion der Regierungen noch verstärkt, die bis dahin unbeirrt den fiskalischen Konservatismus – die vielleicht letzte Massenideologie des 20. Jahrhunderts – hochgehalten hatten: Auf einmal schütteten sie Billionen von Dollar, Euro, Yen und so weiter in ein Finanzsystem, das noch wenige Monate zuvor glänzend gelaufen war, sagenhafte Gewinne angehäuft und behauptet hatte, den Goldtopf am Ende des globalisierten Regenbogens gefunden zu haben. Und als das nicht ausreichte, begannen unsere Präsidenten und Regierungschefs, Männer und Frauen mit untadeligen neoliberalen Überzeugungen, die Staatsinterventionismus ablehnten, mit einem Eifer, der Lenins Großtaten nach 1917 in den Schatten stellte, Banken, Versicherungen und Autohersteller zu verstaatlichen.

Im Gegensatz zu früheren Krisen – wie dem Platzen der Dotcom-Blase 2001, der Rezession von 1991, dem Schwarzen Montag[1], dem Debakel in Lateinamerika in den 1980er-Jahren, dem Abgleiten der Dritten Welt in eine tückische Schuldenfalle und sogar der verheerenden Depression in Großbritannien und Teilen der Vereinigten Staaten in den 1980er-Jahren – war die Krise von 2008 nicht auf eine geografische Region, eine soziale Schicht oder bestimmte Branchen beschränkt. Alle Krisen vor 2008 waren in gewisser Weise lokal begrenzt gewesen. Diejenigen, die langfristig unter ihnen litten, hatten für die amtierenden Mächte meist keinerlei Bedeutung, und wenn (wie beim Schwarzen Montag, dem Zusammenbruch des Hedgefonds Long-Term Capital Management, LTCM, 1998 oder dem Platzen der Dotcom-Blase zwei Jahre später) doch auch die Mächtigen den Schock spürten, eilten die Behörden rasch und wirksam zu Hilfe.

Demgegenüber hatte der Crash von 2008 sowohl global wie im neoliberalen Kernland verheerende Folgen. Mehr noch: Seine Folgen werden uns noch sehr, sehr lange begleiten. In Großbritannien war dies wahrscheinlich die erste Krise seit Menschengedenken, die die reicheren Regionen im Süden traf. In den Vereinigten Staaten hatte die Subprime-Krise zwar in den alles andere als reichen Gebieten dieses großen Landes begonnen, erfasste aber nach und nach auch die letzten Schlupfwinkel der privilegierten Mittelschicht mit ihren bewachten Wohnanlagen, ihren grünen Vorstädten, ihren Eliteuniversitäten, an denen sich die Wohlhabenden versammeln und für die höheren sozioökonomischen Positionen in Stellung bringen. In Europa hallt der gesamte Kontinent vom Getöse einer Krise wider, die nicht vergehen will und europäische Illusionen bedroht, die sechs Jahrzehnte unerschüttert überstanden hatten. Migrationsströme kehrten sich um, als polnische und irische Arbeiter Dublin und London verließen und nach Warschau oder Melbourne zogen. Selbst China, das wundersamerweise mit einer gesunden Wachstumsrate der Rezession entging, als weltweit die Wirtschaft schrumpfte, steckt in der Klemme, weil der Konsumanteil seines Volkseinkommens zurückgeht und der hohe Anteil staatlicher Investitionsprojekte eine gefährliche Blase nährt – zwei Omen, die nichts Gutes verheißen in einer Zeit, in der fraglich ist, ob der Rest der Welt langfristig Chinas Exportüberschüsse aufnehmen kann.

Zu der allgemeinen Aporie kommt noch hinzu, dass die Großen und Mächtigen zugeben müssen, dass auch sie von den neuen Wendungen der Realität überfordert sind. Im Oktober 2008 bekannte Alan Greenspan, der ehemalige Chef der amerikanischen Notenbank (Fed), der lange als moderner Merlin galt, er sehe »einen Fehler in dem Modell, das ich für die entscheidende Struktur gehalten habe, die festlegt, wie die Welt funktioniert«.[2] Zwei Monate später sagte Larry Summers, ehemals Finanzminister in der Regierung Clinton und später oberster Wirtschaftsberater (Vorsitzender des Nationalen Wirtschaftsrats) des gewählten Präsidenten Obama, »in dieser Krise ist es riskanter, zu wenig zu tun, als zu viel zu tun«. Wenn der Große Zauberer einräumt, dass seine ganze Magie auf einem fehlerhaften Modell basiert, wie die Welt funktioniert, und der ranghöchste Wirtschaftsberater des Präsidenten dazu rät, alle Vorsicht in den Wind zu schlagen, kapiert auch die Öffentlichkeit, was los ist: Unser Schiff steuert in trügerische, unbekannte Gewässer, die Crew ist ratlos, der Kapitän in Panik.

Und so sind wir in einen Zustand der greifbaren, allgemeinen Aporie geraten. Geistige Trägheit wich ängstlichen Zweifeln. Die Entscheidungsträger scheinen ihrer Entscheidungsgewalt beraubt. Die Politik hangelt sich von einem Tag zum nächsten. Beinahe sofort hat eine verwirrte Öffentlichkeit ihre Antennen in alle Richtungen ausgefahren, verzweifelt bemüht, Erklärungen für die Vorgänge und ihre Ursachen zu finden. Wie um zu beweisen, dass das Angebot nicht stimuliert werden muss, wenn die Nachfrage reichlich vorhanden ist, legte nun auch die Presse los. Bücher, Aufsätze, Essays, sogar Filme kamen heraus und erzeugten eine Flut von Erklärungen, was schiefgegangen war. Doch auch wenn in einer Welt im Schockzustand immer eine Fülle von Theorien über ihre Notlage heranreifen, garantiert die Überproduktion von Erklärungen noch keine Lösung der Aporie.

Sechs Erklärungen für das, was geschehen ist

1. »Vor allem hat das kollektive Vorstellungsvermögen vieler kluger Leute ... dabei versagt, die Risiken des Systems insgesamt zu begreifen«

Das war die Kernaussage eines Briefs, den die Queen am 22. Juli 2009 von der Britischen Akademie erhielt als Antwort auf eine Frage, die sie einer Versammlung von Professoren mit hochroten Köpfen an der London School of Economics gestellt hatte: »Warum haben Sie es nicht kommen sehen?« Fünfunddreißig britische Spitzenökonomen antworteten in ihrem Brief: »Ups! Wir haben die Große Spekulationsblase für die Schöne Neue Welt gehalten.« Der Kern ihrer Antwort lautete, sie hätten zwar den Finger am Puls der Zeit gehabt und die Augen fest auf die Zahlen geheftet, bei der Diagnose aber zwei miteinander zusammenhängende Irrtümer begangen: den Irrtum, zu extrapolieren, und den (eher noch schlimmeren) Irrtum, auf ihre eigene Rhetorik hereinzufallen.

Jeder konnte sehen, dass die Zahlen Amok liefen. In den Vereinigten Staaten war die Verschuldung des Finanzsektors von bereits beachtlichen 22 Prozent des Bruttoinlandsprodukts (oder BIP) im Jahr 1981 auf 117 Prozent im Sommer 2008 in die Höhe geschossen. Unterdessen stieg die Verschuldung der amerikanischen Haushalte von 66 Prozent im Jahr 1997 auf 100 Prozent des Volkseinkommens zehn Jahre später. Alles zusammengenommen, lag die Gesamtverschuldung der Vereinigten Staaten 2008 bei 350 Prozent des BIP, während sie 1980 bei 160 Prozent und damit auch schon sehr hoch gelegen hatte. In Großbritannien häufte die Londoner City (der Finanzsektor, in den die britische Gesellschaft nach der rapiden Deindustrialisierung Anfang der 1980er-Jahre vor allem investiert hatte) eine kollektive Verschuldung auf, die sich auf das Zweieinhalbfache des britischen BIP belief, und die britischen Familien standen gleichzeitig mit einer Summe in der Kreide, die größer war als das jährliche BIP.

Wenn also die unkontrollierte Akkumulation von Schulden mehr Risiken aufhäufte, als die Welt ertragen konnte, warum sah dann niemand den Crash kommen? Das war letztlich der Tenor der ganz vernünftigen Frage, die die Queen gestellt hatte. Die Mitglieder der Britischen Akademie bekannten sich in ihrer Antwort zähneknirschend zu der doppelten Sünde arroganter Rhetorik und linearer Extrapolation. Beide Sünden zusammen hatten zu der selbstgefälligen Überzeugung geführt, ein Paradigmenwechsel habe stattgefunden und die Welt sei in der Lage, risikolos unbegrenzte, harmlose Schulden zu machen.

Die erste Sünde kam in der Gestalt mathematisch verbrämter Rhetorik daher. Sie wiegte Politiker und Wissenschaftler in dem Irrglauben, durch Finanzinnovationen sei es gelungen, das Risiko aus dem System zu eliminieren; die neuen Finanzinstrumente ermöglichten eine neue Art der Verschuldung, die die Eigenschaften von Quecksilber aufwies. Darlehen wurden geschaffen, in kleine Stücke aufgeteilt und zu Paketen zusammengeschnürt, die unterschiedlich große Risiken enthielten,[3] und dann weltweit verkauft. Durch die breite Streuung des finanziellen Risikos, so das Mantra, lief kein einzelner Akteur eine nennenswerte Gefahr, betroffen zu sein, wenn ein paar Schuldner ausfallen sollten. Es war ein esoterischer Glauben an die Macht des Finanzsektors, »risikoloses Risiko« zu erzeugen, und er kulminierte in der Ansicht, der Planet könnte künftig Schulden tragen (und Wetten auf diese Schulden), die ein Vielfaches des aktuellen globalen Einkommens ausmachten.

Vulgärempirismus stützte solche mystischen Überzeugungen: 2001, als die sogenannte »New Economy« kollabierte und einen Großteil des nur auf dem Papier bestehenden Reichtums vernichtete, den die Dotcom-Blase und Gauner vom Schlag von Enron geschaffen hatten, hielt das System stand. Und die New-Economy-Blase von 2001 war tatsächlich schlimmer als die Blase mit den ausfallgefährdeten Hypotheken, die sechs Jahre später platzte. Doch die negativen Auswirkungen wurden von der Politik wirksam begrenzt (auch wenn sich der Arbeitsmarkt erst 2004/2005 wieder erholte). Wenn es gelang, einen so großen Schock so gut abzufangen, konnte das System doch sicher kleinere Schocks wie 500 Milliarden Dollar Verluste mit Subprime-Hypotheken in den Jahren 2007/2008 verdauen.

Nach der Erklärung der Britischen Akademie (die, das muss betont werden, von vielen geteilt wird) passierte der Crash von 2008 – ohne dass Heerscharen superschlauer Männer und Frauen, deren Job es war, es besser zu wissen, ihn vorausahnten –, weil mittlerweile die angeblich risikolosen Risiken alles andere als risikolos waren. Banken wie die Royal Bank of Scotland, die 4000 »Risikomanager« beschäftigte, versanken in einem schwarzen Loch von Risiken, die schiefgegangen waren. Nach dieser Lesart zahlte die Welt den Preis dafür, dass sie ihrer eigenen Rhetorik geglaubt und angenommen hatte, die Zukunft werde nicht viel anders aussehen als die jüngste Vergangenheit. Weil unsere von den Finanzmärkten durchdrungene Welt glaubte, sie hätte das Risiko erfolgreich verteilt, schuf sie so viel Risiko, dass sie davon verschlungen wurde.

2. Regulatorische Handschellen

Märkte regeln den Preis für Zitronen. Das tun sie mit minimalem institutionellem Input, denn die Käufer erkennen gute Zitronen, wenn sie im Angebot sind. Für Anleihen oder, noch schlimmer, synthetische Finanzprodukte gilt das nicht. Die Käufer können das »Produkt« nicht schmecken, können es nicht drücken, um den Reifegrad zu testen, oder daran riechen. Sie verlassen sich auf externe, institutionelle Informationen und wohl definierte Regeln, die eigens dafür aufgestellt wurden und von leidenschaftslosen, unbestechlichen Behörden überwacht werden. Diese Rolle spielten – vermeintlich – die Ratingagenturen und staatlichen Regulierungsbehörden. Beide Einrichtungen versagten nicht nur, sondern handelten schuldhaft.

Wenn beispielsweise ein verbriefter Schuldtitel (Collateralized Debt Obligation, CDO) – ein Wertpapier, in dem viele verschiedene Scheibchen vieler verschiedener Schuldtitel zusammengefasst sind[4] – mit AAA bewertet wurde und seine Rendite einen Prozentpunkt über der von kurzfristigen amerikanischen Schuldverschreibungen (US Treasury Bills[5]) lag, war das eine doppelte Botschaft: Der Käufer konnte darauf vertrauen, dass er ein solides Papier kaufte, und wenn der Käufer eine Bank war, konnte er das Stück Papier genauso (als wäre es nicht ein Jota riskanter) behandeln wie das reale Geld, das er dafür bezahlt hatte. Diese Vorspiegelung ermöglichte den Banken aus zwei Gründen atemberaubende Gewinne:

1. Wenn die Banken ihre vielen neu erworbenen CDOs behielten – und denken Sie daran: für den Staat waren CDOs genauso gut wie Dollarnoten mit demselben Nennwert –, mussten sie sie nicht einmal in die Berechnung ihres Eigenkapitals[6] einbeziehen. Das bedeutete, dass sie ungestraft Einlagen ihrer Kunden dafür verwenden konnten, mit AAA geratete CDOs zu kaufen, ohne dass sie dadurch in ihrer Fähigkeit eingeschränkt waren, anderen Kunden und anderen Banken neue Darlehen zu gewähren. Solange sie höhere Zinsen fordern konnten, als sie bezahlten, erhöhte der Kauf von CDOs mit AAA-Rating die Profitabilität von Banken, ohne ihre Möglichkeiten zur Kreditvergabe einzuschränken. Die CDOs waren somit die Instrumente, um die Regeln zu beugen, die das Bankensystem vor sich selbst schützen sollten.
2. Die Alternative dazu, die CDOs im Tresor der Bank zu lagern, bestand darin, sie bei einer Zentralbank (zum Beispiel der Fed) als Sicherheit für Kredite zu verpfänden, mit denen die Banken dann machen konnten, was sie wollten: sie an Kunden ausleihen, an andere Banken oder noch mehr CDOs für sich selbst kaufen. Der springende Punkt dabei ist, dass für die Kredite, die die Zentralbanken gegen die als Sicherheit verpfändeten AAA-CDOs ausliehen, nur sehr geringe Zinsen gezahlt werden mussten. Wenn dann ein CDO-Titel mit einem Zinssatz von einem Prozentpunkt über dem, was die Zentralbank verlangte, fällig wurde, behielten die Banken die Differenz für sich.

Die Kombination dieser beiden Faktoren bedeutete, dass die Emittenten von CDOs ein Interesse daran hatten,

a) so viel wie nur möglich davon auszugeben;
b) sich so viel Geld wie möglich zu leihen, um CDOs anderer Emittenten zu kaufen;
c) große Mengen solcher Wertpapiere in ihren Büchern zu halten.[7]

Leider war das eine offene Einladung, sein eigenes Geld zu drucken! Kein Wunder, dass Warren Buffett nach einem Blick auf die sagenumwobenen CDOs befand, es handele sich dabei um Massenvernichtungswaffen. Die Verlockung verbreitete sich wie ein Flächenbrand: Je mehr die Finanzinstitute sich liehen, um CDOs mit AAA-Rating zu kaufen, desto mehr Geld verdienten sie. Der Traum vom eigenen Geldautomaten im Wohnzimmer war wahr geworden, zumindest für die privaten Finanzinstitute und die Menschen, die sie leiteten.

Angesichts dieser Fakten fällt der Schluss nicht schwer, dass der Crash von 2008 das unvermeidliche Ergebnis des Umstands war, dass man die Wilderer zu Wildhütern gemacht hatte. Sie hatten enorme Macht, und ihr Renommee als moderne Zauberer, die neuen Reichtum produzierten und neue Paradigmen schufen, war grenzenlos. Die Banker bezahlten die Ratingagenturen dafür, den AAA-Status auf die CDOs auszuweiten, die die Banken ausgaben; die Regulierungsbehörden (einschließlich der Zentralbank) akzeptierten die Ratings als koscher; und die ehrgeizigen jungen Männer und Frauen, die einen schlecht bezahlten Job gegen einen Job bei einer Ratingagentur eingetauscht hatten, begannen, von einer Karriere bei Lehman Brothers oder Moody's zu träumen. Kontrolliert wurden sie alle von Scharen von Finanzministern und Staatssekretären, die zuvor entweder bei Goldman Sachs oder Bear Stearns und Co. gearbeitet hatten oder darauf brannten, nach dem Ausscheiden aus der Politik in diesen magischen Zirkel vorzudringen.

In einem Umfeld, in dem die Champagnerkorken knallten und die Motoren funkelnder Porsches und Ferraris dröhnten, in einer Landschaft, in der sich aus den Banken Sturzbäche von Boni in bereits reiche Gebiete ergossen (dabei den Immobilienboom weiter anfachten und neue Blasen von Long Island und dem Londoner Eastend bis in die Vororte von Sydney oder die Hochrisikoviertel von Shanghai entstehen ließen), in einer Welt des sich scheinbar von selbst vermehrenden Reichtums auf dem Papier hätte man heroisch – und rücksichtslos – sein müssen, um die Alarmglocken zu läuten, die unbequemen Fragen zu stellen und Zweifel anzumelden, dass die mit AAA bewerteten CDOs tatsächlich risikolos waren. Selbst wenn ein unverbesserlich romantischer Regulierer, Händler oder leitender Banker Alarm geschlagen hätte, hätte man ihn übertönt, und er wäre als tragische, gescheiterte Figur in der Gosse der Geschichte geendet.

Bei den Brüdern Grimm gibt es das Märchen von einem Zaubertopf, der die frühen Träume des Industriezeitalters verkörperte – ein automatisches Füllhorn, das all unsere Wünsche befriedigt und niemals versiegt. Das Märchen ist aber auch eine trostlose, warnende Geschichte, die zeigt, wie schnell aus industriellen Träumen Albträume werden. Denn gegen Ende der Geschichte läuft der Wundertopf Amok und überflutet das Dorf mit süßem Hirsebrei. Die Technik ist böse geworden, genau wie Mary Shelleys genialer Doktor Frankenstein erlebt, dass sich sein eigenes Geschöpf boshaft gegen ihn wendet. Genauso überschwemmte der virtuelle Geldautomat, den die Wall Street, die Ratingagenturen und die Regulierer, die mit ihnen gemeinsame Sache machten, ersonnen hatten, das Finanzsystem mit dem süßen Brei unserer Tage, an dem schließlich beinahe die ganze Welt erstickte. Und als im Herbst 2008 der Geldautomat nicht mehr funktionierte, kam eine an synthetischen Brei gewöhnte Welt knirschend zum Stillstand.

3. Unbezähmbare Gier

»Es liegt in der Natur des Menschen«, lautet die dritte Erklärung. Menschen sind gierige Wesen, die zivilisiertes Benehmen nur vortäuschen. Wenn sich die kleinste Chance bietet, werden sie stehlen, plündern und andere drangsalieren. Dieser düstere Blick auf uns Menschen lässt keinen Raum für einen Funken Hoffnung, dass intelligente Raufbolde Regeln zur Eindämmung von Raufereien zustimmen werden. Und selbst wenn sie zustimmen – wer wird die Regeln durchsetzen? Nur eine Art Leviathan mit außerordentlicher Macht könnte den Raufbolden Angst machen. Aber dann stellt sich wieder die Frage: Wer wird den Leviathan in die Schranken weisen?

So denkt der neoliberale Geist und kommt zu dem Schluss, dass Krisen wohl notwendige Übel sind und dass keine menschliche Vorkehrung einen wirtschaftlichen Zusammenbruch abwenden kann. Seit ein paar Jahrzehnten, beginnend mit Präsident Roosevelts Bemühungen nach 1932, die Banken zu regulieren, ist die Leviathan-Lösung weithin akzeptiert: Der Staat kann und soll die Rolle von Hobbes' Leviathan bei der Regulierung der Gier spielen und Gier und Besitz einigermaßen ins Gleichgewicht bringen. Der Glass-Steagall Act von 1933 ist wahrscheinlich das am häufigsten zitierte Beispiel für solche Regulierungsbemühungen.[8]

Doch in den 1970er-Jahren rückte man immer mehr von diesem regulatorischen Rahmen ab und kehrte zu der fatalistischen Sicht zurück, dass die menschliche Natur immer Wege finden wird, ihre eigenen guten Absichten zu sabotieren. Der »Rückzug in den Fatalismus« fiel mit einer Phase zusammen, als Neoliberalismus und Finanzmarktkapitalismus ihre hässlichen Häupter reckten. Es war eine neue Version des alten Fatalismus: Die überwältigende Macht des Leviathan ist zwar nötig, um die Raufbolde in Schranken zu halten, aber sie erstickt Wachstum, behindert Innovation, hemmt die Fantasie in Finanzdingen und zwingt so der Welt eine langsame Gangart auf, wo doch technologische Innovationen uns gerade ermöglichen, uns in höhere Ebenen von Entwicklung und Wohlstand emporzuschwingen.

1987 beschloss Präsident Reagan, Paul Volcker (den die Regierung Carter ernannt hatte) als Präsident der Notenbank abzulösen und durch Alan Greenspan zu ersetzen. Einige Monate später erlebten die Finanzmärkte den schlimmsten Tag ihrer Geschichte, den berüchtigten Schwarzen Montag. Greenspans geschickter

Umgang mit den Folgen brachte ihm den Ruf ein, nach einem Crash am Finanzmarkt effizient aufzuräumen.[9] Dieses »Wunder« sollte er bis zu seinem Eintritt in den Ruhestand 2006 mehrfach wiederholen.[10]

Reagans stramme Neoliberale hatten Greenspan nicht *trotz*, sondern *wegen* seiner festen Überzeugung gewählt, die Möglichkeiten und Verdienste der Regulierung würden überschätzt. Greenspan zweifelte sehr, dass irgendeine staatliche Institution, die Fed eingeschlossen, der menschlichen Natur Zügel anlegen und die Gier effizient beschränken könnte, ohne zugleich Kreativität, Innovation und letztlich Wachstum abzuwürgen. Seine Überzeugung führte ihn zur Anwendung eines schlichten Rezepts, das die Welt gut neunzehn Jahre lang prägte: Da nichts die menschliche Gier so diszipliniert wie die unnachgiebigen Herren Angebot und Nachfrage, überlässt man die Märkte am besten sich selbst, und der Staat hält sich bereit, einzugreifen und aufzuräumen, wenn das unvermeidliche Desaster eingetreten ist. Wie ein liberaler Elternteil, der seine Kinder in allerlei Missgeschicke geraten lässt, erwartete Greenspan Ärger, aber zog es vor, an der Seitenlinie zu warten, stets bereit, nach einer wilden Party aufzuräumen oder die Wunden und gebrochenen Gliedmaßen zu versorgen.

Greenspan blieb bei jedem Abschwung während seiner Amtszeit bei seinem Rezept und seiner Weltsicht. Bei allen Aufschwüngen saß er einfach da und tat beinahe nichts, außer hin und wieder ein sibyllinisches Wort der Ermunterung zu äußern. Wenn dann eine Blase platzte, griff er aggressiv ein, senkte massiv die Zinssätze, flutete die Märkte mit Geld und setzte überhaupt alles daran, das sinkende Schiff wieder flottzumachen. Das Rezept schien gut zu funktionieren – zumindest bis 2008, eineinhalb Jahre nach seinem vergoldeten Ruhestand. Da funktionierte es auf einmal nicht mehr.

Man muss Greenspan zugutehalten, dass er bekannte, den Kapitalismus missverstanden zu haben. Schon allein wegen dieses *mea culpa* sollte die Geschichte milde über ihn urteilen, denn es gibt sehr wenige Beispiele, dass mächtige Männer willens und in der Lage sind, etwas einzugestehen – besonders wenn ihre einstigen Gefolgsleute bei ihrer Verleugnung bleiben. Tatsächlich ist Greenspans Modell der Welt, dem er selbst abgeschworen hat, immer noch lebendig, wirksam und erlebt ein Comeback. Begünstigt und unterstützt durch steigende Kurse an der Wall Street, die alle ernsthaften Regulierungsversuche nach 2008 aggressiv abzuwehren versucht, ist die Überzeugung wieder da, dass man der menschlichen Natur keine Zügel anlegen kann, ohne zugleich unsere Freiheit und unseren langfristigen Wohlstand zu gefährden. Wie ein kriminell fahrlässiger Arzt, dessen Patient durch Glück überlebt hat, fordert das Establishment aus der Zeit vor 2008 Absolution mit dem Argument, schließlich habe der Kapitalismus überlebt. Und wenn manche von uns weiterhin unbedingt einen Sündenbock für den Crash von 2008 suchen, warum soll man dann nicht der menschlichen Natur die Schuld geben? Sicher wird ehrliche Introspektion zeigen, dass jeder von uns eine tadelnswerte dunkle Seite hat. Die Wall Street bekennt sich allein zu der Sünde, diese dunkle Seite auf eine große Leinwand projiziert zu haben.

4. Kulturelle Ursprünge

Im September 2008 blickten die Europäer selbstgefällig über den großen Teich, in der festen Überzeugung, endlich bekämen die Anglo-Kelten ihre verdiente Strafe. Jahrelang hatten sich die Europäer anhören müssen, wie überlegen das anglo-keltische Modell war, welche Vorzüge flexible Arbeitsmärkte hatten, wie dumm es war zu glauben, Europa könne sich im Zeitalter der Globalisierung ein großzügiges soziales Netz leisten, welche Wunder eine aggressiv individualistische Unternehmerkultur bewirkte, zu welchen Kunststücken die Wall Street in der Lage war und wie brillant die City of London nach dem Big Bang dastand. Da erfüllte die Nachricht vom Crash, als sie in Wort und Bild die ganze Welt erreichte, die Herzen der Europäer mit einer zwiespältigen Mischung aus Schadenfreude und Angst.

Natürlich dauerte es nicht lange, bis die Krise auch Europa erfasste. Dabei verwandelte sie sich in etwas Schlimmeres und Bedrohlicheres, als die Europäer sich jemals vorgestellt hätten. Dennoch sind die meisten Europäer immer noch davon überzeugt, dass der Crash seine Wurzeln in der anglo-keltischen Kultur hat. Sie verweisen darauf, dass die Menschen in englischsprachigen Ländern um jeden Preis Wohneigentum haben wollen. Sie finden es schwierig, ein ökonomisches Modell nachzuvollziehen, das abenteuerliche Hauspreise produziert, indem es Mieter als angebliche Leibeigene von Vermietern stigmatisiert und Immobilienbesitzer in den Himmel hebt, obwohl diese womöglich den Banken stärker ausgeliefert sind.

Europäer und Asiaten sahen gleichermaßen die obszöne relative Größe des anglo-keltischen Finanzsektors, der seit Jahren auf Kosten der Industrie gewachsen war, und kamen zu dem Schluss, der Weltkapitalismus sei von Verrückten geentert worden. Als die Krise dann genau an diesen Orten ihren Anfang nahm (in Amerika, Großbritannien, Irland, am Häusermarkt und an der Wall Street), fanden sie sich bestätigt. Das Gefühl der Europäer, recht gehabt zu haben, bekam durch die nachfolgende Eurokrise einen schweren Dämpfer, aber die Asiaten können sich immer noch ordentlich Selbstgefälligkeit leisten. Tatsächlich heißen der Crash von 2008 und seine Folgen in weiten Teilen Asiens »Nordatlantikkrise«.

5. Toxische Theorie

Im Jahr 1997 ging der Wirtschaftsnobelpreis an Robert Merton und Myron Scholes für ihr »bahnbrechendes finanzmathematisches Modell zur Bewertung von Finanzoptionen«. Ihre Methode, tönte das Nobelpreiskomitee in seiner Presseerklärung, »hat den Weg für ökonomische Bewertungen in vielen Bereichen gewiesen. Es hat auch neue Arten von Finanzinstrumenten entstehen lassen und ein effizienteres Risikomanagement in der Gesellschaft ermöglicht.« Hätte das Nobelkomitee bei seiner glücklosen Entscheidung nur geahnt, dass das »bahnbrechende Modell« wenige Monate später einen spektakulären Milliarden-Dollar-Crash verursachen würde: den Zusammenbruch eines großen Hedgefonds (des berüchtigten LTCM, in den Merton und Scholes ihr gesamtes Renommee investiert hatten) und natürlich seine Rettung durch die allzeit hilfsbereiten amerikanischen Steuerzahler.

Der wahre Grund für den Zusammenbruch von LTCM – der Testlauf für den größeren Crash von 2008 – war ganz einfach: hohe Investitionen im Vertrauen auf die nicht zu überprüfende Behauptung, man könne die Wahrscheinlichkeit von Ereignissen abschätzen, die das *eigene* Modell als nicht nur unwahrscheinlich, sondern theoretisch gar nicht fassbar wegdenkt. Eine logisch inkohärente Annahme in der eigenen Theorie ist schlimm genug. Aber wenn man die Reichtümer des Weltkapitalismus auf solche Annahmen verwettet, ist das fast schon kriminell. Wie konnten die Wirtschaftswissenschaftler damit davonkommen? Wie überzeugten sie die Welt und das Nobelkomitee, dass sie die Wahrscheinlichkeit von Ereignissen einschätzen konnten (wie den reihenweisen Ausfall von Schuldnern), die nach ihren eigenen Modellen nicht einzuschätzen waren?

Die Antwort ist eher in der Massenpsychologie zu suchen als in der Ökonomie: Die Wirtschaftswissenschaftler tauften die *Unwissenheit* um und vermarkteten sie erfolgreich als *eine Form von provisorischem Wissen.* Dann bauten die Finanziers auf der Grundlage der umbenannten Unwissenheit neue Formen von Schulden zusammen und errichteten Pyramiden auf der Annahme, das Risiko sei beseitigt. Je mehr Investoren sich überzeugen ließen, desto mehr Geld verdienten alle Beteiligten und desto besser gelang es den Ökonomen, alle zum Schweigen zu bringen, die es wagten, ihre

Grundannahmen in Zweifel zu ziehen. Auf diese Weise verstärkten sich *toxisches Finanzgebaren* und *toxische ökonomische Theoriebildung* gegenseitig.

Während die Mertons der Finanzwelt Nobelpreise einsammelten und im selben Atemzug sagenhafte Gewinne einstrichen, änderten ihre Pendants an den großen wirtschaftswissenschaftlichen Fakultäten ihr theoretisches »Paradigma«. Es hatte einmal eine Zeit gegeben, da bemühten sich führende Wirtschaftswissenschaftler um Erklärungen; jetzt war Umbenennung der neue Trend. Sie kopierten die Strategie der Finanziers, Unwissenheit als provisorisches Wissen auszugeben und Unsicherheit als risikoloses Risiko, und bezeichneten unerklärliche Arbeitslosigkeit (zum Beispiel eine Arbeitslosenquote von 5 Prozent, die sich einfach nicht bewegte) neuerdings als *natürliche Arbeitslosenquote.* Die Schönheit des neuen Begriffs lag darin, dass Arbeitslosigkeit auf einmal natürlich erschien und deshalb keiner Erklärung mehr bedurfte.

Es lohnt sich, an diesem Punkt etwas tiefer in den raffinierten Schwindel der Ökonomen einzutauchen: Wann immer sie nicht erklären konnten, warum das menschliche Verhalten von ihren Vorhersagen abwich, definierten sie erstens solches Verhalten als »aus dem Gleichgewicht« geraten und behaupteten zweitens, es sei zufällig und lasse sich am besten mit einem Zufallsmodell erfassen. Solange man »Abweichungen« unter den Tisch fallen ließ, funktionierten die Modelle, und die Finanziers profitierten. Aber als Panik einsetzte und der Sturm auf das Finanzsystem begann, erwiesen sich die »Abweichungen« als ganz und gar nicht zufällig. Und ganz natürlich kollabierten die Modelle zusammen mit den Märkten, die sie mit geschaffen hatten.

Jeder, der sich unvoreingenommen mit diesen Vorfällen befasste, hätte, so glauben viele, zu dem Schluss kommen müssen, dass es sich bei den ökonomischen Theorien, an die einflussreiche Leute (im Bankensektor, bei den Hedgefonds, in der Fed und der EZB – einfach überall) glaubten, um kaum verschleierte betrügerische Konstruktionen handelte, die die »wissenschaftlichen« Feigenblätter lieferten, hinter denen die Wall Street die Wahrheit über ihre »Finanzinnovationen« zu verstecken versuchte. Die Theorien kamen mit eindrucksvollen Namen daher: Effizienzmarkthypothese (EMH, Efficient Market Hypothesis), rationale Erwartungshypothese (REH) und Theorie realer Konjunkturzyklen (RBCT, Real Business Cycle Theory). Tatsächlich wurden hier Theorien groß vermarktet, deren mathematische Komplexität lange Zeit erfolgreich ihre Schwächen verbarg.

Drei toxische Theorien, die das Denken des wirtschaftswissenschaftlichen Establishments vor 2008 prägten

EMH: Niemand kann auf Dauer damit Geld verdienen, dass er klüger zu sein versucht als der Markt. Warum? Weil die Finanzmärkte dafür sorgen, dass in ihren aktuellen Preisen alle den Marktteilnehmern bekannten Informationen verarbeitet sind. Manche Marktteilnehmer reagieren zu stark auf neue Informationen, andere reagieren zu wenig. Und wenn alle sich irren, hat der Markt »recht«. Eine Theorie nach Voltaires Dr. Pangloss!

REH: Niemand sollte erwarten, dass eine Theorie menschlichen Handelns langfristig genaue Voraussagen liefert, wenn die Theorie annimmt, dass die Menschen sie systematisch missverstehen oder gänzlich ignorieren. Stellen Sie sich zum Beispiel vor, ein brillanter Mathematiker hätte eine Theorie entwickelt, wie man beim Poker wirkungsvoll blufft, und Ihnen beigebracht, die Theorie anzuwenden. Die Theorie würde nur funktionieren, wenn Ihre Gegner entweder keinen Zugang dazu hätten oder sie missverstünden. Denn würden Ihre Gegner die Theorie ebenfalls kennen, könnten alle sie anwenden und herausfinden, wann Sie bluffen, und damit Ihren Bluff vereiteln. Schließlich würden Sie die Theorie aufgeben und Ihre Gegner ebenso. Nach der REH können derartige Theorien Verhalten nicht gut voraussagen, weil die Menschen sie durchschauen und gegen ihre Postulate und Vorhersagen verstoßen. Das klingt radikal anti-bevormundend. Demnach können Theoretiker, die glauben, sie würden die Gesellschaft besser verstehen als Otto Normalverbraucher, nicht viel erhellende Erkenntnisse liefern. Aber beachten Sie den Knackpunkt: Damit die REH zutrifft, müssen die Irrtümer der Menschen (bei der Voraussage einer ökonomischen Variablen wie Inflation, dem Weizenpreis, dem Preis eines Derivats oder einer Aktie) *immer* zufällig sein – das heißt, sie dürfen kein Muster aufweisen, nicht zusammenhängen und nicht in einer Theorie zu fassen sein. Man muss nur einen Augenblick überlegen, um zu erkennen, dass die REH vor allem in Verbindung mit der EMH niemals eine Rezession oder gar eine Krise voraussagen wird. Warum? Weil Rezessionen definitionsgemäß systematische Ereignisse sind, die einem Muster folgen. So überraschend eine Rezession kommt, sie läuft nach einem festen Muster ab, jede Phase hängt eng mit der vorangegangenen zusammen. Wie reagiert nun ein Anhänger der EMH-REH, wenn seine Augen und Ohren laut an das Gehirn melden: »Rezession, Crash, Krise!« Er wendet sich der RBCT zu in der Hoffnung auf eine beruhigende Erklärung.

RBCT: Ausgehend von EMH und REH beschreibt die RBCT den Kapitalismus als gut funktionierende Gaia. Sich selbst überlassen, wird alles harmonisch bleiben und niemals eine Krise auftreten (wie die von 2008). Allerdings kann es »Angriffe« von »außen« geben (durch Einmischung der Regierung oder einer launischen Zentralbank, von verabscheuungswürdigen Gewerkschaften, arabischen Ölproduzenten oder Aliens), und das erfordert eine Reaktion und Anpassung. Wie eine gütige Gaia auf den Einschlag eines großen Meteoriten reagiert, reagiert der Kapitalismus effizient auf äußere Schocks. Es kann eine Weile dauern, bis die Schockwellen absorbiert sind, und möglicherweise gibt es viele Opfer, aber es ist immer am besten, den Kapitalismus allein mit der Krise fertigwerden zu lassen, statt dass ihm Politiker, die ihre eigenen Interessen verfolgen, und ihre Gesinnungsgenossen (die behaupten, sie würden sich für das Allgemeinwohl einsetzen, und doch nur an sich denken) neue Schocks zufügen.

Zusammenfassend können wir sagen: *Toxischen Derivaten* lagen *toxische ökonomische Annahmen* zugrunde, die nichts anderes waren als theoretische Selbstrechtfertigungen im Eigeninteresse; fundamentalistische Traktate, die Fakten nur dann anerkannten, wenn sie den einträglichen Glaubenssätzen nicht im Wege standen. Trotz ihrer hochtrabenden Namen und der technischen Fassade waren die ökonomischen Modelle nur mathematische Versionen des rührenden Aberglaubens, dass die Märkte es immer am besten wissen, in ruhigen Zeiten und ebenso, wenn es hoch hergeht.

6. Systemversagen

Was wäre aber, wenn wir weder der menschlichen Natur noch der ökonomischen Theorie die Schuld am Crash geben können? Wenn er nicht deshalb passiert ist, weil die Banker gierig waren (obwohl die meisten gierig sind) oder weil sie mit toxischen Theorien operierten (obwohl die meisten das zweifellos taten), sondern weil der Kapitalismus in eine Falle geraten war, die er sich selbst gestellt hatte? Was wäre, wenn der Kapitalismus kein »natürliches« System ist, sondern vielmehr ein ganz spezielles System mit einer Tendenz zum Systemversagen?

Die Linke mit ihrem ursprünglichen Propheten Marx hat immer davor gewarnt, dass der Kapitalismus als System danach strebt, uns zu Automaten zu machen und unsere Marktgesellschaften in Dystopien im *Matrix*-Stil zu verwandeln. Aber je näher der Kapitalismus diesem Ziel kommt, desto näher kommt er seinem Ende – so ähnlich wie Ikarus in der Mythologie. Nach dem Crash rappelt er sich im Gegensatz zu Ikarus wieder auf, schüttelt den Staub aus seinen Kleidern und fängt wieder von vorn an.

Laut dieser letzten Erklärung auf meiner Liste scheinen unsere kapitalistischen Gesellschaften dazu bestimmt, regelmäßige Krisen zu produzieren, die immer schlimmer werden, je weiter sich die menschliche Arbeitskraft vom Produktionsprozess entfernt und das kritische Denken uns von der öffentlichen Debatte. All jenen, die menschlichem Geiz, menschlicher Gier und menschlichem Egoismus die Schuld geben, entgegnete Marx, ihr Instinkt sei richtig, aber sie suchten an der falschen Stelle. Das Geheimnis des Kapitalismus sei seine Neigung zur Widersprüchlichkeit: seine Fähigkeit, zugleich gewaltigen Reichtum und unerträgliche Armut zu produzieren, großartige neue Freiheiten und die schlimmsten Formen der Sklaverei, schimmernde mechanische Sklaven und elende menschliche Arbeit.

Der menschliche Wille mag nach dieser Lesart dunkel und geheimnisvoll sein, doch im Zeitalter des Kapitals ist er eher eine abgeleitete Kraft als ein erster Beweger. Denn das *Kapital* hat die Rolle der ursprünglichen Kraft usurpiert, die unsere Welt gestaltet, unseren Willen eingeschlossen. Die selbstreferenzielle Dynamik des Kapitals macht den menschlichen Willen, den Arbeitgeber und den Arbeitnehmer gleichermaßen zunichte. Obwohl *das Kapital* – das Kürzel für Maschinen, Geld, verbriefte Derivate und alle Formen, in denen sich Wohlstand kristallisiert hat – unbelebt ist und keinen Verstand hat, entwickelt es sich rasch so, als wäre es selbst ein Akteur in der Wirtschaft, und benutzt menschliche Akteure (Banker, Bosse und Beschäftigte gleichermaßen) als Bauern in seinem Spiel. Genau wie unser Unbewusstes erzeugt auch das Kapital in unseren Köpfen Illusionen – vor allem die Illusion, dass wir, wenn wir ihm dienen, wertvoll, außergewöhnlich, mächtig werden. Wir sind stolz auf unsere Beziehung zum Kapital (entweder als Finanziers, die an einem einzigen Tag Millionen »schaffen«, oder als Arbeitgeber, von denen zahllose Arbeitnehmerfamilien abhängen, oder als Arbeitnehmer, die privilegierten Zugang zu der schimmernden Maschinerie haben oder zu kümmerlichen Dienstleistungen, die illegalen Migranten verwehrt bleiben) und ignorieren die tragische Tatsache, dass in Wahrheit das *Kapital* uns alle besitzt und *wir ihm* dienen.

Der Philosoph Arthur Schopenhauer warf uns modernen Menschen vor, wir würden uns selbst täuschen, wenn wir meinten, unsere Überzeugungen und Handlungen würden von unserem Bewusstsein gesteuert. Nietzsche pflichtete ihm bei und sagte, alles, woran wir irgendwann glaubten, spiegele nicht die Wahrheit wider, sondern die Macht eines anderen über uns. Marx fügte in dieses Bild noch die Wirtschaft ein und tadelte uns alle, weil wir die Realität ignorierten, dass das Kapital und sein Drang zur Akkumulation unsere Gedanken okkupiert hätten. Natürlich entwickelt sich das Kapital ohne Verstand, auch wenn es seiner eigenen stahlharten Logik folgt. Niemand hat den Kapitalismus entworfen, und niemand wird ihn bändigen, jetzt, wo er seine volle Dynamik entfaltet.

Indem der Kapitalismus sich einfach entwickelt hat, ohne dass jemand zustimmte, hat er uns von den primitiveren Formen der gesellschaftlichen und wirtschaftlichen Organisation befreit. Er hat Maschinen und (materielle und finanzielle) Instrumente hervorgebracht, die uns erlaubten, die Herrschaft über den Planeten zu übernehmen. Er versetzte uns in die Lage, uns eine Zukunft ohne Armut vorzustellen, in der unser Leben nicht länger der Gnade einer feindlichen *Natur* ausgeliefert ist. Doch wie die Natur mit denselben Mechanismen Mozart und Aids hervorbrachte, produzierte der Kapitalismus zugleich auch katastrophale Kräfte mit einer Tendenz, Unfrieden, Ungleichheit, industrielle Kriegführung, Umweltzerstörung und natürlich auch finanzielle Abstürze zu erzeugen. Auf einen Streich schuf er – ohne Logik und Grund – Reichtum und Krisen, Entwicklung und Entrechtung, Fortschritt und Rückständigkeit.

War der Crash von 2008 womöglich nichts anderes als unsere regelmäßig wiederkehrende Chance zu erkennen, wie sehr wir bereits zugelassen haben, dass unser *Wille* vom *Kapital* unterjocht wird? War es ein Stoß, der uns aufrütteln sollte, damit wir einsehen, dass das Kapital die Kraft ist, »der wir uns beugen müssen«, eine Macht, die eine »kosmopolitische, allgemeine, jede Schranke, jedes Band umwerfende Energie entwickelt, um sich als die einzige Politik, Allgemeinheit, Schranke und Band an die Stelle zu setzen«?[11]

Die Herausforderung der Parallaxe

Ein Stock, der halb im Wasser liegt, sieht gekrümmt aus. Wenn man um ihn herumgeht, ändert sich der Blickwinkel, und jedes Mal ergibt sich eine andere Perspektive. Wenn dann noch die Strömung des Flusses den Stock hin und her schiebt, sind sowohl die »Realität« des »gekrümmten« Stocks wie unser Verständnis davon dauernd in Bewegung. Physiker bezeichnen dieses Phänomen als *Parallaxe.* Ich führe es hier an, um zu zeigen, dass viele Beobachtungen zu dem Crash von 2008 gleichzeitig zutreffend *und* irreführend sein können.

Damit soll nicht die objektive Realität des Stocks (das heißt, dass er nicht gekrümmt ist) und des Crashs und seiner Folge, der *Krise,* bestritten werden. Es bedeutet nur, dass verschiedene Standpunkte »wahre« Beobachtungen liefern können und trotzdem die *Wahrheit* des Phänomens, das sie untersuchen, nicht enthüllen. Wir brauchen etwas jenseits der Vielfalt potenzieller Erklärungen und Perspektiven, um zu erfassen, was mit dem Stock tatsächlich los ist. Wir brauchen einen theoretischen Sprung, wie ihn die Physiker machen, der uns erlaubt, uns über die unvereinbaren Beobachtungen zu erheben bis zu einem konzeptuellen Ort, von dem aus die Sache einen Sinn ergibt. Diesen »Sprung« nenne ich die *Herausforderung der Parallaxe.*

Wenn man versucht, den Crash von 2008 zu verstehen, wird man mit der Herausforderung der Parallaxe in ihrer schwierigsten

Form konfrontiert. Wer kann überzeugend bestreiten, dass Ökonomen und Risikomanager das systemische Risiko massiv falsch eingeschätzt haben? Gibt es den geringsten Zweifel, dass die Wall Street und der Finanzsektor insgesamt durch unstillbare Gefräßigkeit, durch kriminelle Praktiken und durch Finanzprodukte, die eine anständige Gesellschaft hätte verbieten müssen, *tatsächlich* fett geworden sind? Bot das Verhalten der Ratingagenturen nicht Lehrbuchbeispiele für akute Interessenkonflikte? Wurde die Gier nicht als neue Qualität gepriesen? Scheiterten die Regulierer nicht spektakulär, weil sie der Versuchung erlagen, auf der »richtigen« Seite der Banker zu bleiben? Waren die anglo-keltischen Gesellschaften nicht anfälliger als andere für die kulturellen Trickserеien des Neoliberalismus und verkündeten dem Rest der Welt von der Kanzel herab, »Skrupel« seien überflüssig, nur das Eigeninteresse zähle, es sei die einzige Triebkraft? Ist es nicht so, dass der Crash von 2008 die entwickelte Welt härter traf als die sogenannten aufstrebenden Volkswirtschaften? Kann man die einfache Aussage bestreiten, dass der Kapitalismus als System die unheimliche Fähigkeit besitzt, sich selbst ein Bein zu stellen?

Wie bei einer schlichten optischen Parallaxe, bei der je nach dem eigenen Standpunkt alle Perspektiven gleich plausibel sind, erhellen auch alle oben zitierten Erklärungen wichtige Aspekte dessen, was 2008 geschah. Und trotzdem lassen sie uns unbefriedigt zurück, mit dem nagenden Gefühl, etwas Wichtiges zu verfehlen – dass wir zwar viele wichtige Manifestationen des Crashs erkannt haben, seine Quintessenz sich uns aber immer noch entzieht. Warum ist er *wirklich* passiert? Und wie konnten Heerscharen eifriger und motivierter, technisch hochgradig versierter Marktbeobachter schiefliegen? Wenn nicht Gier und Gaunerei, lockere Moral und noch lockerere Regulierung den Crash und die nachfolgende Krise verursachten, was dann? Und wenn die Erwartung der Marxisten, dass die inneren Widersprüche des Kapitalismus immer zum Ausbruch drängen, zu simpel ist als Erklärung der Vorgänge, die zu den

Ereignissen von 2008 führten, was ist dann das fehlende Bindeglied?

Meine bildlich ausgedrückte Antwort lautet: Der Crash von 2008 passierte, als ein Ungeheuer, das ich den *Globalen Minotaurus* nenne, lebensgefährlich verwundet wurde. Solange es den Planeten regierte, war seine eiserne Faust mitleidlos, und seine Herrschaft kannte kein Erbarmen. Trotzdem: Solange es sich robuster Gesundheit erfreute, hielt es die Weltwirtschaft in einem Zustand des *ausgeglichenen Ungleichgewichts.* Es sicherte ein gewisses Maß an Stabilität. Aber als das unausweichliche Schicksal es ereilte und es 2008 in einen komatösen Zustand verfiel, stürzte die Welt in eine schwelende Krise. Solange wir keinen Weg gefunden haben, um ohne das Ungeheuer zu leben, werden radikale Ungewissheit, anhaltende Stagnation und immer wieder aufflammende erhebliche Unruhe an der Tagesordnung sein.

Der Globale Minotaurus: Ein erster Blick

Der Zusammenbruch des Kommunismus 1991 war der Schlusspunkt einer Tragödie mit klassischen Untertönen, ein verhängnisvoller Wendepunkt (eine *Peripetie,* wie Aristoteles gesagt hätte), der begann, als die hehren Absichten der revolutionären Sozialisten zunächst von machthungrigen Zeloten usurpiert wurden und in der Folge sich ein auf die Dauer nicht lebensfähiger industrieller Feudalismus entwickelte, in dem es nur Opfer und Bösewichte gab. Im Gegensatz dazu hatte der Crash von 2008 die Aura einer vorklassischen, geradezu mythologischen und daher kruderen Abfolge von Ereignissen. Aus diesem Grund spielt der Titel dieses Buchs auf eine Zeit vor der Erfindung der Tragödie an.

Ich hätte das Buch auch anders nennen können, zum Beispiel *Der Globale Staubsauger.* Der Begriff beschreibt ziemlich gut das

Hauptmerkmal der zweiten Nachkriegsphase, die 1971 mit einer kühnen strategischen Entscheidung der amerikanischen Regierung begann: Statt das doppelte Defizit abzubauen, das sie in den späten 1960er-Jahren aufgebaut hatten (das Haushaltsdefizit des amerikanischen Staates und das Handelsbilanzdefizit der amerikanischen Wirtschaft), beschlossen Amerikas führende Politiker, beide Defizite absichtlich großzügig weiter zu erhöhen. Und wer sollte für die roten Zahlen aufkommen? Ganz einfach: der Rest der Welt! Wie? Durch einen anhaltenden Tsunami von Kapital, der ununterbrochen über die beiden großen Meere rauschte, um das doppelte Defizit Amerikas zu finanzieren.

So wirkte das doppelte Defizit der amerikanischen Wirtschaft jahrzehntelang wie ein gigantischer Staubsauger, der die Überschüsse anderer Völker an Waren und Kapital aufsaugte. Dieses »Arrangement« war die Verkörperung des größten denkbaren Ungleichgewichts auf dem Planeten und erforderte, wie Paul Volcker es anschaulich beschrieb, die »kontrollierte Desintegration der Weltwirtschaft«. Trotzdem entstand etwas, das einem *globalen Gleichgewicht* ähnelte: ein internationales System sich rapide beschleunigender asymmetrischer Finanz- und Handelsströme, die den Anschein von Stabilität und stetigem Wachstum erweckten.

Angetrieben durch das doppelte Defizit Amerikas, spuckten die führenden Überschussökonomien der Welt (Deutschland, Japan und später China) Güter aus, und die Amerikaner verschlangen sie. Fast 70 Prozent der Gewinne, die diese Länder weltweit einstrichen, wurden dann in Form von Kapitalströmen an die Wall Street zurück in die Vereinigten Staaten transferiert. Und was machte die Wall Street damit? Sie verwandelte die Kapitalströme sofort in Direktinvestitionen, Aktien, neue Finanzinstrumente, neue und alte Formen von Anleihen, und nicht zuletzt fiel auch ein »hübscher Verdienst« für die Banker ab. Durch dieses Prisma betrachtet, ergibt auf einmal alles Sinn: der Aufschwung des Finanzmarktkapitalismus, der Triumph der Gier, der Rückzug der Regulierer, die

Dominanz des anglo-keltischen Wachstumsmodells. Alle diese für die Ära typischen Phänomene erscheinen auf einmal als bloße Nebenprodukte der massiven Kapitalflüsse, die nötig waren, um das doppelte Defizit der Vereinigten Staaten zu kompensieren.

Der »Globale Staubsauger« hätte das Thema des vorliegenden Buchs tatsächlich treffend wiedergegeben. Die bescheidene Herkunft des Begriffs aus dem Reich der Haushaltsgeräte hätte sich beim Marketing vielleicht als hinderlich erwiesen, ihn aber nicht *per se* disqualifiziert. Doch auf einer symbolischeren Ebene hätte der Staubsauger den dramatischen, geradezu mythologischen Aspekten der internationalen Konstruktion, unter der wir alle vor dem verhängnisvollen Jahr 2008 hart arbeiteten, nicht Rechnung getragen – eine Konstruktion, die zu instabil war, um auf Dauer Bestand zu haben, die aber zugleich über Jahrzehnte weltweit für Ruhe sorgte, während ein konstanter Strom von Tributzahlungen von der Peripherie ins Zentrum des Reiches floss, Tributzahlungen, die bewirkten, dass das doppelte Defizit in Amerika und die weltweite Nachfrage nach den Gütern und Dienstleistungen der Überschussnationen sich wechselseitig stärkten.

So sah es aus – das globale Untier, das von den 1970er-Jahren bis vor Kurzem so laut brüllte. Ich glaube, zu seinem Erscheinungsbild passt die Metapher vom Minotaurus besser als eine, die an Hausarbeit erinnert.

Ein kurzer Blick auf den antiken Mythos (siehe Kasten 1.1) bestätigt, dass er sich gut zur Schilderung eines Machtungleichgewichts eignet, das durch einseitige Tributleistungen aufrechterhalten und stabilisiert wird. Eine Hegemonialmacht dehnt ihre Kontrolle über das Meer aus, gebärdet sich als Hüterin des Friedens in vielen Ländern und des internationalen Handels und erhält als Gegenleistung regelmäßige Tributzahlungen, die dazu dienen, das Ungeheuer im Inneren zu ernähren.

In der nebelumwobenen Welt der kretischen Mythologie war das Ungeheuer eine traurige, ungeliebte, bösartige Kreatur, und die

DER KRETISCHE MINOTAURUS 1.1

Der kretische Minotaurus ist eine tragische mythologische Gestalt. In seiner Geschichte geht es um Gier, göttliche Vergeltung, Rache und viel Leid. Sie ist auch ein Symbol für eine bestimmte Form des politischen und wirtschaftlichen Gleichgewichts, das sich über sehr unterschiedliche, weit entfernte Länder erstreckte – ein prekäres geopolitisches Gleichgewicht, das zusammenbrach, als das Ungeheuer getötet wurde und eine neue Ära begann.

Nach der Hauptvariante des Mythos bat König Minos von Kreta, der mächtigste Herrscher seiner Zeit, den Meeresgott Poseidon, er möge ihm als Zeichen seiner Unterstützung einen edlen Stier schenken. Diesen Stier werde er, versprach Minos, zu Ehren des Gottes opfern. Poseidon erfüllte seinen Wunsch. Minos war von der Schönheit und stolzen Haltung des Stiers so beeindruckt, dass er beschloss, den Stier zu verschonen. Die Götter, um einen guten Vorwand für schreckliche Vergeltung nie verlegen, dachten sich eine interessante Strafe für Minos aus: Mithilfe von Aphrodites besonderen Fähigkeiten sorgten sie dafür, dass sich Königin Pasiphaë, die Gemahlin des Minos, in den Stier verliebte. Durch verschiedene Hilfsmittel, die Daidalos, der legendäre Erfinder, ersonnen hatte, schaffte sie es, von ihm schwanger zu werden, und das Ergebnis des kurzen Beisammenseins war der Minotaurus: halb Mensch, halb Stier (Minotaurus heißt übersetzt »Stier des Minos«, nach dem griechischen Wort *tauros* für Stier).

Als der Minotaurus größer und immer unruhiger wurde, befahl König Minos dem Daidalos, ein Labyrinth zu bauen: einen riesigen unterirdischen Irrgarten, in dem der Minotaurus gefangen gehalten wurde. Das Untier konnte sich nicht von normaler Nahrung ernähren, sondern brauchte Menschenfleisch. Für Minos war das eine hervorragende Gelegenheit, sich an den Athenern zu rächen, deren König Ägeus, ein schlechter Verlierer, den Sohn des Minos hatte töten lassen, nachdem der junge Mann alle Rennen und Wettkämpfe der panathenischen Spiele gewonnen hatte. Nach einem kurzen Krieg mit Athen musste Ägeus jedes Jahr (nach einer anderen Version alle neun Jahre) sieben Knaben und sieben Jungfrauen nach Kreta senden, die dem Minotaurus zum Fraß vorgeworfen wurden. Auf diese Weise wurde dem Mythos zufolge eine *Pax Cretana* über die bekannten Länder und Meere hinweg errichtet, auf der Grundlage eines regelmäßigen ausländischen Tributs, der den Appetit des Minotaurus stillte.

Nach Ansicht von Historikern drückt der Mythos aus, dass Kreta der ökonomische und politische Hegemon in der Ägäis war. Schwächere Stadtstaaten wie Athen mussten als Zeichen ihrer Unterwerfung regelmäßige Tributzahlungen an Kreta leisten. Dazu könnten auch junge Leute gehört haben, die dann von Priestern mit Stiermasken geopfert wurden.

Im Mythos besiegte Theseus, der Sohn des Königs Ägeus von Athen, schließlich den Minotaurus. Das bedeutete die Befreiung der Athener von der kretischen Hegemonie und den Anbruch einer neuen Ära.

Ägeus ließ seinen Sohn nur widerstrebend zu seiner gefährlichen Fahrt nach Kreta aufbrechen. Er bat Theseus, vor der Rückkehr nach Piräus auf seinem Schiff die ursprünglichen schwarzen Segel der Trauer durch weiße zu ersetzen als Zeichen an seinen wartenden Vater, dass er Erfolg gehabt hatte und siegreich aus Kreta heimkehrte. Doch leider vergaß Theseus vor lauter Freude darüber, dass er den Minotaurus besiegt hatte, die weißen Segel zu setzen. Ägeus erblickte von fern die schwarzen Segel des Schiffs, glaubte, sein Sohn sei in den Klauen des Minotaurus gestorben, und stürzte sich ins Meer. Seit damals heißt das Meer Ägäis.

Tribute waren junge Menschen, deren Opferung einen hart erkämpften Frieden sichern sollte. Um die Herrschaft des Ungeheuers zu beenden, musste ein tapferer Prinz, Theseus, die unschöne Tat vollbringen – den Minotaurus töten und eine neue, nachkretische Ära einleiten. In unserer komplizierteren Welt waren solche Heldentaten nicht nötig. Die Rolle des Ungeheuers spielte das doppelte Defizit in Amerika, und die Tributzahlung erfolgte in Form von Zuflüssen von Waren und Kapital. Das Ende unseres Globalen Minotaurus kam plötzlich, ohne dass ein konkreter Akteur ihm einen Schlag versetzt hätte. Die potenziell tödliche Wunde wurde ihm durch den feigen, spontanen Kollaps des Bankensystems zugefügt. Der Schlag war jedoch genauso schwerwiegend. Er beendete unmissverständlich die zweite Nachkriegsphase des Weltkapitalismus; doch die neue Ära weigert sich beharrlich, ihr Gesicht zu zeigen. So lange verharren wir alle weiter in dem Zustand der Aporie, in den uns das Jahr 2008 gestürzt hat.

KAPITEL 2
ZUKUNFTSLABORE

Unsere zwei großen Sprünge nach vorn

Ihren ersten großen Sprung nach vorn verdankt die Menschheit einer Krise. So wissen wir zuverlässig, dass die Revolution in der Landwirtschaft Folge eines massiven Mangels an Nahrungsmitteln war, nachdem die Bevölkerungszahl ein Niveau überschritten hatte, das die Natur versorgen konnte.[1] Obwohl wir Fortschritt gern mit technischen Spielereien und allerlei Gerätschaften gleichsetzen, kann es keine unserer stolzen industriellen Errungenschaften mit der Kühnheit unserer Jäger-und-Sammler-Vorfahren aufnehmen, die ihre eigenen Nahrungsmittel anbauten, als die Natur immer weniger in der Lage war, ihren Hunger zu stillen. Keine Innovation hinter unseren schimmernden Spielzeugen reicht an die Unerschrockenheit dieser lange verstorbenen frühen Menschen heran, die sich vornahmen, ein Säugetier zu zähmen (das häufig stärker und größer war als sie selbst), um jeden Morgen seine Milch zu trinken.

Nahrungsmittelkrisen, die oft das Ausmaß einer Hungersnot erreichten, brachten auf diese Weise geniale Eingriffe in die Natur hervor, die uns vor rund zwölftausend Jahren auf den Weg zur *gemeinschaftlich betriebenen Landwirtschaft* führten. Und die gemeinsame Arbeit mit Boden, Saatgut und Wasser erzeugte *Überschüsse* – das heißt, so viel Nahrungsmittel, Kleidung und andere Materialien, dass die Produktion im Lauf einer Saison die Mengen überstieg, die nötig waren, um die Nahrungsmittel, die Kleidung und sonstigen Materialien zu ersetzen, die während derselben Saison verbraucht worden waren. Die Überschüsse gaben wiederum das Fundament für die »Zivilisation« ab, wie wir sie kennen, und wurden zum Rückgrat der Geschichte.

Überschüsse ließen Bürokratien entstehen und die organisierte Religion (indem sie einer großen Minderheit das Privileg verliehen, sich systematisch der Nahrungsmittelproduktion zu entziehen), die Schrift (deren ursprünglicher Zweck es war, die Buchhaltung zu erleichtern, um den Überblick zu behalten, wer innerhalb der Sippen und Familien was produzierte), raffinierte Metallwerkzeuge (zum Pflügen, um die Ochsen anzuspannen und letztlich um die Hüter des Überschusses zu bewaffnen), biologische Massenvernichtungswaffen (wie neue Bakterien, die sich im Kontakt mit so viel Biomasse entwickelten) und unterschiedliche Grade von Immunität, wodurch Ackerbaugesellschaften zu unbesiegbaren Kolonisatoren von Tälern, Inseln und sogar Kontinenten wurden, in denen man keinen Ackerbau betrieb (denken Sie nur an die schreckliche Begegnung der amerikanischen und australischen Ureinwohner mit den bakterienverseuchten europäischen Siedlern).

Der zweite große Sprung nach vorn unserer Spezies bescherte uns die Industrialisierung. Wieder war es eine chaotische, unappetitliche Angelegenheit, verursacht durch eine weitere Krise – diesmal eine Krise, an der die Natur keinen Anteil hatte. Ihre Wurzeln reichen tief und weit bis ins 15. Jahrhundert hinein, wenn nicht noch weiter zurück. Damals hatten Fortschritte bei der Navigation und im Schiffbau ermöglicht, die ersten wirklich globalen Handelsnetze zu knüpfen. Spanische, holländische, britische und portugiesische Händler tauschten britische Wolle gegen chinesische Seide, Seide gegen japanische Schwerter, Schwerter gegen indische Gewürze und Gewürze gegen noch mehr Wolle, als sie zu Anfang besessen hatten. So wurden die Güter zu *Handelswaren* und schließlich zu *globalen Währungen.*

Anders als die Adligen, deren Reichtum von ihren Bauern

stammte oder von besiegten und geplünderten Nachbarn, profitierte die entstehende Händlerschicht von Preisunterschieden über große Entfernungen hinweg: Die Händler transportierten Waren, die auf einem Markt unterbewertet waren, und verkauften sie zu einem hohen Preis auf einem weit entfernten Markt. Tragischerweise kam zum Handel mit Waren bald ein anderer Handel hinzu – der Handel mit Sklaven, die mit ihrer unbezahlten Knochenarbeit mehr von diesen globalen Handelswaren erzeugten (zum Beispiel Baumwolle in Nord- und Südamerika). Irgendwann klinkten sich die britischen Grundbesitzer auf die einzige Art, die ihnen offenstand, in das lukrative globale Handelsnetz ein: Sie produzierten Wolle, die globale Ware, die die britischen Inseln damals liefern konnten. Dafür vertrieben sie die meisten Bauern von ihrem angestammten Land (um Platz für die Schafe zu schaffen) und bauten große Zäune, um sie an der Rückkehr zu hindern – die Einfriedungen.

Auf einen Schlag waren Boden und Arbeitskraft zu Waren geworden: Jeder Hektar Land brachte Pacht ein, deren Höhe vom Weltmarktpreis der Wolle abhing, die in einer Saison auf diesem Hektar produziert wurde. Und der Preis der Arbeitskraft war die kümmerliche Summe, die die enteigneten ehemaligen Bauern für alle möglichen Tätigkeiten bekamen. Der Reichtum der Händler (der sich in der Londoner City anhäufte und nach Wegen suchte, um noch mehr Geld zu produzieren) in Verbindung mit einer potenziellen Arbeiterklasse (den vertriebenen ehemaligen Bauern, die darum bettelten, für ihr tägliches Brot zu arbeiten), ungeheuren Kohlevorkommen in geringer Tiefe (in England) und ein paar klugen technischen Neuerungen, befeuert durch die Chancen des Handels, die die fortschreitende Globalisierung eröffnete (die Dampfmaschine, der mechanische Webstuhl und so weiter), führte schließlich zur Erfindung eines neuen Produktionsorts: der Fabrik. Ein Industrialisierungsrausch folgte.

Wäre die Geschichte demokratisch verlaufen, hätte es keine

Landwirtschaft und keine industrielle Revolution gegeben. Beide großen Sprünge nach vorn waren die Folge von unerträglich schmerzhaften Krisen, in denen sich die meisten Menschen wünschten, sie könnten sich wieder in die Vergangenheit flüchten. In *unserer* Krise ist es vielleicht tröstlich, wenn wir uns daran erinnern, dass Krisen die Zukunftslabore der Geschichte sind.

Condorcets Geheimnis im Zeitalter des Kapitals

Wenn die Krise das Labor der Geschichte ist, ist der Konsens ihre Haupttriebkraft. Obwohl die Gewalt immer dicht unter der Oberfläche lauerte, ist bemerkenswert, dass die großen Spannungen weitgehend im Konsens gelöst wurden, zumindest nach dem zweiten großen Sprung nach vorn, der in die heutigen Marktgesellschaften mündete. Trotz der organisierten Tötungsorgien (auch bekannt als Kriege), der berühmten Revolutionen und der gewaltsamen Versklavung ganzer Völker wurde explizite Gewalt nur gelegentlich angewendet (dann allerdings mit verheerenden Folgen) und von Herrschern, deren Macht im Schwinden begriffen war.

Die Macht, zu befehlen, die Macht, einen großen Teil des kollektiv produzierten Überschusses zu privatisieren, und die Entscheidungsgewalt darüber, was getan werden soll, sind in der Tat keine Formen der Machtausübung, die nur auf der Basis brutaler Gewalt über längere Zeit aufrechterhalten werden können. Der französische Philosoph Marie Jean Antoine Nicolas Caritat, Marquis de Condorcet, formulierte das geschickt zum Zeitpunkt einer anderen großen historischen Erschütterung: 1794, als die Französische Revolution auf dem besten Weg war, einer neuen Despotie das Feld zu überlassen. Condorcet meinte, »die Gewalt so wenig wie die Überzeugung vermögen dauerhafte Ketten zu schmieden, wenn die Tyrannen ihre Herrschaft nicht aus genügend großer Distanz ausüben, sodass sie vor dem Volk, das sie unterdrücken, indem sie es entzweien, das Geheimnis seiner Macht und ihrer eigenen Schwäche verbergen können.«[2] Die »vom Geist geschmiedeten Fesseln«, wie William Blake sie nannte, sind genauso real wie die von Hand geschmiedeten.

Condorcets Geheimnis, wie ich diese bemerkenswerte Einsicht gern nenne, erhellt viel von dem, was Gesellschaften bewegt. Von dem fruchtbaren Ackerland, auf dem die Macht des Pharaos ruhte, bis zu den erstaunlichen Städten, die dank Überschussproduktion in den Anden entstanden sind; von den herrlichen babylonischen Gärten bis zum Goldenen Zeitalter in Athen; vom Glanz Roms bis zu den Feudalstaaten, die große Kathedralen erbauten – in all dem, was heute als »Zivilisation« bezeichnet wird, gründete die Verfügungsgewalt der Herrscher über den Überschuss und seine Verwendung darauf, dass es ihnen gelang, Gefolgschaft als individuell unvermeidlich (ja, geradezu als wünschenswert) darzustellen, dass sie über ausgeklügelte Taktiken des Teilens und Herrschens verfügten und Begeisterung für die Erhaltung des Status quo weckten (besonders bei den Unterprivilegierten), sowie auf dem Versprechen einer besonderen Rolle in einem wie auch immer gearteten jenseitigen Leben. Nur sehr selten gründete sie auf nackter Gewalt.

Alle dynamischen Gesellschaften verdankten ihren Erfolg zwei Produktionsprozessen, die sich parallel entfalteten: der *Erzeugung eines Überschusses* und der *Erzeugung von Konsens* (über die Verteilung des Überschusses). In der Ära des Kapitals erreichte das Feedback zwischen den beiden Prozessen neue Höhepunkte. Die wachsende *Kommerzialisierung,* die auch das *Finanzwesen* aufblühen ließ, fiel mit einer subtileren und mächtigeren Form des Konsenses zusammen. Und hier liegt ein herrliches Paradox: Der Konsens wurde stärker, je mehr das Finanzwesen die Wirtschaft durchdrang. Und je mehr das Finanzwesen an Bedeutung gewann, desto anfälliger wurden die Gesellschaften für wirtschaftliche Krisen. Das ergibt die interessante Beobachtung, dass unsere Gesellschaften sowohl mehr Konsens hervorbringen als auch heftigere Krisen.

Warum ist das so? Im Feudalismus waren Produktion und Verteilung des Überschusses ziemlich transparent. Die Bauern trugen alles Getreide zusammen, das *sie* produziert hatten, und dann sahen sie zu, wie der Verwalter den Anteil ihres Grundherrn abholte, der selbst mit der Produktion nichts zu tun gehabt hatte. Einfach ausgedrückt: Die Verteilung erfolgte, *nachdem* die Ernte eingefahren war. Wer welchen Anteil bekam, hing von sichtbarer Macht und von Gebräuchen ab, die alle gut verstanden. Doch als der Markt seine Herrschaft auf die Felder und Werkstätten ausdehnte, änderten sich die Dinge drastisch. Ein Nebelschleier senkte sich über die aufkommenden Handelsgesellschaften, und neue Formen von Konsens und Krisen (zum Beispiel rein ökonomisches Pech) schälten sich heraus.

Was genau bewirkte den Unterschied? Warum waren Marktgesellschaften anfälliger für ökonomische Zusammenbrüche? Der Hauptunterschied zeigte sich, als vor einigen Jahrhunderten sowohl Boden wie Arbeitskraft nicht länger reine Produktionsfaktoren waren und sich in Handelswaren verwandelten (die zu freien Preisen auf speziellen Märkten gehandelt wurden). Da kam der große Umschwung: Die Verteilung erfolgte nicht länger *nach* der Produktion, sondern immer öfter davor. Einfach ausgedrückt: Die Arbeiter erhielten ihre Löhne vor der Ernte. Von wem? Von ihren »Arbeitgebern« natürlich. Von Menschen, die nicht länger über Arbeitskräfte verfügten, sondern sie anheuerten. Von Menschen, die ab dem 19. Jahrhundert *Kapitalisten* hießen.

Faszinierend daran ist, dass viele frühe Kapitalisten sich nicht dafür entschieden hatten, Kapitalisten zu werden. Genau wie beim ersten großen Sprung der Menschheit nach vorn die Jäger und Sammler sich nicht dafür *entschieden* hatten, Bauern zu werden, sondern durch den Hunger dazu getrieben wurden, blieb jetzt vielen ehemaligen Bauern und Handwerkern (vor allem nach den

Einfriedungen) nichts anderes übrig, als Land von den Großgrundbesitzern zu pachten – und dafür zu sorgen, dass es Erträge brachte. Deshalb liehen sie sich Geld von Geldverleihern für Pacht, Saatgut und natürlich für Löhne. Aus den Geldverleihern wurden Bankiers, und eine ganze Palette von Finanzinstrumenten wurde zu einem wichtigen Teil des Geschäfts mit der Überschussproduktion und seiner Verteilung. So bekam das *Finanzwesen* eine mythische neue Rolle als »Stützpfeiler der Industrie«, Schmiermittel der Wirtschaftstätigkeit und Mitwirkender an der Überflussproduktion der Gesellschaft.

Anders als der landbesitzende Adel gingen die neuen kapitalistischen Arbeitgeber – die keineswegs alle reich waren – jeden Abend mit einer alles beherrschenden Angst ins Bett und wachten am nächsten Morgen wieder damit auf: Würde die Ernte ausreichen, damit sie ihre Schulden beim Großgrundbesitzer und beim Bankier bezahlen konnten? Würde nach dem Verkauf noch etwas für ihre eigenen Familien übrig bleiben? Würde das Wetter mitspielen? Würden die Kunden ihre Waren kaufen? Kurzum, sie gingen Risiken ein. Und die Risiken verzerrten bei allen die Sicht auf die Rolle, die gesellschaftliche Macht bei der Aufteilung des Überschusses zwischen dem Arbeitgeber, dem Landbesitzer, dem Bankier und dem Arbeiter spielte.

Der feudale Grundherr begriff, dass er aufgrund seiner politischen und militärischen Macht einen Teil eines Überschusses *entnahm*, den andere produzierten. Der ängstliche Kapitalist hingegen hatte das Gefühl, dass seine schlaflosen Nächte eine unmittelbare Investition in den Überschuss waren und ein etwaiger Gewinn der Lohn für all die Angst und Mühe, mit der er die Produktion organisierte. Auch der Geldverleiher prahlte mit dem Beitrag, den er zu der sich wunderbar entfaltenden Wirtschaft leistete, weil er dem Kapitalisten eine Kreditlinie einräumte. Zumindest am Anfang war, wie Shakespeares *Kaufmann von Venedig* zeigt, Geldverleihen durchaus mit Gefahren verbunden. Shylocks Tragödie ist symptomatisch für die Risiken, die man eingehen musste, um die Unternehmungen anderer Leute zu finanzieren. Aber je länger das Zeitalter des Kapitals dauerte, desto fester etablierte sich das Finanzwesen in der Praxis und im Denken.

Unterdessen erlebten die Arbeitnehmer zum ersten Mal überhaupt formale Freiheit, auch wenn sie sich damit auseinandersetzen mussten, dass ihre neue Freiheit noch eine andere Freiheit mit sich brachte: die Freiheit, einen sehr privaten Tod durch Verhungern zu sterben. Wer bezahlte Arbeit fand (und das war keineswegs die Mehrheit), sah, dass die Arbeit von den Farmen in die Werkstätten und Fabriken wanderte. Dort, vom Land ihrer Vorfahren getrennt durch die hohen Mauern lauter, raucherfüllter grauer Industriebauten, wurde ihre menschliche Arbeitskraft mit der mechanischen Arbeitskraft technischer Wunderwerke wie der Dampfmaschine und des mechanischen Webstuhls zusammengespannt. Die Arbeiter wurden Beteiligte an Produktionsprozessen, über die sie keine Kontrolle hatten und die sie als Rädchen in einem großen Getriebe behandelten, das eine Fülle von Produkten erzeugte – die meisten davon würden die Arbeiter selbst nie besitzen.

In dieser großartig herausfordernden Welt, zu der sowohl Manchester im 19. Jahrhundert gehört als auch Shenzhen im 21. Jahrhundert, erscheint Condorcets Geheimnis als unlösbares Rätsel. Die Ausübung gesellschaftlicher Macht verschwindet hinter vielen Schleiern, die auch noch so angestrengtes rationales Denken kaum durchdringen kann. Arbeitgeber und Arbeiter, Geldverleiher und Handwerker, enteigneter Bauer und lokaler Würdenträger – sie alle konnten über das Tempo des Wandels nur staunen. Jeder kam sich vor wie ein ohnmächtiger Spielball von Kräften, die sich seinem Verständnis und seiner Kontrolle entzogen.

Auch nach dem Crash von 2008 versank unsere Welt in einem Meer der Verwirrung. Die Ursachen des Crashs liegen in der Frühzeit der marktwirtschaftlichen Industriegesellschaften. Unsere gegenwärtige *Aporie* ist eine Variante der Verwirrung, die der gleichzeitige Vormarsch von Kommerzialisierung und Finanzkapitalismus und die unvermeidlich dadurch ausgelösten Krisen erzeugten.

Das Erfolgsparadox und rettende Krisen

Die Dynamik von Krisen war gut bekannt, lange bevor die Märkte dominierten und rein ökonomische Krisen auftraten. Aufmerksame Beobachter der Natur hatten festgestellt, dass die Zahl der Raubtiere steigt, wenn reichlich Beute vorhanden ist, und die Population der Beutetiere unter Druck bringt. Wenn die Zahl der Beutetiere zurückgeht, nimmt auch die Population der Räuber ab. Aber nicht lange. Denn wenn aus dem Rückgang eine Krise wird, steigen die Zahlen bei den Beutetieren wieder an, und der ganze Zyklus beginnt von vorn.

Im 14. Jahrhundert hat Ibn Khaldun (1332–1406) wahrscheinlich als Erster die Dynamik zwischen Räuber und Beute auf die Politik übertragen. Ausgehend von seinen gründlichen Studien über die arabischen Reiche in Spanien und Nordafrika erzählte er eine Geschichte vom Aufstieg und Fall von Regimes, in der die Herrscher die Rolle des Räubers spielen und etwas, das er *Asabiyya* nennt, die Rolle der Beute.[3] *Asabiyya* bezeichnet eine Form von Solidarität, Gruppengefühl oder Zusammenhalt, die innerhalb kleiner Gruppen als Folge der Notwendigkeit entsteht, im Kampf gegen Not und Gefahr zusammenzuhalten. *Asabiyya* verschafft folglich Gruppen Macht und Erfolg. Gruppen, die *Asabiyya* kennen, werden in städtischen Zentren mächtig und gründen große Stadtstaaten. Aber wie bei den Raubtieren trägt der Erfolg den Keim seiner Zerstörung in sich.

Ibn Khaldun zufolge dauert es nicht lange, dann verlieren die Herrscher den Kontakt zu ihren Untertanen, und die *Asabiyya* schwindet. Die Rituale der Macht, die Hybris der absoluten Befehlsgewalt und die Befriedigung, die angehäufte Reichtümer schenken können, höhlen in ihrem Zusammenwirken die Kraft der Herrscher aus. Die *Asabiyya* löst sich auf, und an einem bestimmten Punkt stellen die Herrscher fest, dass ihr Einfluss und ihre Macht weniger geworden sind. Streit und Anarchie folgen, die Hoffnung sinkt, der Optimismus verflüchtigt sich. Dann übernimmt eine andere Gruppe, die *Asabiyya* entwickelt hat, die Macht, und der Kreislauf beginnt von Neuem.

Handel treibende Gesellschaften sind ganz und gar nicht immun gegen die Dynamik von Räuber und Beute. Joseph Schumpeter (1883–1950), der Nestor der liberalen Ökonomen (obwohl er paradoxerweise sehr von Marx' Theorie beeinflusst war), warnte, es liege in der Natur des Kapitalismus, immer wieder zu heftigen Krisen zu führen. Und aus welchem Grund? Weil das Kapital dazu neigt, sich zu großen Handelsgesellschaften mit beträchtlicher Monopolmacht zusammenzuballen. Erfolgreiche Kapitalgesellschaften werden groß, und dann werden sie selbstgefällig (Ibn Khaldun wäre das bekannt vorgekommen); hungrige, innovative Neulinge attackieren sie, bis die Alten schließlich am Ende sind. Ihr Tod verursacht viel Schmerz, aber das Aussterben der Dinosaurier lässt neue, dynamische »Arten« von Unternehmen entstehen. In diesem Sinn spielt die Krise eine entscheidende, rettende Rolle in der kapitalistischen Entwicklung einer Gesellschaft.

Interessanterweise liegen die Wurzeln dieser dynamischen Handlung in Marx' Kritik am Kapitalismus als einem System, das Krisen erzeugt. Der Ökonom Richard Goodwin (1913–1996) aus Cambridge hat Marx' Sicht folgendermaßen zusammengefasst:

- Der Kapitalismus wird von zwei parallelen dynamischen Bewegungen beherrscht.
- Die *erste* Dynamik bestimmt die Lohnquote (den Anteil aller Löhne am Volkseinkommen): Wenn die Beschäftigung eine be-

stimmte Schwelle übersteigt, nennen wir sie *B*, wird Arbeitskraft knapp, die Verhandlungsmacht der Arbeiter wächst und damit die Lohnquote.

- Die *zweite* Dynamik bestimmt das Beschäftigungswachstum: Wenn die Lohnquote eine andere Schwelle übersteigt *(L)*, leidet die Beschäftigung.

Die Kombination dieser beiden dynamischen Bewegungen produziert einen regelmäßigen Kreislauf (vom Aufschwung zur Rezession und wieder zum Aufschwung), sofern die Wirtschaft wächst und die Beschäftigung zunimmt. Nach dem ersten Satz steigen die Löhne, sobald die Beschäftigung die Schwelle *B* erreicht hat. Aber wenn die Löhne über die Schwelle *L* steigen, wird die zweite Dynamik in Gang gesetzt, und die Beschäftigung sinkt wieder. An einem bestimmten Punkt fällt sie unter *B*, und dann sorgt die erste Dynamik für eine Gegenbewegung: Die Löhne fallen. In diesem Stadium hat der Zyklus seinen Tiefpunkt erreicht – die Löhne sind niedrig, und die Arbeitslosigkeit ist am höchsten. Aber wenn die Löhne unter der Schwelle *L* liegen, bewirkt die zweite Dynamik den Umschwung, und die Beschäftigung steigt wieder. Wenn sie die Schwelle *B* erreicht, steigen auch die Löhne wieder. Die Wirtschaft erholt sich, aber die Erholung trägt bereits den Keim der nächsten Krise in sich.

Zu beachten ist, dass dieser Zyklus »produziert« wurde, ohne dass von Geld und Finanzwesen die Rede war. Als das Finanzwesen dazukam, wurde der Zyklus volatiler, und ein neues, bislang ungekanntes systemisches Risiko tauchte am Horizont auf: das Risiko eines katastrophalen Absturzes (anstelle des schrittweisen Rückgangs in einer Rezession), gefolgt von einer hartnäckigen, anhaltenden Depression.

Mit erhöhtem Einsatz: Crashs, Krisen und die Rolle der Finanzmärkte

Das Erfolgsparadox beruht darauf, dass ein wertvolles Gemeingut, ein Merkmal oder eine Verbindung die Tendenz hat, zu verblassen. Die unvermeidliche Krise spielt eine *rettende* Rolle und bringt die Wiederbelebung eben dessen, was mit seinem Niedergang das »System« in eine Abwärtsbewegung versetzt und die Krise überhaupt heraufbeschworen hat. Von den Schwankungen der Populationsgrößen von Räubern und Beutetieren in der Wildnis über die politische Macht in den arabischen Stadtstaaten bis zur Dynamik von Lohn und Beschäftigung in unseren Marktgesellschaften: Krisen bedeuten sowohl Vergeltung wie Rettung. Wenn die Räuber Hunger leiden, erholt sich die Population der Beutetiere; im politischen Niedergang besinnt man sich auf die verlorene Solidarität; Arbeitslosigkeit führt durch den Druck auf die Löhne zu mehr Beschäftigung und so weiter und so fort. Die Nemesis wird so zu einer neuen Quelle von Hybris, und die Krise ist Voraussetzung für einen neuen Aufschwung, für eine Wiederbelebung der gesamten »Ökologie« von Macht, Reichtum und Herrschaft. In diesem Sinn sind regelmäßige Krisen weniger vermeidbare Unfälle als »natürliche« Stürze in den Abgrund und können dem Gang der Geschichte aufhelfen.

Ganz ohne Zweifel gibt es in Natur und Geschichte eine Fülle solcher Zyklen. Aber nicht jede Krise ist eine vorübergehende Phase eines regelmäßigen Zyklus. Manchmal schlägt eine Krise richtig zu, und dann endet der Zyklus, zumindest in seiner bestehenden Form. Nehmen wir als Beispiel die Kultur der Osterinseln. Die Archäologen sagen uns, dass die Osterinseln im Lauf ihrer Geschichte viele zyklische Krisen erlebt haben. Doch eine große Krise hat diese Kultur schließlich ausgelöscht: Als die Bewohner der Osterinseln ihren letzten Baum gefällt hatten, kam der ökologische *und* ökonomische Zyklus, dem all ihr Handeln unterlag, zu einem tragischen Ende. Übrig blieben nur die großartigen Steinstatuen als beständige Erinnerung an die zerstörerische Kraft von Krisen.

Was unterscheidet nun eine große Krise von einer Allerweltskrise? Die Antwort lautet: Eine große Krise wirkt nicht als ihre eigene Medizin. Oder, etwas anders formuliert, eine große Krise hat nichts Rettendes. Eine »normale« Krise ist eine Phase in einem Zyklus, treibt den Zyklus voran, eine große Krise hingegen bedeutet das Ende des Zyklus. Das Jahr 1929 markierte einen solchen Bruch. Das vorliegende Buch wurde in der Überzeugung geschrieben, dass wir 2008 einen weiteren Bruch erlebt haben. Wenn das stimmt, wird die Welt nach 2008 nicht eine weitere Wiederholung der Herrschaft des Globalen Minotaurus sein, sondern der Vorbote einer neuen Ära, deren Umrisse wir im Dunst der Gegenwart erst vage erahnen. Aber noch bevor Genaueres zu erkennen ist, müssen wir das Finanzwesen ins Spiel bringen.

In den vorangehenden Ausführungen über das Zeitalter des Kapitals war bereits die Rede davon, wie die Verwandlung von Boden und Arbeit in Waren den Finanzkapitalismus hervorgebracht hat. Schauen wir uns jetzt an, wie die neuerdings so zentrale Rolle der Finanzmärkte zu großen ökonomischen Krisen geführt hat. Der Schlüssel dabei ist, dass Finanzmärkte das Risiko ungeheuer aufblähen können. Es ist eine Sache, einen Tageslohn auf ein Pferd zu verwetten, und etwas ganz anderes, Zugang zu Finanzinstrumenten zu haben, die einem erlauben, das Einkommen eines ganzen Lebens auf dasselbe Pferd zu setzen. Solche Formen der *Hebelung* ermöglichen sagenhafte Gewinne und verheerende Verluste. John Maynard Keynes (1883–1946) hat das 1936 eleganter in seinem (von der Weltwirtschaftskrise inspirierten) Buch, der *Allgemeinen Theorie,* formuliert:

> Spekulanten mögen als Seifenblasen auf einem steten Strom des Unternehmertums keinen Schaden anrichten. Aber die Lage

> wird ernsthaft, wenn das Unternehmertum die Seifenblase auf einem Strudel der Spekulation wird. Wenn die Kapitalentwicklung eines Landes das Nebenerzeugnis der Tätigkeiten eines Spielkasinos wird, wird die Arbeit voraussichtlich schlecht getan werden.[4]

In der Tat prophetische Worte.

In den 1970er-Jahren führte Hyman Minsky (1919–1996) Keynes' Gedanken weiter und verschmolz ihn mit der Schilderung des Zyklus, der sich aus unserem Erfolgsparadox ergibt. Minsky meinte, dass Perioden von finanzieller Stabilität und Wachstum zur Folge haben, dass die Ausfallrate bei Krediten geringer wird und bei den Banken das Vertrauen in die Rückzahlung der Kredite wächst. Dementsprechend sinken die Zinsen. Das ermutigt wiederum Investoren, höhere Risiken einzugehen, um ihre Renditen zu steigern. Mehr Risiken erzeugen eine Blase. Wenn die Blase platzt, hat das unangenehme Nebenwirkungen für die restliche Wirtschaft. Die Zinssätze steigen schnell, die Finanzmärkte werden übertrieben risikoscheu, die Preise für Vermögenswerte stürzen ab, und die Folge ist ein Zustand deprimierter Stabilität oder *Stagnation.* Aber auch in dieser Schilderung spielt die Krise ihre übliche rettende Rolle: Sobald die Risikoscheu eingesetzt hat, suchen nur »gute« Investitionsprojekte nach einer Finanzierung. Das beruhigt die Nerven der Finanziers, das Vertrauen wird wiederhergestellt, und der Zyklus kommt wieder in Gang.

Doch von Zeit zu Zeit wird die finanzielle Blase so groß, dass ihr Platzen den Kollaps des gesamten Zyklus bewirkt – so ähnlich wie die wechselvolle wirtschaftliche Aktivität der Bewohner der Osterinseln knirschend zum Stillstand kam, als der letzte Baum gefällt war. Wenn der Staub sich gesenkt hat, liegt die ganze Volkswirtschaft in Trümmern und ist oft nicht mehr in der Lage, sich aus eigenen Kräften wieder aufzurappeln, den Schutt wegzuräumen und mit dem Wiederaufbau zu beginnen.[5] Eine viel verwendete

Metapher ist hier richtig am Platz: Denken Sie daran, was passiert ist, seit die Autos sicherer geworden sind – wir geben mehr Gas. Kleinere Unfälle machen uns eine Weile vorsichtiger, aber jede Verbesserung an der aktiven (Handhabung, Bremsen) und passiven (Airbags) Sicherheit des Autos veranlasst uns, wieder schneller zu fahren. Unfälle passieren zwar seltener, aber unsere Chancen, bei einem richtig großen Unfall davonzukommen, sind gering. Genau das war zumindest eine Mitursache der Crashs von 1929 und 2008: Neue Finanzinstrumente haben schnelles Wachstum angetrieben, und hochspekulative Investitionen erschienen auf einmal sicherer als je zuvor. Bis dann der unvermeidliche große Unfall passierte.

Der Crash von 1929

An einem kalten Januartag im Jahr 1903 versammelten sich viele New Yorker im Luna Park auf Coney Island. Sie waren nicht gekommen, um Achterbahn zu fahren oder Popcorn zu essen, sondern um einem makabren Schauspiel beizuwohnen: Topsy, ein Elefant, der sich nicht an das Leben in Gefangenschaft gewöhnen wollte, sollte von dem großen Erfinder Thomas Edison durch einen Stromschlag getötet werden. Wie kam ein so brillanter Mann dazu, vor den Augen der Öffentlichkeit einen Elefanten umzubringen?

Edison verkörperte den neuen Unternehmertypus, der im Mittelpunkt einer ganz neuen Phase in der Entwicklung der Marktgesellschaften stand: ein Erfinder, der mit seiner Erfindung ein Monopol für sich selbst schaffen wollte – nicht so sehr um des Geldes willen, das sich damit verdienen ließ, sondern um des Ruhms und der Macht willen. Als Unternehmer zog er gleichermaßen unglaubliche Loyalität seiner überarbeiteten Angestellten und den Hass seiner Gegner auf sich. Er war mit Henry Ford befreundet, der ebenfalls eine Schlüsselrolle dabei spielte, Maschinen in das Leben gewöhnlicher Menschen zu bringen, und der gleichzeitig Arbeiter so einsetzte, dass sie fast wie Maschinen waren.

Die Tötung des Elefanten Topsy war ein Zug auf dem großen Schachbrett zweier Industriegiganten. Mit der Erfindung der Glühbirne hatte Edison nur den ersten Schritt zu Strom erzeugenden Kraftwerken und dem Netzwerk von Drähten getan, die die Elektrizität bald in alle amerikanischen Haushalte bringen sollten, damit die in seinen eigenen Fabriken in Massenproduktion hergestellten Glühbirnen sie erleuchten konnten. Ohne die Kontrolle über die Erzeugung und Verteilung des Stroms hätten die Glühbirnen Edison nicht zum König der Elektrizität gemacht. Daraus entstand der sogenannte Stromkrieg mit seinem größten Rivalen George Westinghouse.

Im Streit um einen allgemeinen Standard favorisierten Edison und Westinghouse zwei unterschiedliche Formen von Strom: Edison die Gleichspannung, Westinghouse die Wechselspannung. Beide wussten, dass es nur einen Sieger geben konnte, und so stritten sie bis aufs Blut. Der Elefant Topsy war dabei nur ein Kollateralschaden, genau wie viele andere Tiere, die Edison und seine Angestellten mit Strom umbrachten, um die tödliche Gefahr von Wechselstrom zu demonstrieren und so öffentliche Unterstützung für die sichere, aber teurere Alternative Gleichstrom zu mobilisieren.

Männer wie Edison, Westinghouse und Ford gehörten zur Avantgarde einer neuen Ära, in der Innovationen neue Wirtschaftsbereiche entstehen ließen und Unternehmen, die kleinen Staaten glichen. Das Spiel, das sie begannen, dauert bis heute unvermindert an. Denken Sie beispielsweise an Steve Jobs und seinen großen Erfolg mit iTunes: einer Internetplattform, die als Online-Musikgeschäft begann und Apple in der Weiterentwicklung gewaltige Monopolmacht über MP3-Player und Smartphones beschert hat.[6]

Das Problem mit solchen großen vernetzten Firmen ist heute, dass sie dank ihrer Größe auf mindestens zweierlei Weise die normalen Spielregeln des Markts außer Kraft setzen können. Erstens und vor allem nimmt die Bedeutung von Preisen erheblich ab. Im Gemüsegeschäft um die Ecke wird beispielsweise der Preis für Zitronen fallen, wenn die Nachfrage nach Zitronen zurückgeht, so weit, bis alle Zitronen verkauft sind. Flexible Preise helfen, unverkaufte Waren aus den Regalen zu räumen, und wirken im Kern als Stoßdämpfer des Kapitalismus: Wenn die Nachfrage sinkt, sorgen flexible Preise dafür, dass die Produktion nicht im Abfall landet. Unternehmensgiganten hingegen können auf eine rückläufige Nachfrage auch anders reagieren: Anstatt ihre Preise zu senken, können sie die Produktion stark zurückfahren mit der Folge, dass sich die Preise kaum bewegen. Seit die Preise zu Edisons Zeiten »träger« wurden, haben sie als Stoßdämpfer des Kapitalismus an Bedeutung verloren.

Zweitens erforderten gigantische Projekte (wie der Aufbau der Stromversorgung und des Telefonnetzes) einen ebenso gigantischen finanziellen Aufwand. Deshalb mussten von da an die Banken kooperieren und fusionieren, sich gegenseitig übernehmen und alles tun, um die gewaltigen Summen aufzubringen, die die großen Unternehmen sich leihen wollten, und das angesichts ihrer rosigen Gewinnerwartungen zu möglichst attraktiven Konditionen. Deshalb ist es nicht überraschend, dass die Finanzwelt noch schneller wuchs als die Unternehmen.

Anfang der 1920er-Jahre zeichnete sich eine neue Boomphase ab. Zum ersten Mal hörten die amerikanischen Arbeiter, man habe das Problem der Armut gelöst: Wenn sie nur bereit seien, sich auf die Spielregeln des korporativen Finanzkapitalismus einzulassen, werde alles gut werden. Man brauche nichts weiter als harte Arbeit sowie Vertrauen in die Wall Street und die dort gelisteten Unternehmen.

Eine Zeit lang erschien der Traum glaubwürdig. Ein Arbeiter, der 1921 wöchentlich 15 Dollar von seinem Arbeitslohn in Aktien großer Unternehmen investierte, konnte damit rechnen, 1941 (auf

KRISEN VOR 1929 2.1

Wachstumsschübe erzeugten von Anfang an Blasen. Der Vormarsch des korporativen Finanzkapitalismus ist davon gekennzeichnet, dass eine Krise auf die andere folgte. 1847 verursachte das Ende des ersten Booms im Eisenbahnbau in Großbritannien eine Implosion des Bankensystems. 1873 begann in den Vereinigten Staaten eine sechsjährige Depressionsphase, nachdem am Ende des amerikanischen Bürgerkriegs eine Spekulationsblase im Eisenbahnbau geplatzt war. Nur drei Jahre, nachdem sich die US-Wirtschaft wieder erholt hatte, setzte 1882 eine weitere Rezession ein, die drei Jahre dauern sollte. In der Mitte dieser Rezession gingen eine große Investmentfirma und die Penn Bank (aus Pittsburgh) unter, zusammen mit rund zehntausend kleineren Unternehmen. 1890 brachten auf dem Alten Kontinent Investitionen in Argentinien die Londoner Barings Bank an den Rand des Abgrunds. Obwohl die Bank of England eingriff und Barings rettete, erschütterte der Vertrauensverlust die ganze Welt. Drei Jahre später hatte sich beim Eisenbahnbau in den Vereinigten Staaten eine weitere Blase gebildet. Es folgte ein Sturm auf die Goldreserven, die Arbeitslosigkeit stieg stark (von 4 Prozent auf 18 Prozent), es kam zu Streiks, die die Beziehungen zwischen Arbeitgebern und Arbeitnehmern in der amerikanischen Industrie nachhaltig veränderten. Die Rezession dauerte bis 1896, als ein neuer Goldrausch die Wirtschaft wieder in Schwung brachte und eine Phase rapiden Wachstums einleitete, das sich bis 1907 fortsetzte. Diese Phase endete mit einem Absturz der New Yorker Börse um 50 Prozent und führte zu Massenpanik, hoher Arbeitslosigkeit, Insolvenzen und so weiter. Der Crash von 1907 war der Auslöser für die Errichtung des amerikanischen Zentralbanksystems im Jahr 1913 (Federal Reserve System, Fed) mit der expliziten Aufgabe, ähnliche Krisen in der Zukunft zu verhindern.

der Grundlage der Kursentwicklung zwischen 1921 und 1929) ein hübsches Aktiendepot im Wert von 80.000 Dollar zu besitzen, das ihm eine ordentliche monatliche Dividende von 400 Dollar eintragen würde. Das waren keine leeren Versprechungen: 1926 waren die monatlichen Einzahlungen unseres sparsamen Arbeiters (der bis dahin 3900 Dollar aus eigenem Einkommen aufgebracht hatte) bereits über 7000 Dollar wert. Drei Jahre später, kurz bevor die Blase platzte, hatten seine Aktien den erfreulichen Wert von 21.000 Dollar erreicht (bei eigenen Einzahlungen von 6240 Dollar).

Aber dann zerstob der Traum. In kurzer Zeit lösten sich 40 Milliarden Dollar an der Börse in Nichts auf. Die Aktien unseres sparsamen Freundes fielen und fielen immer tiefer. 1932 waren sie nur noch 4000 Dollar wert. Hätte er seine 15 Dollar pro Woche stattdessen unter die Matratze gelegt, hätte er in diesem Zeitraum von elf Jahren ein beinahe doppelt so großes Vermögen angesammelt.

Nach dem ersten Schock regten sich schon bald Hoffnungen auf eine rasche Erholung. Alle wollten glauben, dass 1929 nur eine Delle im üblichen Konjunkturzyklus war. Doch leider schaffte es die angeschlagene Wirtschaft nicht, eine hilfreiche Antwort auf den Schock zu finden. Das Volkseinkommen in den Vereinigten Staaten brach weiter ein. 1930 stürzte es in Dollar gerechnet um beinahe 14 Prozent ab, 1931 noch einmal um 25,3 Prozent. 1933 waren alle Gewinne, die die Unternehmen in den Boomjahren des Kapitalismus gemacht hatten, weg. Vier Jahre hintereinander fuhren reihenweise Banken gegen die Wand. 1929 gingen 659 Banken bankrott, 1930 noch einmal 1350. 1931 hoffte alle Welt auf eine Besserung – jedoch vergebens: 2293 weitere Banken schlossen für immer ihre Schalter. Und sogar 1932 gingen noch 1453 Banken unter. Weil nur noch wenige Banken übrig waren, gab es 1933 nur 39 Schließungen. Zu dem Zeitpunkt glich die Wirtschaft der Vereinigten Staaten einer Wüste: stabil, aber unfruchtbar.

Menschen, die der Welt neue Früchte geschaffen haben, finden kein System, dass die Früchte gegessen werden können. Und der Misserfolg hängt wie eine große Sorge über dem Staat. … [U]nd in den Augen der Hungernden steht ein wachsender Zorn. In den Herzen der Menschen wachsen die Früchte des Zorns und werden schwer, schwer und reif zur Ernte.[7]

So war die Armut wieder da und nahm Rache, und das gebrochene Versprechen der 1920er-Jahre machte sie schwerer erträglich als zuvor. Washington wusste keinen Rat. Präsident Herbert Hoover, dem die hohlen Beruhigungsformeln der Ökonomen (dass die Selbstheilungskräfte des Marktes ihre stabilisierende Funktion erfüllen würden) in den Ohren klangen, reagierte wie ein in Not geratener Ladenbesitzer. Seine Regierung handelte wie jeder Ladenbesitzer in schwierigen Zeiten: Sie schnallte den Gürtel enger. Nur war 1929 keine Krise wie die anderen. Es war eine Weltwirtschaftskrise, und in einer solchen Situation wirken Vertrauen in den Markt, den Gürtel enger schnallen und blinder Glaube an das Geld verheerend.

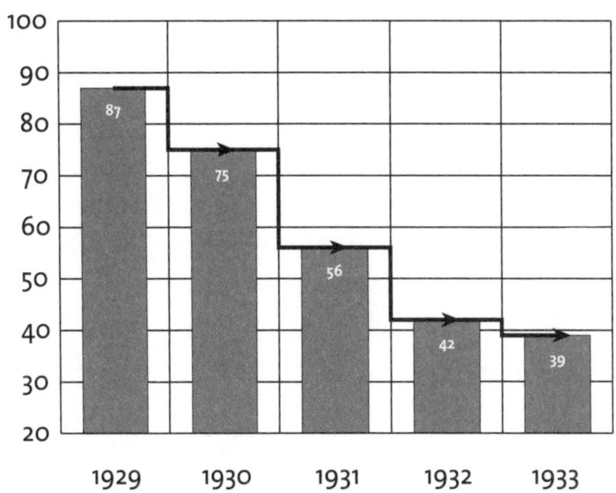

Grafik 2.1: US-Volkseinkommen (BIP in Mrd. Dollar)

Midas' Berührung wirkt nicht mehr: Das Ende des Goldstandards

Der Gedanke, die Weltwirtschaftskrise dadurch aufzuhalten, dass man das staatliche Monopol auf Geld nutzte, war den Eliten fremd. Beim Crash von 1929 hatten die kapitalistischen Länder praktisch eine gemeinsame Währung, ähnlich wie es heute in den siebzehn Ländern der Eurozone der Euro ist. Die gemeinsame Währung damals hieß *Goldstandard;* sie hinderte die Regierungen daran, das zu tun, was die G20-Staaten nach dem Crash von 2008 taten: Geld in die Wirtschaft zu pumpen in der Hoffnung, auf diese Weise das Abgleiten in ein deflationäres Chaos zu verhindern.

Die Logik hinter dem Goldstandard war einfach: Wenn die Regierungen nach Belieben Geld drucken dürfen, werden sie der Versuchung nicht widerstehen, es auch zu tun. Die Geldmenge wächst, und immer mehr Dollar, Pfund, Franc und so weiter stehen derselben Menge von Gütern gegenüber. In der Folge steigen die Preise immer weiter an, was die Inflation in die Höhe treibt, die Wettbewerbsfähigkeit der Exportwirtschaft schwächt und generell den Wert des Geldes mindert, das die Bevölkerung hart verdient hat. Um sich daran zu hindern, den Wert der Währung aufs Spiel zu setzen, suchten die Politiker nach Mitteln, sich selbst an einen imaginären Mast zu binden – so wie Odysseus es gemacht hatte, damit er dem betörenden Gesang der Sirenen lauschen konnte, ohne der Versuchung zu erliegen, auf ihrer Insel an Land zu gehen. Der Mast der Politiker war der Goldstandard.

Und so funktionierte er: Die Regierungen vereinbarten feste Wechselkurse von Dollar zu Sterling, von Dollar zu Franc und so weiter und ebenso einen festen Kurs, zu dem all diese Währungen gegen Unzen von Gold eingetauscht werden konnten. Außerdem verpflichtete sich jede Regierung, die Menge des Geldes, das sie druckte, an eine bestimmte Menge Gold zu binden. Da niemand beliebig viel Gold produzieren kann (und jedes Jahr nur geringe Mengen geschürft werden), schien der Goldstandard eine stabile, nahezu konstante Geldversorgung in allen beteiligten Ländern zu garantieren.

Trotz vieler kleinerer Probleme insbesondere zur Zeit des Ersten Weltkriegs, als der Goldstandard ausgesetzt wurde, erzeugte er offenbar die beabsichtigte Preisstabilität. Die Inflation wurde im Zaum gehalten, auch wenn wir heute wissen, dass die Preisstabilität mit geringerem Wirtschaftswachstum und geringerer Beschäftigung erkauft wurde. Der Crash von 1929 ereignete sich zu einem Zeitpunkt, als den Regierungen wegen des Goldstandards die Hände gebunden waren. Banken brachen zusammen, Unternehmen kollabierten, Arbeitnehmer wurden massenweise entlassen, die Steuereinnahmen brachen ein, aber die Regierung konnte nicht mehr Geld schöpfen, um der Arbeit oder dem Kapital dabei zu helfen, dem Sturm zu trotzen.

1931 scherten Großbritannien und die skandinavischen Länder aus dem Goldstandard aus und verminderten so die Auswirkungen der Weltwirtschaftskrise auf ihre Bevölkerungen. Präsident Hoover weigerte sich standhaft, ihnen zu folgen, denn er war überzeugt, dass die Inflation an der nächsten Ecke lauerte. Um etwas zu tun, handelte er wie die meisten politischen Führer unter Druck: Er nahm die Ausländer ins Visier. Im Juni 1930 wurde ein Gesetz durch den Kongress gepeitscht, das in dem verhängnisvollen Versuch, die Nachfrage nach einheimischen Produkten zu steigern, die Importzölle anhob. Die anderen Länder schlugen zurück, mit schlimmen Folgen für den Welthandel. Die Lage spitzte sich zu, und die Krise breitete sich immer weiter aus.

Bei der Präsidentschaftswahl 1932 gelangte Franklin Delano Roosevelt mit seinem Versprechen eines *New Deal* an die Macht. Eine seiner ersten Entscheidungen war es, die Vereinigten Staaten aus dem Goldstandard herauszulösen. In kurzer Zeit war die gemeinsame Währung der damaligen Zeit kollabiert, und der New

Deal nahm Gestalt an. Bedauerlicherweise beendete der New Deal trotz vieler hervorragender Ideen – und noch besserer Absichten – die Weltwirtschaftskrise nicht. Erst ein Gemetzel in industriellem Stil (der Zweite Weltkrieg) und entsprechend große öffentliche »Investitionen« in Form von Menschenleben holten die Weltwirtschaft aus dem Sumpf heraus.

Die beiden Störenfriede: Der Arbeitsmarkt und der Kapitalmarkt

Der Crash von 1929 lehrte uns eine wichtige Lektion, die wir anscheinend vergessen haben: In der kapitalistischen Maschinerie hausen zwei Kobolde. Sie machen sie instabil und krisenanfällig – und ab und zu gibt es eine weltweite Krise. Wie heißen die beiden Kobolde? Kapital und Arbeit. Beide sind scheinbar Güter, die sich nicht wesentlich von Käse und Hämmern unterscheiden. Wenn man sich Geld leiht, um ein Haus zu kaufen, hat man Kosten zu tragen (die Zinsen) und bezahlt einen Preis (den Zinssatz). Ebenso muss man dafür bezahlen, wenn man Arbeitskraft anheuert, ähnlich wie wenn man einen Generator anwirft. Aber dann kommen auch schon die Unterschiede.

Ein Freund von mir hat sich einmal darüber beklagt, es gelinge ihm nicht, sein fantastisches Ferienhaus zu verkaufen. Ich bot ihm 10 Dollar, um ihn etwas pedantisch (aber nicht unlogisch) darauf hinzuweisen, dass das Problem nicht darin bestand, dass er es nicht verkaufen konnte, sondern dass er es nicht zu dem Preis verkaufen konnte, den er sich vorgestellt hatte. Ähnlich kann man im Hinblick auf einen ungenutzten Generator argumentieren: Wenn die Kosten für die Nutzung deutlich gesenkt werden, wird sich jemand finden, der ihn nutzt. Diese »Argumente« – so eindeutig sie auch bei den beiden Beispielen, dem Ferienhaus und dem Generator, sind – versagen beim Geldverleih und bei der Beschäftigung von Menschen. Schauen wir uns an, warum das so ist.

In einer Volkswirtschaft, in der Großunternehmen den Rhythmus vorgeben, treffen die Industriekapitäne Entscheidungen, die weitgehend das wirtschaftliche Klima bestimmen. Wenn die Unternehmen frei investieren, werden die kleineren Player folgen – so ähnlich wie die Lotsenfische den großen Haien folgen und sich von ihren Abfällen ernähren. Die Nachfrage nach Kapital und Arbeit reitet auf der Welle der Unternehmensinvestitionen. Aber was veranlasst die Unternehmensmogule zu investieren? Die Antwort lautet: Optimismus!

Wenn Unternehmenschefs (CEOs) über eine große Investition in eine neue Fabrik oder Produktlinie nachdenken, haben sie schlaflose Nächte, weil sie verzweifelt versuchen, in die Zukunft zu blicken. Wonach halten sie Ausschau? Sie möchten wissen, ob es genügend Nachfrage für ihr Produkt geben wird. Und wovon hängt das ab? Es hängt davon ab – wie jeder CEO weiß –, ob andere CEOs massenhaft investieren. Denn wenn viele investieren, werden die Auftragsbücher voll sein, die Beschäftigung wird steigen, die Menschen haben Geld zum Ausgeben, und die Wirtschaft wird brummen, wenn sie ihre schönen neuen Produkte auf den Markt bringen. Aber wenn nicht genügend investieren, wird es wenig Bestellungen geben, die Beschäftigung wird lahmen und die Nachfrage schleppend sein.

Deshalb stecken die CEOs in einem *Vorhersageparadox:* Wenn sie alle gute Zeiten voraussagen, werden gute Zeiten kommen, und ihre optimistischen Annahmen werden sich bestätigen. Aber wenn sie schlechte Zeiten prophezeien, werden schlechte Zeiten kommen und den ursprünglichen Pessimismus bestätigen. So erfüllt sich die Prophezeiung selbst, und das bedeutet, dass Unternehmensführer ihre Entscheidungen nicht auf wissenschaftliche Marktanalysen oder rationale Überlegungen gründen können. Kasten 2.2 illustriert ihr Dilemma mit einem Spiel.

WENN DIE VERNUNFT VOR DER ERWARTUNG KAPITULIERT 2.2

Tom, Dick und Harriet machen bei einem einfachen Spiel mit. Sie werden in verschiedenen Räumen untergebracht und haben keinen Kontakt zueinander. Jeder bekommt 100 Dollar und kann entscheiden, ob er sie entweder behalten oder in eine gemeinsame Kasse stecken will. Die Regeln sind einfach: Sie können nur entweder die gesamten 100 Dollar in die gemeinsame Kasse geben oder gar nichts. Wenn am Ende 300 Dollar in der Kasse sind, wird die Summe auf das Zehnfache aufgestockt und gleichmäßig zwischen den drei Spielern aufgeteilt. Wenn die gemeinsame Kasse aber weniger als 300 Dollar enthält, ist alles verloren, und jeder Spieler hat nur das Geld, das ihm geblieben ist (das heißt, gar nichts, wenn er seine 100 Dollar in die gemeinsame Kasse gegeben hat, oder 100 Dollar, wenn er das nicht getan hat).

Im besten Szenario investiert jeder 100 Dollar in die gemeinsame Kasse, die Summe wird verzehnfacht, und Tom, Dick und Harriet bekommen am Schluss jeweils 1000 Dollar. Aber wird jeder 100 Dollar beisteuern? Schalten wir uns in Harriets Überlegungen ein, bevor sie ihre Entscheidung trifft: »Wenn ich glaube, dass Tom *und* Dick ihre 100 Dollar in die Kasse legen werden, dann ist es natürlich absolut sinnvoll, dass ich meine 100 Dollar ebenfalls hergebe. Aber wenn einer von beiden es nicht tut, sollte ich meine 100 Dollar lieber behalten, denn 100 Dollar sind besser als nichts.«

Damit Harriet ihre 100 Dollar hergibt, muss sie überzeugt sein, dass a) Tom davon ausgeht, dass sie und Dick ihre 100 Dollar beisteuern werden, und b) dass Dick davon ausgeht, dass sie und Tom ihre 100 Dollar beisteuern werden. Der Optimismus behält die Oberhand, wenn alle erwarten, dass die anderen ihre 100 Dollar in die gemeinsame Kasse legen; wenn sie das nicht erwarten, siegt der Pessimismus. Es erweist sich, dass die Wahl der besten Strategie davon abhängt, wie hoch man den Optimismus der Mitspieler einschätzt.

Dieses Spiel ist ein Beispiel für das, was Philosophen als *infiniten*

Regress bezeichnen: eine Situation, in der es unmöglich ist, rational herauszufinden, welches Handeln richtig ist. Selbst wenn Tom, Dick und Harriet hyperrational wären und Respekt vor der Intelligenz der jeweils anderen hätten, wären sie ratlos, was sie tun sollen. Es ist Stoff für das wahre menschliche Drama, das auf einer Bühne gespielt wird, auf der das Vorhersageparadox eine sichere Voraussage unmöglich macht.

Das Spiel in Kasten 2.2 bringt das Vorhersageparadox auf den Punkt und illustriert eindrücklich die Vorgänge in einem komplexen, dynamischen korporativen Kapitalismus, in dem die Kapitalisten bei der ersten Ahnung einer drohenden Rezession in einen Investitionsstreik treten, woraufhin die Rezession kommt und ihre düsteren Vorhersagen bestätigt. Darin hallt auch der berühmte Ausspruch von John Maynard Keynes nach, unsere Investitionsentscheidungen seien ein Bereich, »wo wir unsere Intelligenz der Vorwegnahme dessen widmen, was die durchschnittliche Meinung als das Ergebnis der durchschnittlichen Meinung erwartet«[8].

Der aufmerksame Leser wird bemerkt haben, dass bei dieser Geschichte über Wachstum und Krisen etwas Wichtiges fehlt: Löhne und Zinssätze! Sie kommen überhaupt nicht vor. Während CEOs, Arbeitgeber, Industrielle und so weiter *begeistert* sind, wenn sie niedrigere Löhne und niedrigere Zinsen für ihre Kredite zahlen müssen, spielen beide bei großen Investitionsentscheidungen kaum eine Rolle; solche Entscheidungen hängen vom allgemeinen Wirtschaftsklima ab. Wenn das Klima positiv ist und die Erwartungen optimistisch sind, werden die CEOs großen Investitionsprojekten grünes Licht geben. Wenn das Klima nicht gut ist, wird kein Rückgang bei den Löhnen und den Zinsen sie dazu bringen, zu investieren. Punkt.

Und als wäre das noch nicht genug, können fallende Löhne und Zinssätze, hat die Rezession nach der Krise erst einmal begonnen, die Unternehmen veranlassen, in Panik zu geraten, Arbeiter zu entlassen und bereits angelaufene Investitionsvorhaben zu stoppen. Warum? Widerspricht das nicht der Intuition? Sicher wollen sie doch *mehr* Leute einstellen, wenn die Löhne sinken, und *mehr* Geld zu den neuen, niedrigeren Zinssätzen leihen, oder etwa nicht? Keineswegs! Erinnern wir uns, dass die CEOs ihre Antennen auf die künftige Nachfrage ausgerichtet haben und sich fast ausschließlich darüber Gedanken machen, ob künftige Produktlinien genug zahlungswillige Kunden anziehen werden, und vor diesem Hintergrund sind sinkende Löhne *heute* ein schlechtes Omen für die Zukunft. Allein die Tatsache, dass Gewerkschaften und nicht organisierte Arbeiter in niedrigere Löhne eingewilligt haben, ist für die Unternehmensführer ein Signal, dass die Dinge schlecht stehen. Und das wirkt sich dann als niedrigere Nachfrageerwartung aus. Ganz ähnlich verhält es sich mit dem Rückgang der Zinssätze: Eine derartige Ankündigung der Zentralbank erfüllt einen CEO nicht so sehr mit Begeisterung (weil das Unternehmen weniger Zinsen bezahlen muss), sondern erschreckt ihn eher und führt zu der Überlegung: »Wenn die Zentralbank diesen Schritt tut, muss die Lage wirklich ernst sein!«

Kurz gesagt: 1929 müsste uns gelehrt haben, dass Geld und Arbeit besondere Güter sind. Wer in der Lage ist, ihre wertschöpfende Kraft in Anspruch zu nehmen, möchte unter Umständen weniger davon, wenn ihr Preis fällt. Das Paradox löst sich auf, wenn man sich die Tatsache klar macht, dass diese beiden Güter lästige Störenfriede in der kapitalistischen Maschinerie sind, weil sie sich wirklich radikal von allen anderen Waren unterscheiden: *Niemand will sie um ihrer selbst willen.* Sie sind zutiefst *unerwünscht.* Wie Marx im zweiten Band von *Das Kapital* formuliert:

> Der Produktionsprozess erscheint nur als unvermeidliches Mittelglied, als notwendiges Übel zum Behuf des Geldmachens. Alle Nationen kapitalistischer Produktionsweise werden

> daher periodisch von einem Schwindel ergriffen, worin sie ohne Vermittlung des Produktionsprozesses das Geldmachen vollziehen wollen.[9]

Wenn man es recht bedenkt, hat niemand gern Schulden. Und kein Arbeitgeber nimmt gern die Last auf sich, viele Arbeitnehmer zu verwalten. Kredite und Arbeiter sind notwendige Übel, deren »Dienste« Geschäftsleute in Anspruch nehmen, weil sie durch sie etwas bekommen: Gewinn. Aber Gewinn ist nur möglich, wenn das Niveau der allgemeinen (oder aggregierten) künftigen Nachfrage hoch ist. Leider kennt niemand die Zukunft. Geschäftsleute wissen nur eines sicher, nämlich dass in einer Zeit fallender Löhne und Zinssätze die Nachfrage niemals über lange Zeit hoch sein wird. Die Folge ist ein interessantes, wenngleich tragisches Rätsel: In Zeiten einer Rezession, wenn die Zahl der Arbeitskräfte und das Volumen der nicht investierten Ersparnisse stark anwachsen, hilft ein Rückgang der Löhne und der Zinssätze nichts. Tatsächlich verschlimmert das die Rezession noch.

Der Geist in der Maschine

Nach unserer Massenkultur zu urteilen, scheinen wir von der Furcht besessen, wir könnten von unseren Schöpfungen beherrscht werden. Ob das Märchen vom süßen Hirsebrei der Brüder Grimm, ob Goethes Zauberlehrling, die Geschichten über den jüdischen Golem oder Mary Shelleys *Frankenstein,* ob Filme wie *Blade Runner* oder die *Terminator*-Reihe, es gibt viele Beispiele, dass Menschen ihre eigenen Geschöpfe fürchten. Doch eine Geschichte sticht heraus, weil sie das größte Paradox unseres postmodernen Lebens illustriert: *Matrix,* der Film von Larry und Andy Wachowski, der 1999 in die Kinos kam.

In *Matrix* ist die Rebellion unserer Geschöpfe nicht der übliche simple Fall von »Schöpfermord«. Anders als Frankensteins »Monster«, das Menschen irrational aus seiner schieren existenziellen Angst heraus angreift, anders als die Maschinen in der *Terminator*-Reihe, die einfach alle Menschen beseitigen wollen, um ihre künftige Herrschaft über den Planeten zu sichern, will in *Matrix* das entstehende Reich der Maschinen das menschliche Leben zu seinen eigenen Zwecken *bewahren* – es will uns am Leben erhalten als *primäre Ressource,* als lebende Energiequelle für die Maschinen, damit sie ihre Maschinengesellschaft weiterentwickeln können.

Lassen wir einmal die fesselnde Handlung beiseite (die sich um die unvermeidliche menschliche Rebellion dreht), denn nach meinem Dafürhalten verfolgt dieser Vorstoß in die Science Fiction ein ernstes Anliegen: auf einen Geist in unserem *bestehenden* Wirtschaftssystem hinzuweisen, der die Stabilität *unserer* Wirtschaft untergräbt. Was für ein Geist ist das? *Die menschliche Arbeitskraft.*

Frage: Produzieren die Maschinen in der Wirtschaft von *Matrix* einen Wert? Die Antwort hängt natürlich davon ab, was Wert bedeutet und wie sich Wert von Preis unterscheidet. Eine Definition von Wert ist der jeweils aktuelle Preis unter normalen Marktbedingungen. Eine andere Definition leitet sich von der Idee ab, dass der Wert von Dingen die wahren Kosten ihrer Herstellung widerspiegelt. Eines ist sicher: Genau wie Liebe, Poesie, Pornografie und Schönheit erkennt man Wert, wenn man ihn vor sich hat, auch wenn man es unmöglich findet, ihn analytisch zu definieren.

Wenn Sie den Film *Matrix* gesehen haben, erinnern Sie sich vielleicht noch, dass die Maschinen in Gruppen eingeteilt sind und dass jede Gruppe eine eigene Rolle für die Erhaltung einer wachsenden, vielgestaltigen Maschinenökonomie spielt. Es gibt Arbeitsteilung zwischen den Maschinen, und der Produktionsausstoß jeder einzelnen Maschine ist ein unersetzlicher Bestandteil der Maschinenwelt, der sie angehört. Aber produzieren sie *Werte?* Ich denke nicht.

Warum nicht? Betrachten wir die folgenden damit zusammenhängenden Fragen. Produzieren die winzigen Federn und Zahnräder in einer mechanischen Uhr einen *Wert?* Schafft die hoch spezielle Software in einem Computer für sich allein (ohne dass ein Mensch etwas damit macht) einen *Wert?* Allgemeiner gefragt: Können wir in einer Welt ohne Menschen (oder in einer Welt, in der die Menschen wie in *Matrix* die Kontrolle über ihre Gehirne vollständig verloren haben) sinnvoll von *Wertschöpfung* sprechen? Nach meiner Einschätzung muss die Antwort auf all diese Fragen ganz klar Nein lauten.

Was für einen Sinn hätte es, den »schwierigen« Begriff *Wert* im Kontext eines Systems zu verwenden, in dem Menschen nicht vorkommen, zumal das Wort *Funktion* bestens ausreicht? Wenn sich Uhrmacher über Federwerk und Räderwerk der Objekte ihres Interesses unterhalten, sprechen sie über ihre *Funktionen.* Wenn Computerfachleute über vollautomatische Systeme diskutieren, brauchen sie einen Begriff wie *Wert* nicht, um zu beschreiben, was die Komponenten des Systems leisten. Auch sie sprechen von Funktionen, von Input, Output und so weiter. *Wert* wäre in diesem Zusammenhang ein überflüssiger und unnötig verwirrender Begriff. Tatsächlich wäre es ziemlich absurd, vom relativen Wert jeder Maschineneinheit zu sprechen, der durch die unterschiedlichen Arten von Maschinen produziert wird (außer vielleicht in einem allegorischen Wortspiel).

Hinter diesen Überlegungen steckt die Erkenntnis, dass wir, da Wert nun einmal menschliches Zutun erfordert, gerade eine große Quelle von Instabilität entdeckt haben, die tief in den Fundamenten unserer Marktgesellschaften schlummert: Je erfolgreicher Unternehmen darin sind, menschliche Arbeitskraft durch großartige Maschinen zu ersetzen und die menschliche Arbeitskraft so zu disziplinieren, dass sie mit maschinengleicher Effizienz ihre Leistung erbringt, desto weniger Wert werden unsere Gesellschaften produzieren. Es kann sein, dass sie große *Mengen* von Waren und schimmernden Gegenständen ausstoßen, nach denen wir uns alle verzehren. Aber der Wert dieser Lawine von schönen Dingen wird gegen null tendieren, genau wie die Maschinenökonomie in *Matrix* eine wertfreie Zone ist, obwohl die mechanisierten Arbeitskräfte viel produzieren.

Wir sind nun bereit für einen langen, intensiven Blick auf den Geist, der in *unserer* »Maschine« steckt (das heißt, in unseren korporativen Finanzmarktgesellschaften). Die Unternehmen sind durch den Wettbewerb und durch die Angst vor raffgierigen Beutegängern gezwungen, zu versuchen, Arbeitnehmer in maschinenartige Produktionseinheiten zu verwandeln; die Einstellung eines Arbeiters unterscheidet sich dann nicht mehr von der Inbetriebnahme eines Generators. Und dennoch: So sehr sie sich auch bemühen, aus Menschen Maschinen zu machen und Ergebnisse aus ihrer »Arbeit« zu gewinnen (genau wie sie Leistung von einem Pferd oder Elektrizität von einem Generator gewinnen), es ist eine unmögliche Aufgabe. Der Arbeiter *kann* seine angeborenen menschlichen Eigenheiten wie Aufmüpfigkeit und Unentschlossenheit *nicht* ablegen, nicht einmal, wenn er es ehrlich will. All die Dinge, die den Beitrag des Menschen zur Produktion zutiefst unberechenbar machen, gehören nun einmal zu ihm. Unabhängig von seinem *Willen* kann der Mensch im einen Augenblick faul sein und im nächsten Augenblick brillante Kreativität an den Tag legen (die keine Maschine je begreifen wird).

Der menschliche Arbeiter, der sein Menschsein nicht abstreifen und keine blaue Pille schlucken kann, die die Last des Bewusstseins von seinen müden Schultern nimmt (eine solche Pille wird einem Protagonisten in *Matrix* zu Beginn des Films angeboten), bleibt die letzte Bastion, die sich der vollständigen Durchdringung durch den Markt verweigert. Seine »Menschlichkeit« steht einfach nicht zum Verkauf. Als Folge dieser sturen Beharrlichkeit gibt es noch immer den *Arbeitsvertrag* – eine hoffnungslos unvollständige Vereinbarung zwischen Arbeit und Kapital, die zugleich als *Quelle der Instabilität* und *Ursprung von Wert* wirkt.

Haben Sie sich jemals gefragt, warum Märkte sich so standhaft weigern, wie ein Uhrwerk zu funktionieren? Die Antwort könnte hier verborgen sein, in dieser schlichten Wahrheit über die menschliche Natur: Selbst wenn wir es wollten, wären wir unfähig, uns durch und durch in eine Ware zu verwandeln. Diese Unfähigkeit könnte sogar erklären, warum unsere Wirtschaftssysteme anders als natürliche Systeme anfällig für große Krisen sind. Je besser es Unternehmen gelingt, aus Arbeit eine maschinenartige Aktivität zu machen, desto geringer ist der Wert, den sie auf lange Sicht erzeugen, und desto näher kommt unsere Marktgesellschaft einer großen Krise.

Der Vorgang erinnert an eine unterschwellige, beinahe ironische Verschwörung zwischen dem Erfolgsparadox und dem Vorhersageparadox: Wachstum und Erzeugung von Wohlstand erfordern den Einsatz von Maschinen, die Entwicklung neuer Technologien und die Stärkung der Arbeitsproduktivität. Marktgesellschaften florieren, wenn Kommerzialisierung, Finanzmarktkapitalismus und technologische Innovation auf dem Vormarsch sind. Je strömlinienförmiger und mechanischer die Produktion wird, desto geringer ist der menschliche Beitrag dazu und desto billiger wird er. Aber je mehr Ertrag aus einem bestimmten Maß an menschlichem Einsatz herausgepresst wird, desto geringer ist der Wert des Ertrags pro Einheit. Dass Mobiltelefone und alle möglichen anderen Spielzeuge immer billiger werden, hängt damit zusammen, dass ihre Produktion immer stärker automatisiert wird und praktisch ohne menschliche Arbeitskraft auskommt. Dadurch sinken die Gewinnmargen. Wenn sie unter eine gewisse Schwelle fallen, drohen die ersten Bankrotte. Wie bei Schneeflocken, die erst sanft niedersinken, löst der stetige Fall schließlich eine Lawine aus. Und dann beginnt die Krise. Wenn sie die Gesellschaft erst einmal in ihrem eisernen Griff hat, lassen die Störenfriede im System (die Märkte für Arbeit und Kapital) sie nicht mehr los, bis die Menschheit einen hohen Preis in Form einer verschwendeten Generation bezahlt hat.

Kurzum, solange die menschliche Arbeit der vollen Kommerzialisierung widersteht, kann die Gesellschaft Wert produzieren, allerdings nur unter Umständen, die auch Krisen produzieren – und manchmal große Krisen wie 1929 und auch 2008.

Epilog: Die Krise als Inkubator des Globalen Plans

Regelmäßige Krisen perpetuieren die Vergangenheit, weil sie Zyklen neu beleben, die vor langer Zeit begonnen haben. Große Krisen hingegen versetzen der Vergangenheit den Todesstoß. Sie funktionieren wie Laboratorien, in denen eine neue Zukunft ausgebrütet wird. Solchen Krisen verdanken wir die Landwirtschaft und die industrielle Revolution, moderne Technologie und den Arbeitsvertrag, tödliche Keime und Antibiotika. Wenn sie zuschlagen, ist die Vergangenheit kein verlässlicher Anhaltspunkt mehr für die Zukunft, und eine schöne neue Welt wird geboren.

In den letzten rund dreihundert Jahren hat sich die Welt schnell und heftig verändert. Die Kommerzialisierung begann, als die Bauern mit Zäunen vom Land ihrer Vorfahren vertrieben wurden. Später beschleunigte sie sich, als die vertriebenen Bauern zu Arbeitern wurden, die man hinter Fabrikmauern einschloss. Als sich die menschliche Arbeit und die Arbeit von Dampfmaschinen und mechanischen Webstühlen mischten, quoll ein unaufhaltsamer Strom von Waren hervor und verbreitete sich rund um den Planeten. Seit damals hat die Kommerzialisierung die Welt im Sturm erobert. Inzwischen sind ihre Tentakel bis in den Mikrokosmos vorgedrungen; es gibt Patente auf Genome, und Hybridlebewesen werden als »Eigentum« beansprucht. Irgendwann werden auch der Mond und die Planeten, sogar die Sonne und die Sterne Privatbesitz sein. Doch der wichtigste Eingriff in das Funktionieren der Gesellschaft kam schon früh.

Gleich zu Anfang führte die Kommerzialisierung zu einer Umkehrung des Zyklus von Produktion und Distribution. Während in der Vergangenheit immer zuerst die Ernte produziert und dann die Produktion zwischen denen, die für ihre Erzeugung gearbeitet hatten, und den mächtigen Eliten, die aufgrund einer gesellschaftlichen Übereinkunft einen Teil davon beanspruchten, aufgeteilt wurde, bedeutete die Kommerzialisierung von Land und Arbeit, dass der Anteil der Arbeiter im Voraus bezahlt wurde (in Form von Löhnen). Die Verteilung begann somit schon, bevor die Ernte eingefahren war.

Die Auswirkung dieser Umkehrung kann gar nicht hoch genug eingeschätzt werden. Sie stabilisierte die neu entstandenen Marktgesellschaften und destabilisierte sie zugleich. Während sie einerseits eine neue Version von Condorcets Geheimnis einführte, das die neue Ordnung enorm stabilisierte, brachte sie in den noch jungen Kapitalismus auch das potenzielle Dynamit ein, das wir unter dem Begriff Finanzwesen kennen. Und als wäre das noch nicht genug, fügte sie noch zwei lästige Kobolde und einen furchterregenden Geist als Zugabe hinzu.

Wie Dr. Faustus zu seinem eigenen Schaden feststellen musste, steigert das Geld die Höhepunkte des Lebens, sein Fehlen macht die Tiefpunkte unerträglich.[10] Außerdem verfolgt der Geist der freien menschlichen Arbeitskraft die Marktgesellschaften, indem er eine tückische Dynamik erzeugt: Um des Profits willen soll die menschliche Tätigkeit mechanisiert werden, doch dabei stellt sich heraus, dass die geschaffenen Produkte umso mehr an Wert verlieren, je besser das gelingt.

Das Ergebnis dieser besonderen Eigenschaften der Marktgesellschaften und des Kapitalismus allgemein war ein bemerkenswerter Fortschritt, durchsetzt mit Hunderten von Krisen – kleinen Krisen, aber auch sehr schmerzhaften. Es dauerte eine Weile, bis die erste echte Krise zuschlug. Erst kam der Aufstieg der Konzerne und der ihn begleitende Anbruch des Finanzkapitalismus im großen Stil. Als diese wichtigen Institutionen – Edison, die Banken an der Wall Street und so weiter – zu wichtigen Akteuren wurden und die frohe Botschaft vom »Ende der Armut« verkündeten, brach die Weltwirtschaftskrise über die Menschheit herein und zerschmetterte ihre großen Erwartungen. Es fühlte sich an, als wäre der Himmel eingestürzt.

Nach Roosevelts Sieg 1932 und trotz seiner gewaltigen Anstrengungen im New Deal hielt sich die Weltwirtschaftskrise hartnäckig. Die sozialen Projekte, die neue Bankenregulierung, die großen staatlichen Beschäftigungsprogramme, die Bemühungen, in Not geratenen Hausbesitzern bei der Erhaltung ihrer Häuser zu helfen, die Gesundheitsvorsorge, die Sozialleistungen – all das machte einen Unterschied, allerdings war der Unterschied nicht so groß, wie man gehofft hatte. Erst 1938 kam die zweite große Krise – fast so schlimm wie die von 1929. Ohne das Gemetzel des Zweiten Weltkriegs hätte die Krise von 1929 die Welt wohl bis in die 1940er-Jahre im Griff gehalten.

Der Krieg befreite die Staatsfinanzen von allen politischen Einschränkungen. Die Regierung gab Geld aus, als gäbe es kein Morgen, die Staatsverschuldung verdoppelte sich, aber der Zyklus des sich selbst verstärkenden Pessimismus war durchbrochen. In den Vorstandsetagen war das Vorhersageparadox besiegt, lange bevor die Deutschen und die Japaner auf dem Schlachtfeld in Bedrängnis gerieten. Alte Fabriken wurden wieder in Betrieb genommen, auf der grünen Wiese entstanden neue, die Innovation erreichte ihren Höhepunkt, die Produktionszahlen schossen durch die Decke, die Geschäfte boomten. Nur leider hatten Millionen sterben müssen, bevor die Politik dem Staat erlaubte, angemessen und umfassend zu handeln.

Als der Krieg dem Ende entgegenging und der Frieden greifbar schien, gerieten die US-Politiker in Panik. In einer souveränen Reaktion auf die Furcht, dass die Krise (in der sie die Zähne zusammengebissen hatten) nach Kriegsende ihr hässliches Haupt wieder erheben könnte, machten sie sich an die Arbeit. Sie planten den größten sozioökonomischen Eingriff, den es in der Geschichte der Menschheit je gegeben hatte. Ich spreche vom *Globalen Plan.*

KAPITEL 3
DER GLOBALE PLAN

Die besondere Chance

Die Vereinigten Staaten von Amerika gingen aus dem Zweiten Weltkrieg als das größte (wenn man die Schweiz ausklammert, sogar als das *einzige)* Gläubigerland hervor. Zum ersten Mal seit dem Aufstieg des Kapitalismus wurde der Welthandel in einer einzigen Währung abgewickelt (dem Dollar) und von einem einzigen Epizentrum aus finanziert (der Wall Street). Während die Hälfte Europas unter der Kontrolle der Roten Armee stand und die Europäer generell die Vorzüge des kapitalistischen Systems infrage stellten, erkannten die New-Deal-Anhänger, die seit 1932 in Washington regierten, dass die Geschichte ihnen eine ganz besondere Chance bot: Sie konnten eine globale Nachkriegsordnung errichten, die die amerikanische Hegemonie in Edelstahl gießen würde. Diese Chance ergriffen sie mit Wonne.

Ihr kühnes Projekt entsprang den beiden Triebkräften, die hinter jeder großen Leistung stecken: Angst und Macht. Der Krieg stattete die Vereinigten Staaten mit einer nie da gewesenen militärischen und ökonomischen Macht aus. Doch gleichzeitig war er eine beständige Erinnerung, dass Amerika dabei versagt hatte, die Nachwehen von 1929 zu bewältigen, bevor die japanische Marine ihre Bomben und Torpedos nach Pearl Harbor gelenkt hatte. Die New-Deal-Anhänger vergaßen nie, wie unerwartet die Weltwirtschaftskrise gekommen war und wie hartnäckig sie sich jeder »Behandlung« widersetzt hatte. Je mehr Macht sie in ihren Händen spürten, desto größer war ihre Angst, eine Wiederholung von 1929 könnte sie zunichtemachen.

Noch bevor die Waffen in Europa schwiegen und sogar bevor die Sowjetunion als der Drache auftauchte, den es zu töten galt, verstanden die Vereinigten Staaten, dass ihnen die historische Rolle zugefallen war, die Welt des globalen Kapitalismus nach ihrem eigenen Bild wiederaufzubauen. Denn wenn schon die Krise von 1929 beinahe die Vorherrschaft des Kapitals beendet hätte, zu einer Zeit, als es mehrere kapitalistische Zentren gegeben hatte, was würde dann bei einer Wiederholung passieren, wenn das größere Spiel, der globale Kapitalismus, sich um eine einzige Achse drehte, den Dollar?

1944 führten die Ängste der New-Deal-Anhänger zu der berühmten Konferenz von Bretton Woods. Die Vorstellung, eine neue Weltordnung zu entwerfen, war nicht so sehr großspurig, vielmehr existenziell wichtig. Die Teilnehmer der Konferenz von Bretton Woods skizzierten eine neue internationale Währungsordnung. Dabei erkannten sie einerseits an, dass der Dollar weiter eine zentrale Rolle spielte, ersannen aber gleichzeitig internationale Stoßdämpfer für den Fall, dass die US-Wirtschaft ins Wanken geraten sollte. Fünfzehn Jahre vergingen, bis das Abkommen voll umgesetzt werden konnte. In dieser Zeit fügten die Vereinigten Staaten die Puzzleteile des Globalen Plans zusammen; ein wichtiges war Bretton Woods.

Bretton Woods

Im Juli 1944, als in Europa und im Pazifik immer noch der Krieg tobte, versammelten sich in der Stadt Bretton Woods im Bundesstaat New Hampshire 730 Delegierte im exklusiven Mount Washington Hotel. Im Lauf von drei Wochen intensiver Verhandlungen schufen sie die neue internationale Währungsordnung und ihre Institutionen.

Sie kamen nicht spontan in Bretton Woods zusammen, sondern auf Veranlassung von Präsident Roosevelt, dessen New-Deal-Regierung entschlossen war, den Frieden zu gewinnen, nachdem sie den Krieg gegen die Weltwirtschaftskrise beinahe verloren hätte. Die New-Deal-Anhänger hatten eine Lektion gelernt: dass der Kapitalismus auf nationaler Ebene nicht effizient gemanagt werden kann. Roosevelt formulierte das mit wünschenswerter Klarheit: »Die wirtschaftliche Gesundheit eines jeden Landes ist eine wichtige Angelegenheit für alle seine Nachbarn, ob nah oder fern.«

Zwei Themen standen bei der Konferenz im Mittelpunkt: einmal der Entwurf des Währungssystems der Nachkriegszeit und dann der Aufbau der vom Krieg zerstörten Volkswirtschaften in Europa und Japan. Doch unter der Oberfläche lauteten die wirklichen Fragen: a) Welchen institutionellen Rahmen brauchte man, um eine neue Weltwirtschaftskrise zu verhindern? Und b) Wer sollte den Rahmen kontrollieren? Über beide Fragen gab es erhebliche Spannungen, insbesondere zwischen den beiden großen Verbündeten USA und Großbritannien, die auf amerikanischer Seite durch Harry Dexter White[1] und auf britischer Seite durch niemand anderen als John Maynard Keynes vertreten waren. Zum Abschluss der Konferenz bemerkte Keynes: »Wir mussten gleichzeitig die Aufgabe des Ökonomen, des Finanziers, des Politikers, des Journalisten, des Gesetzgebers, des Anwalts und des Staatsmannes erfüllen – sogar, wie ich denke, die des Propheten und des Wahrsagers.«[2]

Zwei der in Bretton Woods ersonnenen Institutionen sind bis heute unter uns und häufig in den Schlagzeilen: der Internationale Währungsfonds (IWF) und die Internationale Bank für Wiederaufbau und Entwicklung (International Bank for Reconstruction and Development, IBRD), heute einfach bekannt als die Weltbank.[3] Der IWF sollte die »Feuerwehr« der kapitalistischen Weltordnung werden und einem Land zu Hilfe kommen, wenn dessen Haus (finanzpolitisch) Feuer gefangen hatte. Er sollte zu strengen Bedingungen Darlehen gewähren und dafür sorgen, dass Zahlungsbilanzdefizite ausgeglichen und die Darlehen zurückgezahlt würden. Die Weltbank sollte als internationale Investmentbank agieren mit der Aufgabe, produktive Investitionen in die vom Krieg zerstörten Regionen der Welt zu lenken.

Doch die Institution, die am meisten Spuren in der Nachkriegsgeschichte hinterlassen hat, existiert nicht mehr; ihr Untergang 1971 markiert das Ende des Globalen Plans und den Beginn der Herrschaft des Globalen Minotaurus. Gemeint ist die Wechselkursordnung, die unter dem Begriff »System von Bretton Woods« bekannt wurde – ein System fester Wechselkurse mit dem Dollar im Zentrum. Der Hauptgedanke dabei war, dass jede Währung zu einem festen Kurs an den Dollar gebunden sein sollte. Schwankungen sollten nur innerhalb einer engen Bandbreite von plus/minus 1 Prozent erlaubt sein; die Regierungen mussten durch den Ankauf von Dollars oder Verkäufe ihrer eigenen Dollarreserven dafür sorgen, dass sie in diesem Korridor blieben. Über den Wechselkurs eines bestimmten Landes durfte nur dann neu verhandelt werden, wenn das Land nachweisen konnte, dass es mit seinen Dollarreserven das Gleichgewicht seiner Handelsbilanz und seiner Kapitalverkehrsbilanz nicht aufrechterhalten konnte. Um das nötige Vertrauen in das internationale System herzustellen, verpflichteten sich die Vereinigten Staaten, den Dollar an Gold zu binden, zum festen Wechselkurs von 35 Dollar pro Feinunze, und die volle Konvertibilität von Dollar in Gold für jedermann, ob Amerikaner oder nicht, zu garantieren, der seine Dollars in Gold umtauschen wollte.

In den Diskussionen darüber, wie das neue System aussehen sollte, machte John Maynard Keynes den kühnsten Vorschlag, der jemals auf dem Verhandlungstisch einer großen internationalen Konferenz landete: Er schlug vor, eine Internationale Clearing-

Union (ICU) zu schaffen und eine gemeinsame Währung (für die er auch einen Namen hatte: *Bancor*) für die gesamte kapitalistische Welt mit einer eigenen internationalen Zentralbank und den zugehörigen Institutionen. Keynes' Idee war nicht so dreist, wie es scheinen mag; tatsächlich hat sie den Test der Zeit ganz gut bestanden. Dominique Strauss-Kahn rief vor nicht allzu langer Zeit, als er noch IWF-Direktor war, in einem Interview mit der BBC dazu auf, zu Keynes' ursprünglicher Idee zurückzukehren, weil das die einzige Lösung für die Turbulenzen in der Weltwirtschaft nach 2008 sei.[4] Aber was war nun der Kernpunkt seines Vorschlags? Er wollte die Vorteile einer gemeinsamen Währung (Vereinfachung des Handels und mehr Bequemlichkeit, Preisstabilität, Berechenbarkeit im internationalen Geschäftsverkehr) nutzen und zugleich die Nachteile ausschalten, die auftauchen, wenn unterschiedliche Volkswirtschaften währungspolitisch aneinander gekettet sind.

Die vergebene Chance

Wie Argentinien Ende der 1990er-Jahre feststellte und Europa nach dem Crash von 2008, ist das Problem bei einer Währungsunion die schlichte Tatsache, dass Handels- und Kapitalflüsse über Jahrzehnte oder sogar über Jahrhunderte unausgeglichen bleiben können. Komme, was wolle, manche Regionen in einem Land (zum Beispiel der Großraum Stuttgart in Deutschland, Greater London in Großbritannien oder die Region Shanghai in China) werden *immer* einen Überschuss in ihrem Handel mit anderen Regionen (zum Beispiel mit den ostdeutschen Ländern, mit Yorkshire oder mit den westlichen Provinzen Chinas) erwirtschaften. Genauso ist es bei den Einzelstaaten innerhalb einer Föderation: Kalifornien wird nie eine ausgeglichene Bilanz mit Arizona haben, und Tasmanien wird immer ein Defizit gegenüber Victoria und New South Wales aufweisen. Da derartige Ungleichgewichte in der Handelsbilanz chronisch sind, muss etwas einspringen und sie ausgleichen.

Wenn jede Einheit ihre eigene Währung hat, bewegt sich der Wechselkurs langsam in eine Richtung und baut so die Spannung infolge der Ungleichgewichte ab. Bevor es den Euro gab, führte Deutschlands beständiger Überschuss gegenüber Ländern wie Griechenland und Italien zu einer schrittweisen Abwertung von Drachme und Lira gegenüber der D-Mark. Auf diese Weise wurde das Gleichgewicht erhalten, weil die wachsenden Ungleichgewichte im Handel durch entsprechend wachsende Ungleichgewichte in den Wechselkursen ausgeglichen wurden.

Doch wenn diese Wirtschaftsregionen durch eine Währung miteinander verbunden sind (wie in den Vereinigten Staaten oder in der Eurozone), ist etwas anderes erforderlich, um die Spannungen durch unausgeglichene Handels- und Kapitalflüsse abzubauen – ein Mechanismus, der die Überschüsse aus den Überschussregionen (zum Beispiel London oder Kalifornien) in die Defizitregionen (zum Beispiel Wales oder Delaware) umleitet. Das kann in Form schlichter Transfers erfolgen (zum Beispiel indem die Arbeitslosenunterstützung in Yorkshire mit Steuergeldern aus Sussex bezahlt wird). Oder – und das ist die sehr viel bessere Lösung sowohl für die Überschuss- wie für die Defizitregionen – es geschieht in Form von produktiven und profitablen Investitionen in die Defizitregionen (zum Beispiel indem Unternehmen Fabriken im Norden von England oder in Ohio bauen).

In gewisser Weise ist der Grund dafür, dass die Dollarzone (das heißt die Vereinigten Staaten) eine erfolgreiche Währungsunion ist, während die Eurozone von Krisen geplagt wird, der, dass Amerika mindestens zwei Mechanismen für das Recycling von Überschüssen vorzuweisen hat, Europa hingegen keinen einzigen (siehe Kasten 3.1). Ohne einen effektiven Mechanismus zum Überschussrecycling ist eine Währungsunion tektonischen Beben ausgesetzt, die schließlich große Risse erzeugen, bis die Union zerbricht.

MECHANISMEN ZUM ÜBERSCHUSSRECYCLING: DAS SINE QUA NON DES KAPITALISMUS 3.1

Überschussrecycling ist ein integraler Bestandteil jeder Gesellschaft, die ihre Produktion über Märkte organisiert. In Feudalgesellschaften war das nicht nötig: Die Bauern bestellten das Land, und wenn die Ernte eingefahren war, beanspruchte der Vertreter des Grundherrn einen Teil davon. Die Verteilung kam nach der Produktion. Später wurde der Anteil des Grundherrn auf Märkten verkauft, und der Erlös machte den Aristokraten reich. Ein Teil des Profits wurde gelegentlich verliehen und trug zum Entstehen der Kapitalmärkte der damaligen Zeit bei.

Doch vor allem nach den Einfriedungen, als die Bauern den Zugang zu ihrem Land verloren hatten, wurde die Produktion durch kleine Pächter (oft ehemalige Bauern) organisiert. Sie heuerten Arbeitskräfte an und zahlten dem Grundherrn Pacht. Aber dafür mussten sie sich zuerst Geld leihen (um vor der Ernte Löhne zahlen und Rohmaterial kaufen zu können) und dabei hoffen, dass ihnen von den künftigen Einnahmen ein kleiner Überschuss bleiben würde (das heißt, etwas mehr als die Summe von Darlehen, Zinsen und Pacht). Auf diese Weise fand dank eines weiterentwickelten Kreditsystems die Einkommensverteilung weitgehend statt, *bevor* die Ernte eingefahren war.

Das bedeutet, der Wert von »Dingen«, die noch nicht produziert waren, und der erwartete Überschuss aus ihrer Produktion wurden von der Zukunft in die Gegenwart recycelt. In diesem Sinn war *Überschussrecycling* immer ein integraler Bestandteil des Kapitalismus. Tatsächlich nahm es mindestens zwei verschiedene Formen an: die Rückführung von der Zukunft in die Gegenwart (wie oben beschrieben) und die Transferierung von einer Region in eine andere. Überschüsse, die in Manchester anfielen, wurden an ferne Orte wie zum Beispiel Indien transferiert, wo sie investiert wurden, damit Märkte für Leinen und andere Industrieprodukte aus Manchester entstanden.

Im Allgemeinen besteht jedes ökonomische System aus Einheiten, die eher Überschüsse produzieren, und anderen, die eher Defizite erzeugen. Damit das System im Gleichgewicht bleibt, muss es Mechanismen zum Überschussrecycling haben, die dafür sorgen, dass die Überschüsse von der Zukunft in die Gegenwart fließen, von den städtischen Zentren in die ländlichen Gebiete, von den entwickelten Regionen in die weniger entwickelten und so weiter.

Überschussrecycling ist jedoch umso dringender, wenn unterschiedliche Regionen durch eine gemeinsame Währung oder eine Form fester Wechselkurse aneinander gebunden sind. Die hartnäckigen Defizite und Überschüsse in einer solchen Währungsunion sind wie tektonische Platten, die aneinander reiben. Wenn die Spannung nicht mehr durch eine Abwertung abgebaut werden kann, bedrohen die durch übermäßige Handelsungleichgewichte erzeugten Kräfte die Union mit immer stärkeren Erdbeben. Da der Weg versperrt ist, die wachsenden Defizite der »armen Verwandten« in der Union durch eine Abwertung zu verringern, wird der Druck auf den festen Wechselkurs oder die gemeinsame Währung immer weiter zunehmen, bis das System zusammenbricht. Das passierte Ende der 1990er-Jahre in Argentinien, als ohne einen Mechanismus zum Überschussrecycling das immer größere Handelsbilanzdefizit schließlich den festen Wechselkurs zum US-Dollar zu Fall brachte. Die gleiche negative Dynamik ist gegenwärtig in der Eurozone am Werk – siehe Kapitel 8.

Die beiden Mechanismen zum Überschussrecycling, die es seit dem Zweiten Weltkrieg in den Vereinigten Staaten gegeben hat, waren einmal die einfache Transferunion, die der New Deal in den späten 1930er-Jahren mit sich brachte, und dann der komplizierte militärisch-industrielle Komplex, der sich in den 1940er-Jahren entwickelte. Der erste Mechanismus funktioniert bis heute und sorgt dafür, dass die Ausgaben der Defizitbundesstaaten für Arbeitslosigkeit und Gesundheitswesen von Washington gezahlt werden, das sich dabei der Steuereinnahmen aus Überschussbundesstaaten bedient, zum Beispiel beim Ausgleich zwischen Kalifornien und New York. Auch der zweite Mechanismus beruht auf einem politischen Arrangement: Wenn ein Konzern wie Boeing einen großen Rüstungsauftrag vom Pentagon bekommt, wird verlangt, dass ein Teil der Produktion in die wirtschaftlich schwachen Defizitbundesstaaten erfolgen muss. Dieses Recycling findet nicht in Form von Darlehen oder direkten Zahlungen statt, sondern als produktive Investitionen in Defizitregionen; investiert werden Überschüsse, die in den Überschussregionen erwirtschaftet wurden.

In Bretton Woods, wo die Blaupause für die Nachkriegsordnung entstand, war Keynes besorgt. Er wusste, dass ein internationales System fester Wechselkurse genau wie der Goldstandard vor dem Krieg schwere Erschütterungen nicht aushalten würde. Er prophezeite, dass sogar kleinere Krisen zu einer Weltwirtschaftskrise führen könnten. Um das zu verhindern, müsse das neue internationale System einen globalen Mechanismus zum Überschussrecycling (GMÜR) beinhalten. So sollte vermieden werden, dass sich in einigen Ländern systematisch Überschüsse aufbauten und in anderen hartnäckige Defizite.

Warum bereiteten Handelsbilanzungleichgewichte so große Sorgen? Keynes glaubte, wenn der weltweite Handel ein starkes Ungleichgewicht aufwies, das heißt einige Länder (zum Beispiel die Vereinigten Staaten) große Überschüsse hatten und andere große Defizite, könnte eine kleine Krise irgendwo auf der Welt sich rasch zu einer weltweiten Katastrophe auswachsen. Zunächst einmal müssen wir uns vor Augen halten, dass Defizite in der Handelsbilanz üblicherweise mit Staatsverschuldung einhergehen. Nehmen wir an, irgendwo im Bretton-Woods-System ereignet sich eine Krise. Der Rückgang der Nachfrage würde auch die Defizitländer erreichen, und dann würde die Hölle losbrechen.

Wenn die Krise erst einmal begonnen hat, gleichgültig ob in einem Überschussland oder nicht, wird sie unvermeidlich bald ein Defizitland erreichen. Selbst wenn sie nur in Form eines kleinen

Abschwungs kommt, werden manche Schuldner finden, dass sie zu viele Schulden haben. Um ihre Belastung zu reduzieren, werden sie ihre Ausgaben kürzen. Aber da auf der Ebene der Volkswirtschaft die Gesamtnachfrage einer Gesellschaft die Summe der privaten und öffentlichen Ausgaben ist, hat das Bemühen eines großen Teils der Wirtschaftsakteure, ihre Schulden zu reduzieren (indem sie ihre Ausgaben einschränken), zur Folge, dass die Gesamtnachfrage zurückgeht, die Verkaufszahlen einbrechen, Unternehmen zumachen, die Arbeitslosigkeit steigt und die Preise fallen. Angesichts fallender Preise schieben die Konsumenten teure Käufe in Erwartung weiterer Preisrückgänge hinaus. Und damit haben wir einen *Circulus vitiosus* aus Schulden und Deflation.

Da es sich um ein Defizitland handelt, wird der Staat mit großer Wahrscheinlichkeit bereits an einem erheblichen Haushaltsdefizit laborieren (die Steuereinnahmen sind niedriger als die Ausgaben) und eine hohe Staatsverschuldung haben. Durch die Rezession gehen die Steuereinnahmen zurück, das Haushaltsdefizit wächst weiter, und die Regierung ist gezwungen, für immer mehr Schulden immer höhere Zinsen zu bezahlen. Die Politiker reagieren instinktiv mit einer Reduzierung der Staatsausgaben mitten in der Rezession. Und da nun sowohl die privaten wie die öffentlichen Ausgaben rasch fallen, kollabiert die Binnennachfrage.

Reflexartig wird die bedrängte Regierung, die selbst die öffentlichen Ausgaben nicht erhöhen kann, nach Mitteln und Wegen suchen, Nachfrage von außen zu »importieren«. Keynes mutmaßte, sie würde absichtlich die Regeln des Bretton-Woods-Systems verletzen. Warum? Um der Tendenz entgegenzusteuern, dass eine Währung in einer deflationären Schuldenkrise nachgibt, verlangt das »System«, dass die Regierung ihre Dollarreserven dazu einsetzt, den Kurs innerhalb der ursprünglichen Bandbreite von plus/minus 1 Prozent zu stabilisieren. Aber weil die Regierung als einzigen Weg, eine Rezession doch noch abzuwehren, verzweifelt die Exporte steigern will, hat sie jeden Anreiz, genau das Gegenteil zu tun: ihre Dollarreserven zu horten und sich stattdessen an die Verantwortlichen des Bretton-Woods-Systems zu wenden mit der Bitte, eine Abwertung der Währung zuzulassen.

Diese Bitte kann mit allen möglichen Entschuldigungen begründet werden (zum Beispiel dass dem Land die Dollars ausgegangen sind). Keynes wusste, dass es in einer Krise politisch unmöglich sein würde, die Defizitländer zur Anwendung der vereinbarten Regeln zu zwingen. Andere Defizitländer würden ihrem Beispiel folgen, und das System der festen Wechselkurse würde kollabieren. Genau das passierte am 15. August 1971.

Mit diesen besorgten Gedanken im Hinterkopf entwarf und präsentierte Keynes die Internationale Clearing-Union als eine Möglichkeit, zwei Problemen auf einmal zu begegnen: Einmal sollte sie systematische Ungleichgewichte in der Handelsbilanz verhindern, und dann sollte sie der Gemeinschaft der kapitalistischen Länder die nötige Flexibilität verleihen, um mit künftigen katastrophalen Crashs (wie dem von 1929) fertigwerden zu können. Der Vorschlag war ebenso einfach wie kühn: Die ICU würde jedem Mitgliedsland eine Überziehungsfazilität einräumen, das heißt das Recht, sich zinsfrei Geld von der internationalen Zentralbank zu leihen. Darlehen in einer Höhe von mehr als 50 Prozent des durchschnittlichen Handelsvolumens des Defizitlandes (errechnet in *Bancor)* sollten auch möglich sein, aber zu einem festen Zinssatz. Auf diese Weise sollten die Defizitländer die Flexibilität bekommen, die Nachfrage zu steigern, um einen Zyklus aus Schulden und Deflation zu verhindern, ohne deshalb gleich abwerten zu müssen.

Gleichzeitig sollte es eine Strafe für zu hohe Handelsbilanzüberschüsse geben: Weil Keynes davon ausging, dass ein systematischer Überschuss das Pendant zum systematischen Defizit ist, schlug er vor, dass ein Land mit einem Handelsbilanzüberschuss, der einen bestimmten Prozentsatz seines Handelsvolumens übersteigt, Zinsen zahlen sollte, was eine Aufwertung seiner Währung erzwang. Mit diesen Strafzahlungen sollten die Darlehen an die Defizitländer finanziert werden, sodass sich ein automatischer GMÜR ergeben würde.

Lionel Robbins, ein einflussreicher britischer Wirtschaftswissenschaftler und der Kopf hinter dem Aufstieg der London School of Economics and Political Science, schrieb, die Konferenzteilnehmer seien sprachlos gewesen, als sie Keynes' Vorschlag hörten: »Man kann die elektrisierende Wirkung auf das Denken im gesamten maßgeblichen Regierungsapparat gar nicht übertreiben … etwas so Fantasievolles und Anspruchsvolles hatte man noch nie diskutiert.« Dennoch waren weder der intellektuelle Anspruch noch die fachliche Kompetenz dieses wohl durchdachten Plans mit den Prioritäten Amerikas vereinbar.[5]

Die Vereinigten Staaten, seit dem Krieg das Machtzentrum der Welt, hatten kein Interesse, ihre Möglichkeit, große, systematische Handelsbilanzüberschüsse gegenüber dem Rest der Welt anzuhäufen, einschränken zu lassen. So groß die Achtung der New-Deal-Anhänger vor John Maynard Keynes auch sein mochte, sie wollten etwas anderes: einen Globalen Plan, nach dem der Dollar praktisch zur Weltwährung wurde und die Vereinigten Staaten Waren *und* Kapital nach Europa und Japan exportieren konnten als Gegenleistung für die Möglichkeit, Direktinvestitionen zu tätigen und politische Patronage auszuüben – eine Hegemonie, die auf der Direktfinanzierung kapitalistischer Zentren im Ausland und im Gegenzug amerikanischen Handelsbilanzüberschüssen ihnen gegenüber beruhte.[6]

Der Aufstieg der Gefallenen

Der Globale Plan begann als Versuch, dem internationalen Handel einen Anstoß zu geben, Märkte für die amerikanischen Exporte zu schaffen und dem Mangel an internationalen Investitionen durch private US-Firmen abzuhelfen. Aber schon bald war etwas Größeres und vermeintlich Besseres daraus geworden.

Um dem Bretton-Woods-System ein starkes Rückgrat zu geben, wollten die New-Deal-Anhänger den Dollar dadurch stützen, dass sie innerhalb des Systems der festen Wechselkurse mindestens zwei zusätzliche harte Währungen etablierten, die als Stoßdämpfer wirken sollten, wenn Amerika wieder einmal einen seiner vielen regelmäßig wiederkehrenden Wirtschaftsabschwünge erlebte. Der Gedanke dabei war, Wege zu finden, um solche Schocks abzufangen, bis Washington es schaffte, die Krise vor der eigenen Haustür in den Griff zu bekommen. Ohne solche zusätzlichen Stützpfeiler wäre das Gleichgewicht des Bretton-Woods-Systems, so fürchteten sie, gefährlich labil.

Doch harte Währungen bekommt man nicht dadurch, dass man sie sich wünscht. Dahinter muss eine starke Industrie stehen, und es muss ein Umfeld für Handel geben, eine Art »Lebensraum«, der die notwendige Nachfrage nach den produzierten Gütern bereitstellt. Die New-Deal-Anhänger begriffen, dass die Aufgabe für sie wie geschaffen war. Ohne die Erfahrung, vier Jahre lang die Kriegswirtschaft gesteuert zu haben, hätten sie eine Herausforderung von solchem Umfang und solcher Tragweite vermutlich nicht angepackt.

Die Geschichte nimmt üblicherweise unvorhersehbare Wege in das anscheinend Unvermeidliche. Nach dem Krieg lag Deutschland am Boden, geteilt in vier Besatzungszonen, zerstört und von aller Welt verachtet. Japan war von der Demütigung der Niederlage immer noch betäubt und durch die Atombombenabwürfe über Hiroshima und Nagasaki schwer verwundet. Es kämpfte darum, mit den gewaltigen Verlusten auf den Schlachtfeldern in Asien und Polynesien fertigzuwerden, und litt unter der amerikanischen Besatzung. In dem Fall stand das Drehbuch für die Nachkriegsentwicklung eindeutig *nicht* an die Wand geschrieben!

Niemand konnte auch nur ahnen, welche Rolle diese einst stolzen, aber nun zerstörten Länder innerhalb weniger Jahre spielen würden. Der Gedanke, dass Deutschland und Japan zu Säulen des neuen Globalen Plans werden könnten, war ebenso abwegig wie empörend. Und doch verständigten sich die New-Deal-Anhänger um 1947 genau darauf. Wie kam es dazu? Die Antwort lautet: nach und nach.

Zunächst schien es unvorstellbar, zumindest für die Briten, dass Großbritannien keine tragende Säule des Globalen Plans sein sollte. Doch die Chancen, dass London in einer von Washington ersonnenen Nachkriegsordnung eine zentrale Rolle spielen könnte, waren immer gering. Schon vor dem Krieg hatte Großbritanniens imperiales Auftreten Präsident Roosevelt entsetzt. Man kann es so sehen, dass die Vereinigten Staaten im Lauf des Krieges große Zahlungen von Großbritannien erwirkten und direkt nach Kriegsende alles daransetzten sicherzustellen, dass Londons Zugriff auf die Ölvorräte im Nahen Osten eingeschränkt blieb. Gleichzeitig hielt Washington Großbritannien in den ersten Nachkriegsjahren finanziell knapp, beharrte aber auf der Konvertibilität des Pfunds. Als die fiskalische Schwäche des britischen Staats zutage trat, konnte die rasch zurückfallende Industrie London nicht die nötigen Einnahmen verschaffen. Als 1945 dann noch die Labour Party an die Macht kam und die politische Elite des Landes sich unwillig zeigte, das bevorstehende Ende des britischen Empire zu akzeptieren, schlug für Großbritannien die Stunde der Marginalisierung. Den Ausschlag gab die Aufhebung der Konvertibilität des britischen Pfunds 1947. Damit hatten die New-Deal-Politiker eine Entschuldigung, Großbritannien bei dem Globalen Plan auszugrenzen. Erst das Trauma der Suezkrise 1956 und die kontinuierlichen

Bemühungen der CIA in den 1950er-Jahren, die koloniale Rolle Großbritanniens in Zypern zu untergraben, brachten das Land zu der Erkenntnis, dass sich in Amerikas Denken ein Wandel vollzogen hatte.[7]

Sobald Großbritannien als »ungeeignet« abgestempelt war, schien es zunehmend logisch, dass die Wahl auf Deutschland und Japan fallen würde. Beide Länder waren von den Vereinigten Staaten abhängig (dank der überwältigenden US-Militärpräsenz); beide hatten eine solide industrielle Basis vorzuweisen; beide besaßen hoch qualifizierte Arbeitskräfte; und in beiden Ländern würde die Bevölkerung begeistert die Gelegenheit ergreifen, wie der Phönix aus der Asche aufzuerstehen. Überdies boten die Bündnisse mit beiden Ländern wichtige geostrategische Vorteile gegenüber der Sowjetunion.

Trotzdem musste zuerst viel Widerstand überwunden werden – Widerstand in Form des Wunsches, Deutschland und Japan zu bestrafen, indem man sie zur Entindustrialisierung und zur Rückkehr in einen beinahe bäuerlichen Zustand zwang, damit sie nie mehr zu industrieller Kriegführung in der Lage sein würden. Harry Dexter White, der amerikanische Vertreter in Bretton Woods, hatte sich für die Demontage der deutschen Industrieanlagen ausgesprochen, was den Lebensstandard Deutschlands auf den seiner am wenigsten entwickelten Nachbarn gesenkt hätte. 1946 befahlen die Alliierten, vertreten durch den Alliierten Kontrollrat, die Demontage von Stahlwerken in der Absicht, die deutsche Stahlproduktion auf unter 6 Millionen Tonnen jährlich zu drücken, das heißt auf ungefähr 75 Prozent der Vorkriegsproduktion. Die Autoproduktion sollte auf etwa 10 Prozent des Niveaus vor dem deutschen Einmarsch in Polen fallen.

In Japan lagen die Dinge ein bisschen anders. Da Japan als besetztes Land von einem einzigen Mann verwaltet wurde, General Douglas MacArthur, dem Oberbefehlshaber der Alliierten Mächte, konnten die Vereinigten Staaten ihre Politik direkt diktieren, ohne sich (wie in Deutschland) mit anderen Alliierten verständigen zu müssen. MacArthur entschied, dass es in Japan kein vergleichbares Verfahren wie die Entnazifizierung in Deutschland geben sollte, und bemühte sich sehr, den Kaiser sowie die politischen, militärischen und ökonomischen Eliten zu entlasten. Trotzdem musste er in den ersten beiden Jahren der Besatzung hart mit den politisch Verantwortlichen in Washington ringen, die Japan durch die Zerstörung oder mindestens starke Reduzierung seiner industriellen Basis bestrafen wollten.

Der Stimmungsumschwung gegen das Ansinnen, die Industrie in Deutschland und Japan zu zerschlagen, kam, als die Spannungen zwischen den Vereinigten Staaten und der Sowjetunion wuchsen. George Kennans »Langes Telegramm« aus Moskau im Februar 1946, das vom Geist des Kalten Krieges durchdrungen war, bereitete den Einstellungswandel gegenüber Deutschland vor. Der entscheidende Augenblick war dann 1947 die Verkündung der »Truman-Doktrin« durch den amerikanischen Präsidenten Harry Truman (er hatte 1945 nach Roosevelts Tod das Amt übernommen): Von da an hatte für die Vereinigten Staaten die Eindämmung des sowjetischen Einflusses die höchste Priorität.

Die amerikanische Einmischung in den brutalen Bürgerkrieg in Griechenland (den die Briten ausgelöst hatten, aber nicht beenden konnten) brachte die erste praktische Anwendung der Truman-Doktrin. Nach einigen Monaten Stellvertreterkrieg in den griechischen Bergen wäre es an einem anderen Schauplatz beinahe zu einer direkten Konfrontation gekommen, als die westlichen Besatzer von Westberlin sich mit den sowjetischen Besatzern von Ostberlin in die Haare gerieten – was zur Errichtung der Luftbrücke führte, die Westberlin vierzehn Monate lang von Westdeutschland aus versorgte, über die Stellungen der Roten Armee hinweg.

Der Kalte Krieg hatte begonnen. Aus der Perspektive des Globalen Plans bedeuteten die Truman-Doktrin, der griechische Bürgerkrieg und die Berlin-Blockade das Ende jedes Gedankens, West-

DIE ARCHITEKTEN DES GLOBALEN PLANS 3.2

Vier Vertreter des New Deal hatten entscheidenden Anteil an der Formulierung des Globalen Plans. Nicht zufällig waren sie auch die Architekten des Kalten Krieges. Gemeinsam war ihnen eine pragmatische Einstellung, die im Schatten der Weltwirtschaftskrise entstanden war und ihre Feuertaufe im Krieg erhalten hatte. Überzeugt davon, dass die »freie Marktwirtschaft« von Washington akribisch geplant werden musste, und zwar in einer Weise, die sich nicht sehr von der erfolgreichen Steuerung der Kriegswirtschaft unterschied, versuchten sie, das Erfolgsrezept, das Amerika aus der Flaute gerettet hatte, auf eine große Leinwand zu übertragen. Sie waren entschlossen, den Frieden zu gewinnen, und wollten die US-Wirtschaft durch eine Kombination von Eingriffen im Stil des New Deal und von technischen Fortschritten des militärisch-industriellen Komplexes stärken. Die Rede ist von den folgenden vier Männern:

- JAMES FORRESTAL, Verteidigungsminister (und davor Marineminister)
- JAMES BYRNES, Außenminister
- GEORGE KENNAN, Chef des Planungsstabs im Außenministerium und gefeierter »Prophet« der Eindämmungspolitik gegenüber der Sowjetunion
- DEAN ACHESON, der maßgebliche Kopf hinter allen großen Nachkriegsentwürfen (Bretton Woods, dem Marshallplan, dem Kalten Krieg und so weiter) und Außenminister ab 1949

deutschland zu vernichten und weiterhin Groll gegen die Japaner zu hegen. Damit war der Weg frei, aus den beiden besiegten Industrieländern Deutschland und Japan zwei Säulen des Globalen Plans zu machen.

Der Marshallplan überschwemmt Europa mit Dollars und rehabilitiert Deutschland

Die Rede, in der Präsident Truman am 12. März 1947 seine Doktrin verkündete, enthielt einige harte ökonomische Fakten: Die Vereinigten Staaten wendeten 400 Millionen Dollar für einen Bürgerkrieg auf, der die Griechen bis heute verfolgt. Wenige Monate später, am 5. Juni, stellte Trumans Außenminister George Marshall in einer Rede in Harvard den Marshallplan vor: ein umfangreiches Hilfspaket, das Europa von Grund auf verändern sollte.

Offiziell hieß der Plan Europäisches Wiederaufbauprogramm, seine geistigen Väter waren die oben erwähnten vier Architekten des Globalen Plans (siehe Kasten 3.2). Dass der Plan alles ändern und eine neue Ordnung etablieren sollte, geht aus einigen Schlüsselformulierungen hervor, die Marshall in seiner wichtigen Rede gebrauchte: »Das moderne System der Arbeitsteilung, auf dem der Austausch der Produktion beruht, ist in Gefahr, zusammenzubrechen.« Einfach ausgedrückt sollte der Marshallplan den weltweiten Kapitalismus davor bewahren, in der Zukunft in eine Krise wie 1929 zu geraten.

Im ersten Jahr des Marshallplans beliefen sich die Hilfen auf rund 5,3 Milliarden Dollar, etwas mehr als 2 Prozent des BIP der Vereinigten Staaten. Am 31. Dezember 1951, als der Marshallplan endete, waren 12,5 Milliarden Dollar geflossen. Das Ergebnis waren ein steiler Anstieg der europäischen Industrieproduktion (um rund 35 Prozent) und, noch wichtiger, politische Stabilisierung und eine nachhaltige Nachfrage nach Industrieprodukten sowohl in Europa wie in Amerika.

Doch nicht alle Vertreter des New Deal, das muss gesagt werden, waren von der Truman-Doktrin und dem Marshallplan überzeugt. Henry Wallace, ehemals Vizepräsident und Landwirtschaftsminister, den Truman entlassen hatte, weil er die Spielregeln des Kalten Krieges ablehnte, bezeichnete den Marshallplan als »Martial Plan«, als martialischen Plan. Er warnte vor einem Zerwürfnis mit der Sowjetunion, Amerikas Verbündeten im Weltkrieg, und wies darauf hin, die Bedingungen, die man der Sowjetunion für eine Beteiligung am Marshallplan gestellt hatte, seien absichtlich so konstruiert gewesen, dass Stalin sie ablehnen musste (was er natürlich tat). Zahlreiche Wissenschaftler aus der New-Deal-Generation, darunter Paul Sweezy und John Kenneth Galbraith, lehnten Trumans Taktik eines Kalten Krieges ebenfalls ab. Doch sie wurden durch die Hexenjagd, die Senator Joseph McCarthy und sein Ausschuss für unamerikanische Umtriebe veranstalteten, rasch zum Schweigen gebracht.

Beim Marshallplan ging es nicht nur um viel Geld, sondern auch um wichtige Institutionen. Am 3. April 1948 rief Truman das Amt für wirtschaftliche Kooperation ins Leben, dreizehn Tage später gründeten die Vereinigten Staaten und ihre europäischen Verbündeten die Organisation für wirtschaftliche Zusammenarbeit in Europa (OEEC) mit der Aufgabe, festzulegen, wohin das Geld fließen sollte, unter welchen Bedingungen und zu welchem Zweck. Der erste Vorsitzende der OEEC (aus der später, 1961, die Organisation für wirtschaftliche Zusammenarbeit und Entwicklung, OECD, wurde, die wir bis heute kennen) war Robert Marjolin.[8] Ein unbesungenes, aber bleibendes Vermächtnis des Marshallplans ist die Integration des besiegten und verhassten Deutschland in die Institutionen der europäischen Zusammenarbeit.

Die Amerikaner knüpften die Bereitschaft, rund 2 Prozent ihres jährlichen BIP aufzuwenden, an die Bedingung, innereuropäische Handelsschranken abzubauen und einen Prozess der wirtschaftlichen Integration einzuleiten, in dessen Mittelpunkt bald schon die wiedererstarkte deutsche Industrie stand. In diesem Sinne könnte man den Marshallplan als Vorläufer der heutigen Europäischen Union (EU) ansehen. Tatsächlich forderten die amerikanischen Militärs (insbesondere der Vereinigte Generalstab im

Pentagon) die »vollständige Wiederbelebung der deutschen Industrie, insbesondere der Kohlenförderung«, und erklärten, Letztere habe »höchste Wichtigkeit« für die Sicherheit der Vereinigten Staaten.

Doch es dauerte noch eine ganze Weile, bis man offen von dem Ziel sprach, die deutsche Industrie wieder zu stärken. Denn auch nach Anlaufen des Marshallplans ging die Demontage deutscher Fabriken weiter. Es ist aufschlussreich für diese Phase, dass Bundeskanzler Konrad Adenauer 1949 die Alliierten ersuchte, die Demontagen zu beenden.

Wie zu erwarten war, leistete Frankreich am meisten Widerstand gegen die deutsche Reindustrialisierung. Die Franzosen verlangten die Umsetzung des alliierten Beschlusses vom 29. März 1946, wonach die Hälfte der deutschen Industriekapazität zerstört werden sollte (inklusive Demontage von 1500 Fabriken). Und der Beschluss wurde umgesetzt, wenigstens teilweise. Bis 1949 wurden über 700 Fabriken demontiert, und die Jahresstahlproduktion sank massiv um 6,7 Millionen Tonnen.

Was brachte dann aber die Franzosen dazu, die Reindustrialisierung Deutschlands doch zu akzeptieren? Die schlichte Antwort lautet: die Vereinigten Staaten von Amerika. Als die New-Deal-Politiker um 1947 zu der Ansicht gelangten, in Europa müsse es eine neue Währung zur Unterstützung des Dollars geben und diese Währung solle die D-Mark sein, war es nur eine Frage der Zeit, bis man den Plan, die deutschen Industrieanlagen zu zerstören, aufgeben würde. Der Preis, den die Franzosen für die Leistungen aus dem Marshallplan zahlen mussten und dafür, dass sie (durch die OEEC) eine wichtige Rolle bei der Verwaltung der Marshallplanhilfe spielen konnten, war die allmähliche Einwilligung, dass Deutschland dank des neuen Globalen Plans der USA wieder in Gnade aufgenommen wurde.

Vor diesem Hintergrund erscheint es sinnvoll, den Marshallplan als den Grundstein des Globalen Plans zu betrachten. Und als der Marshallplan 1951 auslief, begann Phase zwei des amerikanischen Projekts für Europa: die Integration der europäischen Märkte und der europäischen Schwerindustrie. Diese zweite Phase wurde als Europäische Gemeinschaft für Kohle und Stahl (EGKS) bekannt, die Vorläuferinstitution der heutigen Europäischen Union. Genau wie die New-Deal-Politiker beabsichtigt hatten, brachte die neue Institution den »Lebensraum«, den die wiederaufstrebende deutsche Industrie in ihrem unmittelbaren wirtschaftlichen Umfeld brauchte.

Die Europäische Union und das japanische Wirtschaftswunder

Studenten lernen, die europäische Integration habe mit der EGKS begonnen. Sehr viel seltener erfahren sie das wohlgehütete Geheimnis, dass die Vereinigten Staaten die Europäer mit Schmeicheleien und Drohungen, mit schönen Worten und auch mit eher unfreundlichen dazu brachten, sich in der EGKS zusammenzuschließen.

Technisch gesehen war die EGKS ein gemeinsamer Markt für Kohle und Stahl, der Westdeutschland, Frankreich, Italien, Belgien, Luxemburg und die Niederlande verband. Dazu gehörte nicht nur der Abbau aller Handelsschranken für Kohle- und Stahlprodukte zwischen diesen Ländern, sondern die EGKS beinhaltete auch supranationale Institutionen, die Produktion und Preise regulierten. *De facto* und allen gegenteiligen Behauptungen zum Trotz bildeten die sechs Länder ein Kohle- und Stahlkartell.

Europäische Politiker wie Robert Schuman (der maßgeblichen Anteil an der Schaffung der EGKS hatte) betonten, wie wichtig die Einigung war, mit dem (zutreffenden) Argument, so werde ein weiterer Krieg in Europa verhindert und die Saat für eine politische

Union gelegt. Die Integration der Schwerindustrien vor allem von Frankreich und Deutschland werde, so nahm Schuman zu Recht an, zugleich die Ursachen von Konflikten beseitigen und die beiden Länder der Mittel berauben, einen Krieg zu führen.

So wurde Westdeutschland aus der Kälte wieder hereingelassen, und Frankreich akzeptierte nach und nach seine Reindustrialisierung – eine Entwicklung, die für den Globalen Plan der New-Deal-Politiker zentrale Bedeutung hatte. Tatsächlich ist unbestreitbar, dass es ohne die lenkende Hand der Vereinigten Staaten die EGKS nicht gegeben hätte. In Gegensatz zur Darstellung der Europäer selbst, die die europäische Einigung als einen Traum rühmten, der dank der europäischen Außenpolitik und einem eisernen Willen, die gewaltsame Vergangenheit des Kontinents zu überwinden, verwirklicht wurde, war die europäische Integration eine große amerikanische Idee, die durch amerikanische Diplomatie auf höchstem Niveau umgesetzt wurde. Daran ändert auch nichts, dass die Amerikaner weitsichtige Politiker wie Schuman für ihren Plan einspannten.

Ein Politiker erkannte das ganz klar: General Charles de Gaulle, der 1959 französischer Staatspräsident wurde. Er geriet in den 1960er-Jahren in Konflikt mit den Vereinigten Staaten – so heftig, dass sich Frankreich 1966 aus den militärischen Organen des Nordatlantikpakts (NATO) zurückzog. Die Gründung der EGKS kritisierte de Gaulle mit dem Argument, so werde ein Vereinigtes Europa in Form eines restriktiven Kartells geschaffen, und vor allem kritisierte er sie, weil die EGKS eine amerikanische Schöpfung sei, unter dem Einfluss Washingtons stehe und mehr dem Globalen Plan Amerikas nütze, als dass sie ein gesundes Fundament für ein neues Europa abgebe. Aus diesen Gründen stimmten de Gaulle und seine Anhänger im französischen Parlament gegen die Gründung der EGKS.

Wenden wir uns nun der zweiten Säule zu, die den Dollar stützen sollte, diesmal auf der anderen Seite der Nordhalbkugel. Die

Wiederherstellung Japans als Industriemacht erwies sich für die New-Deal-Politiker als weniger problematisch, als es der Fall Deutschland gewesen war. Die fernöstliche Version des Globalen Plans wurde durch den Angriff des Vorsitzenden der chinesischen kommunistischen Partei, Mao Zedong, auf die nationalistische Regierungsarmee von Chiang Kai-shek sehr befördert.

Je besser es Mao zu gelingen schien, sich mit Taktiken in Anlehnung an den legendären Langen Marsch vor dem Weltkrieg Attacken gegen seine Guerillakämpfer zu entziehen, und je näher der Endkampf mit Chiang Kai-shek rückte, desto mehr drängte General MacArthur auf einen Beschluss, die japanische Industrie zu stärken, statt dem Druck derjenigen nachzugeben, die sie schwächen wollten. Doch die Sache hatte einen Haken: Zwar war die japanische Industrie (und Infrastruktur) beinahe unversehrt aus dem Krieg hervorgegangen (in totalem Gegensatz zur europäischen Industrie), doch sie litt unter mangelnder Nachfrage. Nach der ursprünglichen Idee der New-Deal-Politiker sollte das chinesische Kernland der Lebensraum sein, den die Yen-Zone so dringend benötigte, genau wie das übrige Europa den Markt für die Produktion der deutschen Fabriken darstellen sollte. Doch leider machte ihnen Maos Sieg einen Strich durch diese Rechnung.

General MacArthur erkannte das Problem und versuchte, Washington zu einem zweiten Marshallplan, diesmal für Japan, zu überreden. Doch die New-Deal-Politiker sahen nicht, wie allein in Japan ohne substanzielle Handelsverbindungen zu den Nachbarn ausreichend Nachfrage entstehen sollte. Außerdem hatten sie zu der Zeit schon reichlich damit zu tun, den Kongress dazu bringen, weiterhin Dollars nach Europa zu pumpen. MacArthurs Stunde schlug am 25. Juni 1950, als die Kommunisten aus Nordkorea und China Südkorea angriffen mit dem Ziel, die Halbinsel unter ihrer Kontrolle zu vereinen.

Auf einmal verschob die Truman-Doktrin den Fokus von Europa nach Asien, und der große Nutznießer war die japanische

Industrie. Eingedenk der Schwierigkeiten, die Japan mit der Entwicklung seiner Industrie hatte, weil den Konsumenten die Kaufkraft fehlte, hatten die New-Deal-Politiker schon lange vor Kim Il Sungs Vorstoß nach Südkorea nach Wegen gesucht, die Nachfrage in Japan zu steigern.

Der Marshallplan sollte ursprünglich bis 1953 dauern. Aber der Koreakrieg ermutigte die New-Deal-Politiker zu einem Kurswechsel: Sie wollten die Marshallplanhilfe in Europa reduzieren und Mittel nach Japan verschieben, dessen neue Rolle es sein sollte, Waren und Dienstleistungen für die amerikanischen Streitkräfte in Südkorea zu liefern. Ein faszinierendes Beispiel, wie man indirekt den Krieg eines alten Feindes finanziert!

Im Hinblick auf Europa hatte man den Eindruck, die ersten drei Jahre Marshallplanhilfe hätten reichlich Dollars dorthin gespült, und von 1951 würde die Kartellbildung mit der sich erholenden deutschen Industrie im Zentrum (im Rahmen der jüngst geschaffenen EGKS) ausreichend Überschuss erzeugen, damit Europa aus eigener Kraft weitermachen konnte.[9]

Die amerikanischen Transferzahlungen nach Japan waren ansehnlich: Vom ersten Tag an beliefen sie sich auf beinahe 30 Prozent des gesamten japanischen Handelsvolumens. Und wie in Europa leiteten die Vereinigten Staaten nicht einfach nur Geld ins Land. Sie schufen auch Institutionen und nutzten ihre Weltmacht, um bestehende Institutionen ihrem Globalem Plan zu unterwerfen. Die Vereinigten Staaten schrieben Japans neue Verfassung und autorisierten das bekannte Ministerium für internationalen Handel und Industrie, eine mächtige, zentral geplante (aber in Privatbesitz befindliche) industrielle Basis mit vielen Sektoren zu schaffen. Auf der anderen Seite des Ozeans gerieten die New-Deal-Politiker unter anderem mit Großbritannien aneinander, weil sie Japan zum Allgemeinen Zoll- und Handelsabkommen (GATT, General Agreement on Tariffs and Trade, der Vorläufer unserer heutigen Welthandelsorganisation) zugelassen hatten. Die Bedeutung dieses

Schritts kann gar nicht hoch genug eingeschätzt werden, denn von da an konnten japanische Erzeugnisse mit minimalen Einschränkungen überall dorthin exportiert werden, wo sich nach Ansicht der Amerikaner ein guter Markt für die Waren ihres neuen Protegés befand.

Zusammenfassend können wir sagen, das zentrale Organisationsprinzip der New-Deal-Politiker war die Überzeugung, dass die amerikanische globale Hegemonie bedeutete, »sich zu kümmern« und für das Wohlergehen der beiden ehemaligen Feindstaaten zu sorgen. Sie taten dies, indem sie sicherstellten, dass es in den anderen kapitalistischen Ländern eine starke Nachfrage nach deutschen und japanischen Industrieerzeugnissen gab. Es bedeutete auch, dass Europa und das von Amerika kontrollierte Asien gut mit Dollars versorgt wurden, sodass sie ausgewählte amerikanische Güter mit hohem Mehrwert (zum Beispiel Flugzeuge, Rüstungsgüter und Baumaschinen) kaufen konnten. Die Stabilisierung des Weltkapitalismus war entscheidend wichtig, um das Bretton-Woods-System zu erhalten und den Wohlstand und die Macht Amerikas zu stärken.

Mit diesen Gedanken im Hinterkopf ergriffen die Verantwortlichen der amerikanischen Regierung kühne Schritte, um Zonen für die D-Mark und den Yen zu schaffen und ihre ehemaligen Feinde mit dem Ausgangskapital zu versorgen, das sie brauchten, um ihre Industrien wieder in Schwung zu bringen und um die politischen Institutionen aufzubauen, die ihnen erlauben würden, aus kleinen Anfängen zu den mächtigen Säulen heranzuwachsen, die die Dollarzone zur langfristigen Unterstützung benötigte. Nie zuvor in der Geschichte hat ein Sieger den Gesellschaften, die er zuvor noch bekämpft hat, geholfen, um so langfristig seine eigene Macht zu sichern, und dabei wirtschaftliche Giganten aus ihnen gemacht.

Die geopolitische Ideologie des Globalen Plans

Die Vereinigten Staaten gingen aus dem Zweiten Weltkrieg mit einem gesunden Respekt vor den Kolonialvölkern und beträchtlicher Feindseligkeit gegenüber deren europäischen Kolonialmächten hervor. Die New-Deal-Politiker kritisierten die britische Rolle in Indien und Zypern scharf und ebenso, dass die Briten den griechischen Bürgerkrieg bereits 1944 angeheizt hatten. Frankreich, die Niederlande und Belgien mussten ebenfalls Kritik einstecken wegen ihrer lächerlichen Ambitionen, in Afrika, Indochina und Indonesien weiterhin die Kolonialherren zu spielen, obwohl sie sich nach dem Weltkrieg selbst in einem beklagenswerten Zustand befanden.

Doch der Globale Plan strapazierte auch die liberale Einstellung der Vereinigten Staaten gegenüber Befreiungsbewegungen. Die Interessen vieler nationaler Befreiungsbewegungen schienen konträr zu den Interessen der amerikanischen Satrapen in Europa und Ostasien zu stehen. Schon früh befand Washington, Europa und Japan könnten politisch nur »stabilisiert« werden, wenn man sich mit einigen eher unappetitlichen Charakteren einließ.[10] Außerdem gerieten die Vereinigten Staaten, weil sie für ungehinderte Energielieferungen nach Europa und Japan sorgten und gleichzeitig reichlich Nachfrage nach deren Industrieproduktion boten, auf Kollisionskurs mit zahlreichen Befreiungsbewegungen, die ansonsten durchaus Sympathie in Washington gefunden hätten (zum Beispiel die Gegner der Kolonialherrschaft in Vietnam).

Der Verlust Chinas, die Zuspitzung der Befreiungskämpfe in Südostasien nach Maos Sieg, die Umbrüche in Afrika, die der Sowjetunion eine Tür zu diesem Kontinent öffneten – all diese Entwicklungen veranlassten die Vereinigten Staaten, eine aggressive Haltung gegenüber den Befreiungsbewegungen in der Dritten Welt einzunehmen, drohten sie doch die amerikanischen Investitionen, nicht so sehr in Amerika als für seine beiden wichtigen Protegés Japan und Deutschland, zu verteuern.

Kurzum, bald übernahmen es die USA selbst, die Peripherie und die Dritte Welt *in toto* auf die Rolle des Rohstofflieferanten für Japan und Westeuropa zu verpflichten. Das Ergebnis war eine Reihe von Putschen und Kriegen, die die New-Deal-Politiker und ihre Nachfolger in der Regierung im Bemühen um eine Konsolidierung des Globalen Plans betrieben. Wenn es angebracht schien, wurden gewählte Regierungen, denen man nicht mehr traute, gestürzt, militärische Interventionen abgesegnet, hässliche Diktaturen wurden entweder installiert oder gestützt, und in Korea und Vietnam führten die USA sogar große Kriege. Das geopolitische Netz wurde immer fester, teils als Fortsetzung des Kalten Krieges, teils in der Absicht, an dem Globalen Plan festzuhalten. Mit jeder neuen Wendung wurde das Risiko größer, aber auch die Gewinnchancen schienen zu wachsen.

Im Verlauf der Entwicklung konnten sich die amerikanischen Energiemultis und Bergbaukonzerne zu den Gewinnern zählen, ebenso viele weitere Sektoren der amerikanischen Industrie. Doch die Architekten des Globalen Plans hatten weit mehr im Blick als nur die Interessen amerikanischer Unternehmen. Ihre kühnen Bestrebungen, die Kapitalakkumulation in fernen Ländern zu fördern, die ihnen (im engeren Sinn) weder persönlich noch politisch etwas bedeuteten, ist nur zu erklären, wenn wir das Gewicht der Geschichte berücksichtigen, unter dem sie agierten.

Um die moralischen Ansprüche der New-Deal-Politiker zu verstehen, müssen wir einen Augenblick innehalten und uns anschauen, was sie in ihrer eigenen (nicht allzu fernen) Vergangenheit bewegt hatte: Die Weltwirtschaftskrise hatte ihr Denken geprägt. Der Globale Plan, das dürfen wir keinen Augenblick vergessen, war das Werk von Menschen, die einer beschädigten Generation angehörten – einer Generation, die Armut erlebt hatte, ein tiefes Gefühl des Verlusts, die Ängste, die der Beinahe-Zusammenbruch des Kapitalismus auslöste, und anschließend einen unmenschlichen Krieg.

Außerdem waren sie gebildete Männer, und es war ihnen vollauf bewusst, dass die Märkte für Arbeit und Geld jederzeit zusammenbrechen können. All diese Erfahrungen bestärkten sie in der Entschlossenheit zu verhindern, dass der Kapitalismus unter ihrer Verantwortung ein weiteres Mal ins Straucheln geriet und womöglich abstürzte. Sie wollten alles tun, um eine weitere große Krise zu verhindern, insbesondere nachdem nun auch der russische Bär an seiner Kette rüttelte, bereit, loszubrechen, wenn der Globale Plan scheitern sollte.

Die meisten New-Deal-Politiker waren von John Maynard Keynes beeinflusst und beherzigten seinen wichtigen Rat, nicht darauf zu vertrauen, dass die Märkte sich auf eine Weise selbst organisierten, die automatisch Wohlstand und Stabilität hervorbrachte. Doch der Kalte Krieg, den sie zeitgleich zum Globalen Plan verfolgten, sowie ihre Nähe zum militärisch-industriellen Komplex verhinderten, dass sie ebenso klar wie Keynes die Notwendigkeit sahen, ein formales, kooperatives System für das Recycling von Überschüssen zu schaffen.

Viele Beobachter haben die tiefe Kluft zwischen der Denkweise der New-Deal-Politiker und dem europäischen oder britischen Keynesianismus registriert. Zum einen war Keynes zu der Überzeugung gelangt, dass der globale Kapitalismus einen kooperativen, nicht imperialen globalen Mechanismus zum Überschussrecycling (GMÜR) brauchte, die New-Deal-Politiker hingegen wollten und mussten ihren Globalen Plan im Rahmen der Notwendigkeiten des Kalten Krieges verfolgen mit dem klaren Ziel, die amerikanischen Hegemonie zu stärken.

Weiter müssen wir uns daran erinnern, dass die New-Deal-Politiker schon sehr früh ihre Bereitschaft verloren hatten, der Macht der Konzerne ernsthaft entgegenzutreten. Sobald das Gemetzel begonnen hatte, rückten die verantwortlichen Politiker enger an die Banker und die Industriekapitäne heran. Um als Sieger aus dem Krieg hervorzugehen und eine weitere Weltwirtschaftskrise zu verhindern, während sie die neue globale Nachkriegsordnung aufbauten, hielten es die New-Deal-Politiker für wichtig, dass die US-Regierung am Ruder blieb und die amerikanischen multinationalen Konzerne im In- und Ausland als effektive Agenten des Staates wirkten. Aber das bedeutete eine Form der Hegemonie, die nicht dulden konnte, dass eine *internationale* Instanz (wie die von Keynes vorgeschlagene ICU) das Recht bekäme, die amerikanischen Überschüsse einzuschränken oder gar die Fähigkeit der amerikanischen Regierung, zwischen gegensätzlichen Interessen zu vermitteln.

Was die Geschichte so faszinierend macht, ist die Kombination des ausgefeilten Keynesianismus in der Rhetorik der New-Deal-Politiker mit ihren kühnen Initiativen und das Zusammenspiel zwischen ihrer ökonomischen Planung und den Erfordernissen des Kalten Krieges. In diesem Sinn umfasste der Globale Plan nicht nur die Schaffung einer D-Mark- und einer Yen-Zone mittels wirtschaftlicher Unterstützung und politischer Einmischung zugunsten von Deutschland und Japan, sondern auch die sorgfältige Steuerung der Gesamtnachfrage in den Vereinigten Staaten, stets im Hinblick darauf, welche Auswirkungen sie auf die beiden Zonen in Europa und im Fernen Osten haben würde.

Amerikanische Innenpolitik zur Zeit des Globalen Plans

Die Angst vor einem weiteren wirtschaftlichen Einbruch nach dem Ende des Zweiten Weltkriegs trieb die New-Deal-Politiker an, zwei Lösungswege zu beschreiten. Den ersten haben wir uns bereits im Detail angesehen: die Welt mit Dollars zu versorgen, um ausländische Nachfrage für die amerikanischen Exporte zu erzeugen. Die zweite Strategie betraf die Innenpolitik und umfasste drei große, von der Regierung gesetzte Stimuli:

- das Programm für Interkontinentalraketen
- die Kriege in Korea und Vietnam
- Präsident John F. Kennedys Projekt *New Frontier* und, noch wichtiger, Präsident Lyndon B. Johnsons *Great Society*.

Die ersten beiden Ausgabenprogramme stärkten die US-Konzerne und hielten sie bei der Stange, während die Regierung große Anstrengungen unternahm, sich um den Kapitalismus im Ausland zu kümmern. Die größten Vorteile hatten natürlich Firmen, die irgendwie mit dem *militärisch-industriellen Komplex* (MIK) verbunden waren, wie Präsident Dwight Eisenhower (obwohl selbst ein gefeierter ehemaliger Befehlshaber der Armee) abschätzig sagte. Der MIK und seine Sonderbehandlung durch die Regierung hatten großen Anteil daran, dass der Komplex Luftfahrt-Computer-Elektronik entstand – ein wirtschaftliches Kraftwerk, das mit der übrigen US-Wirtschaft nicht viel zu tun hatte, aber eine zentrale Rolle für ihre wachsende Macht spielte.

Der Globale Plan hatte zwar positive Auswirkungen auf die heimische Wirtschaft in Amerika, aber sie waren ungleich verteilt. Das lässt sich daran ablesen, dass die Bereiche der Industrie, die nicht mit dem MIK und dem Komplex Luftfahrt-Computer-Elektronik verbunden waren, sich nie so weit erholten, dass sie mit Deutschland und Japan oder mit dem Rest der US-Wirtschaft mithalten konnten. Dass es nicht das *Haupt*ziel von Washington war, amerikanische Firmen generell zu unterstützen (obwohl es sicher *ein* Ziel war), geht daraus hervor, dass die amerikanische Regierung im Interesse ihres *Haupt*anliegens harsche Vorschriften erließ, wo immer sie es angebracht fand, die letztlich die amerikanischen Multis diskriminierten. Und ihr *Haupt*anliegen war es, die D-Mark- und die Yen-Zone zu stärken, indem sie der deutschen und der japanischen Industrie unter die Arme griff.

Die ungleiche Wohlstandsverteilung in den Vereinigten Staaten zu einer Zeit allgemein wachsender Ansprüche (die nicht alle mit dem Einkommen zusammenhingen) verursachte erhebliche soziale Spannungen. Die Spannungen und ihre schrittweise Auflösung standen im Mittelpunkt des Projekts Great Society in den 1960er-Jahren. Präsident Kennedy und dann sein Nachfolger Lyndon B. Johnson kämpften für nationale Ausgabenprogramme, mit denen man darauf reagieren wollte, dass die inneramerikanischen Nutznießer des Globalen Plans so ungleich verteilt waren, dass es in wichtigen urbanen Zentren und Regionen die soziale Stabilität gefährdete. Wohlfahrtsprogramme, die Beschädigungen des Globalen Plans durch solche zentrifugalen Kräfte verhindern sollten, entwickelten ihre eigene Dynamik.

Um die Bedeutung der Sozialprogramme von Kennedy und Johnson im richtigen Zusammenhang zu sehen, müssen wir uns vor Augen halten, dass von 1955 bis zu Kennedys Wahl 1960 das Wirtschaftswachstum in den Vereinigten Staaten abflaute – was in erster Linie die Armen und die Menschen am Rand der Gesellschaft traf. Nach acht Jahren republikanischer Herrschaft (1952–1960) wurde Kennedy mit einem Programm gewählt, das Anleihen beim New Deal machte. Sein Projekt einer New Frontier versprach, durch Ausgaben in Bildung, Gesundheitswesen, Stadterneuerung, für Verkehr, Künste, Umweltschutz, öffentliche Sender, Forschung in den Humanwissenschaften und so weiter den Geist des New Deal wiederzubeleben.

Nach Kennedys Ermordung integrierte Präsident Johnson, vor allem nach seinem Erdrutschsieg 1964, viele der (überwiegend noch nicht verwirklichten) Forderungen des New-Frontier-Projekts in seinen noch ambitionierteren Entwurf einer Great Society. Während Johnson außerhalb der USA den Vietnamkrieg mit rücksichtsloser Härte führte, versuchte er zu Hause, seine Autorität mit den Mitteln des Great-Society-Programms zu festigen, das mit der Zielsetzung, nicht nur die Armut der weißen Arbeiterschicht, sondern auch den Rassismus zu beseitigen, allen progressiven Kräften Auftrieb gab.

Das Projekt der Great Society wird damit in Erinnerung bleiben, dass es die Rassentrennung in Amerika tatsächlich überwinden half, insbesondere in den Südstaaten. Zwischen 1964 und 1966 bewirkten vier Gesetze diese große Veränderung der amerikanischen Gesellschaft. Überdies hatte die Great Society einen starken keynesianischen Einschlag, der sich in Johnsons bedingungslosem Kampf gegen die Armut ausdrückte. In den ersten drei Jahren, von 1964 bis 1966, floss 1 Milliarde Dollar jährlich in verschiedene Programme zur Verbesserung von Bildungschancen sowie in Gesundheitsvorsorge für Ältere und verschiedene sozial schwache Gruppen.

Die größten Erfolge verzeichnete das Projekt bei der Reduzierung der Armut. Zu Beginn des Ausgabenprogramms lebten über 22 Prozent der Amerikaner unterhalb der offiziellen Armutsschwelle. Am Ende war dieser Wert auf knapp unter 13 Prozent gefallen. Noch beachtlicher: Die entsprechenden Zahlen für die schwarzen Amerikaner lagen bei 55 Prozent (1960) gegenüber 27 Prozent (1968). Solche Verbesserungen können zwar nicht allein als Ergebnis der Ausgaben im Rahmen der Great Society interpretiert werden, aber das Projekt trug erheblich dazu bei, in einer Zeit allgemeinen Wachstums die sozialen Spannungen abzubauen.

Zusammenfassung: Das Goldene Zeitalter des Kapitalismus

Gore Vidal hat einmal gesagt, das Problem mit Goldenen Zeitaltern sei, dass, wenn man selbst in einem lebt, alles ein bisschen gelb aussieht. Die unzähligen Amerikaner, die in den 1960er-Jahren auf die Straße gingen und gegen ihre Regierung protestierten, fanden dieses Zeitalter gewiss nicht golden. Doch rückblickend und zumindest aus unserer heutigen Optik erscheint es als eine bemerkenswerte Zeit: eine Zeit, in der die Regierenden tatsächlich glaubten, sie könnten eine rationale Weltordnung schaffen, die interkontinentale Stabilität, Wachstum und relative Gleichheit bringen würde. Wenn wir unsere heutigen Politiker anschauen, die nur auf ihre Umfragewerte schielen und deren *raison d'être* darin besteht, auf der richtigen Seite der Wall Street, der Lobbyisten und sonstigen Vertreter von Unternehmensinteressen zu bleiben, fällt es leicht, die erste Nachkriegsphase – die Zeit des Globalen Plans – romantisch zu verklären.

Der Globale Plan galt etwa von 1950 bis 1971. Die Kernidee war einfach: ein System fester Wechselkurse, das die kapitalistischen Volkswirtschaften aneinander band, dazu ein Mechanismus für das Recycling von Überschüssen, der das System gegen die zentrifugalen Kräfte immunisierte, die es sonst zerrissen hätten. Wie entstand dieser spezielle Recyclingmechanismus? Die Idee war, dass die Vereinigten Staaten ihre großen Überschüsse aus dem Handel in der Nachkriegszeit behalten, aber im Gegenzug ihr Überschusskapital (ihre Gewinne) in Form von Direktinvestitionen, Hilfe und Unterstützung ihren Protegés zuleiten sollten, damit diese amerikanische Produkte kaufen konnten. Zugleich würden die Vereinigten Staaten dafür sorgen, dass Japan und Deutschland eine vergleichbare Überschussposition auf regionaler Ebene einnehmen konnten, notfalls sogar zu Lasten der amerikanischen Bilanz.

Die eindrucksvollste Eigenschaft des Globalen Plans war seine unglaubliche Anpassungsfähigkeit – mehrere US-Regierungen nacheinander reparierten ihn jedes Mal wieder, wenn irgendetwas nicht mehr funktionierte. Die jeweilige Politik der Regierungen gegenüber Japan illustriert das sehr gut: Nach Maos unerwartetem Sieg und dem Scheitern des ursprünglichen Plans, aus dem chinesischen Kernland einen großen Markt für japanische Industrieprodukte zu machen, reagierten die politisch Verantwortlichen in den USA mit verschiedenen einfallsreichen Lösungen.

Erstens nahmen sie den Koreakrieg als eine hervorragende

Gelegenheit, Nachfrage für die japanische Industrie zu schaffen. Zweitens nutzten sie ihren Einfluss auf ihre Verbündeten, um dafür zu sorgen, dass japanische Importe ungehindert auf deren Märkte strömen konnten. Drittens und besonders überraschend beschloss Washington, Amerikas Markt als »Lebensraum« für Japan zur Verfügung zu stellen. Tatsächlich hätten japanische Importe (Autos, Elektronik, sogar Dienstleistungen) nicht auf den amerikanischen Markt vordringen können, wenn die Politiker in Washington es nicht zugelassen hätten. Viertens sorgte der Nachfolger des Koreakriegs, der Vietnamkrieg, für einen weiteren Aufschwung der japanischen Industrie. Ein nützliches Nebenprodukt der blutigen Auseinandersetzungen war die Industrialisierung Südostasiens, die Japan weiter stärkte, weil sie dem Land langfristig das fehlende Glied lieferte: eine dynamische Wirtschaftszone ganz in der Nähe.

Meine These hier lautet nicht, dass die Kalten Krieger im Pentagon und anderswo den Globalen Plan der New-Deal-Politiker fortsetzten. Sie hatten zwar durchaus auch Anteil an der Idee des Globalen Plans (wie die Tatsache zeigt, dass führende Militärs eng in den Marshallplan involviert waren), aber natürlich hatten sie ihre eigene geopolitische Agenda. Der springende Punkt dabei ist, dass die Wirtschaftsplaner in Washington die Kriege in Korea und Vietnam aus einem ganz anderen Blickwinkel betrachteten als die Generäle, die im Verteidigungsministerium und im Außenministerium ihre strategischen Pläne für den Kalten Krieg entwarfen.

Auf einer Ebene sahen sie diese Kriege als entscheidend wichtig dafür an, den kontinuierlichen Nachschub billiger Rohstoffe nach Europa und Japan zu sichern. Auf einer anderen Ebene jedoch erkannten sie die große Chance, durch die Kriegsfinanzierung den lebendigen Markt zu schaffen, den Mao »ihrem« Japan weggenommen hatte. Weil es so wichtig ist, sei es noch einmal betont: Die südostasiatischen »Tigerstaaten« (Südkorea, Thailand, Malaysia und Singapur, die bald für Japan das wurden, was Frankreich und

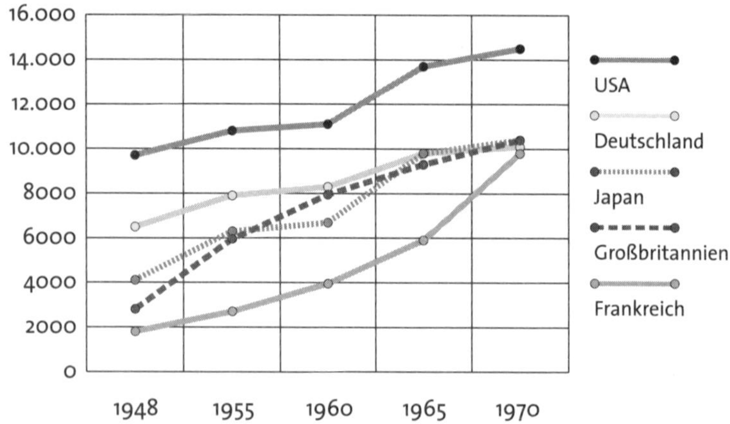

Grafik 3.1: Reales BIP pro Kopf in der Ära des Globalen Plans (in US-Dollar)

Spanien für Deutschland waren) hätten sich ohne die beiden von den USA finanzierten Kriege, nach denen die Vereinigten Staaten als der einzige nennenswerte Markt für die japanische Industrieproduktion übrig blieben, nie so entwickelt.

Rückblickend betrachtet, war der Globale Plan nach den Maßstäben eines Großprojekts ein voller Erfolg. Das Ende des Zweiten Weltkriegs stürzte die Vereinigten Staaten und die übrigen Staaten im Westen nicht in eine neue Rezession (wie man es nach dem Auslaufen der Kriegsausgaben befürchtet hatte); stattdessen erlebte die Welt eine Zeit legendären Wachstums. Grafik 3.1 vermittelt einen Eindruck von diesen goldenen Jahren. Die entwickelten Länder, zugleich Sieger und Verlierer des letzten Krieges, wuchsen unaufhörlich.

Die europäischen Länder und Japan, die alle von einem viel niedrigeren Niveau als die Vereinigten Staaten starteten, wuchsen schneller und machten verlorenen Boden gut. Gleichzeitig setzten die USA ihren langen Pfad gesunden Wachstums fort. Doch das war kein Beispiel einer von sich aus wachsenden Weltwirtschaft. Dahinter stand ein Globaler Plan – ein Plan, der eine große, eindrucksvolle Entschlossenheit beinhaltete, die vielfältigen, konkurrierenden imperialistischen Ansprüche zu überwinden und abzulösen, die für die Volkswirtschaften bis zum Zweiten Weltkrieg typisch gewesen waren.

Während der Globale Plan ersonnen wurde, um die amerikanische Hegemonie zu etablieren und zu sichern, zahlten die Vereinigten Staaten glücklich den Preis, der darin bestand, gezielt die Nachfrage und die Kapitalakkumulation im Ausland zu fördern, insbesondere in Japan und Deutschland. Um Wohlstand und Wachstum in Amerika zu sichern, gab Washington bereitwillig einen Teil des globalen »Kuchens« an seine Protegés ab: Die Vereinigten Staaten verloren in der Ära des Globalen Plans beinahe 20 Prozent ihres Anteils am Welteinkommen, demgegenüber wuchs der deutsche Anteil um 18 Prozent und der Japans um atemberaubende 156,7 Prozent.

Tabelle 3.1: Prozentuale Veränderung des Anteils am Welt-BIP

	USA	Deutschland	Japan	Großbritannien	Frankreich
1950–1972	-19,3 %	+18 %	+156,7 %	-35,4 %	+4,9 %

War hier eine Form von internationalistischem Altruismus am Werk? Natürlich nicht. Von 1945 an bewegte die New-Deal-Politiker eine tiefe Angst hinsichtlich der inhärenten Instabilität eines globalen Systems, das nur aus einer einzigen Wirtschaftszone mit einer einzigen Währung bestand. Tatsächlich beschäftigte sie nichts so sehr wie die Erinnerung an 1929 und die nachfolgende Depression. Sollte eine ähnlich schwere Krise eintreten, während der weltweite Kapitalismus nur auf einem Bein (dem Dollar) stand, würde die Zukunft düster aussehen – vor allem angesichts beachtlicher Wachstumsraten in der Sowjetunion (deren Wirtschaft gegen eine Ansteckung mit der kapitalistischen Krise gefeit war). Deshalb versprachen sie sich für den Kapitalismus eine sicherere

Zukunft von der Bildung eines eng verflochtenen Netzwerks mit drei industriellen und monetären Zonen, in dem die Dollarzone dominieren sollte (was der Tatsache Rechnung trug, dass Amerika das finanzielle Zentrum darstellte und militärisch einen größeren Raum verteidigte, in den auch Güter aus der Dritten Welt ungehindert hineinströmen konnten). Für sie war der Globale Plan die optimale Struktur für den Rest des 20. Jahrhunderts und darüber hinaus.

In diesem Kontext erscheint die Vorstellung, die europäische Integration sei aus einem europäischen Drang entstanden, ein Bollwerk *gegen* die amerikanische Dominanz zu schaffen, lediglich als europäischer »Schöpfungsmythos«. Auch die Behauptung, die japanische Wirtschaft sei unweigerlich *gegen* die Interessen der Vereinigten Staaten gewachsen, hält näherer Prüfung nicht stand. Wie seltsam es für uns heute auch klingen mag, hinter dem Prozess der europäischen Einigung und der japanischen exportorientierten Industrialisierung steht das lange, beharrliche Bemühen der politisch Verantwortlichen in Washington, dies zu planen und voranzutreiben, ungeachtet der negativen Folgen für die eigene Handelsbilanz, die der Aufstieg von Europa und Japan letztendlich hatte.

Die einfache Lektion, die der Globale Plan uns heute lehren kann, ist, dass die beste Stunde des Kapitalismus schlug, als die Politiker der stärksten politischen Union auf dem Planeten entschieden, die Rolle des Hegemons zu spielen – eine Rolle, zu der nicht nur die Ausübung von militärischer und politischer Macht gehörte, sondern auch eine Form der massiven Umverteilung von Überschüssen rund um den Globus, wie sie ein Marktmechanismus allein nie leisten kann.

KAPITEL 4
DER GLOBALE MINOTAURUS

Die Achillesferse des Globalen Plans

Der Globale Plan scheiterte an einem großen Manko seiner ursprünglichen Architektur. John Maynard Keynes hatte diesen Fehler bereits 1944 während der Konferenz von Bretton Woods angesprochen, wurde aber von den Amerikanern überstimmt. Und was für ein Fehler war das? Der Globale Plan sah keinen globalen Mechanismus zum Überschussrecycling (GMÜR) vor, der systematische Handelsbilanzungleichgewichte dauerhaft unter Kontrolle halten konnte.

Die Amerikaner lehnten Keynes' Vorschlag für einen solchen Mechanismus, die Internationale Clearing-Union (ICU), ab, weil sie meinten, die USA könnten und sollten die globalen Handels- und Kapitalströme selbst steuern und sich nicht einem formalen Automatismus unterwerfen. Der neue Hegemon, geblendet durch seinen frisch erworbenen Status einer Supermacht, übersah, dass es gut gewesen wäre, sich wie Odysseus freiwillig an einen homerischen Mast zu fesseln.

Weniger kryptisch ausgedrückt, meinte Washington, die globalen Ungleichgewichte im Handel würden auf Dauer Amerika zugute kommen und seine Position als Überschussnation der Welt in Stein meißeln. Die Macht, die die Überschüsse aus dem Handel mit allen anderen Ländern der Welt den Vereinigten Staaten bescherte, sollte dann wohlwollend und effizient dafür eingesetzt werden, die Weltwirtschaft nach den Grundsätzen einer aufgeklärten Hegemonie zu lenken. Und genau das taten die Vereinigten Staaten: Sie recycelten die amerikanischen Überschüsse gnädig in Form von Kapitalspritzen an Japan, Deutschland und andere Regionen, die es verdienten.

Leider sahen die US-Politiker nicht voraus, dass die globalen Ungleichgewichte sich eines Tages vollkommen umkehren würden, sodass die Vereinigten Staaten in der ungewohnten Rolle eines Defizitlandes dastanden. In den aufregenden späten 1940er-Jahren vernachlässigten die Architekten des Globalen Plans es offensichtlich, ernsthaft die Möglichkeit zu bedenken, dass mangelnde Selbstbeschränkung Washingtons zu Verhaltensweisen führen würde, die seinen brillanten großen Entwurf unterminierten.

Der Globale Plan bricht auseinander

Der Globale Plan lief keineswegs nur rosig. Im Lauf der Zeit gab es eine Reihe von Misserfolgen, angefangen beim Triumph des großen Vorsitzenden Mao. Aber die Verantwortlichen reagierten bemerkenswert kreativ auf solche Widrigkeiten und verwandelten unerwünschte Entwicklungen in einen Strom erwünschter, wenn auch unbeabsichtigter Folgen. Wir haben bereits gesehen, wie man den Koreakrieg nutzte, um die fernöstliche Flanke des Globalen Plans zu stärken. Und als die Vereinigten Staaten sich dann auf den Vietnamkrieg einließen, war eine ähnliche Welle der »kreativen Zerstörung« zu erwarten.

Obwohl es ein großes Understatement ist, zu sagen, der Vietnamkrieg habe sich anders entwickelt als geplant, ist sein Silberstreif doch für jeden sichtbar, der jemals Südostasien besucht hat. Südkorea, Thailand, Malaysia und Singapur sind schnell und auf eine Weise gewachsen, die den Pessimismus all jener widerlegte, die vorausgesagt hatten, diesen unterentwickelten Ländern werde die nötige Kapitalakkumulation schwerfallen, die sie aus schlimmster Armut herausführen könnte. Der Krieg eröffnete Japan große Handel- und Investitionschancen, was die Vereinigten Staaten entlastete, die bis Mitte der 1960er-Jahre allein die Bürde getragen hatten, in Europa und in den USA selbst genug Nachfrage für die Produktion der japanischen Fabriken zu schaffen. Jahre später kopierte Deng Xiaoping dieses Modell und machte China zu dem, was wir heute kennen.

Das Problem mit unbeabsichtigten Folgen ist, dass sie nicht nur vorteilhaft sind. Dass sich Ho Chi Minh hartnäckig der Niederlage im Vietnamkrieg widersetzte und Lyndon B. Johnson den Krieg um jeden Preis gewinnen wollte, hatte entscheidenden Anteil daran, dass im Fernen Osten eine neue kapitalistische Region entstand, aber auch, dass der Globale Plan ins Trudeln geriet. Der unaufhaltsame Anstieg der Kriegskosten war ein Schlüsselfaktor beim letztlichen Scheitern des Plans.

Wenn wir einmal den entsetzlichen Preis an Menschenleben beiseite lassen[1], beliefen sich die Kriegskosten für die US-Regierung auf rund 113 Milliarden Dollar und auf weitere 220 Milliarden für die US-Wirtschaft. Die realen Gewinne von US-Unternehmen gingen um 17 Prozent zurück, und durch den Anstieg des Preisniveaus infolge des Krieges sanken im Zeitraum von 1965 bis 1970 die Realeinkommen der amerikanischen Arbeiter um rund 2 Prozent.[2] Der Krieg forderte nicht nur moralisch und politisch seinen Tribut, insofern eine ganze Generation junger Leute in Amerika von Angst und Hass auf den Vietnamkrieg gezeichnet war, sondern auch in Form konkreter Einkommensverluste bei den Arbeitnehmern, was soziale Spannungen nährte. Man kann sagen, dass die Sozialprogramme im Rahmen von Präsident Johnsons Great Society vor allem darauf abzielten, diese Spannungen abzufedern.

Weil die gemeinsamen Kosten von Vietnamkrieg und Great Society immer höher stiegen, war die Regierung gezwungen, Berge von Staatsschulden aufzuhäufen. Ende der 1960er-Jahre machten sich viele Regierungen Sorgen, ihre eigenen Positionen (die durch das Bretton-Woods-System mit dem Dollar verbunden waren) könnten ausgehöhlt werden. Anfang 1971 überstiegen die Verbindlichkeiten 70 Milliarden Dollar, und die US-Regierung verfügte zur Deckung nur über Goldreserven im Wert von 12 Milliarden Dollar.

Immer mehr Dollars überfluteten die Weltmärkte, und damit entstand Inflationsdruck in Ländern wie Frankreich und Großbritannien. Die europäischen Regierungen waren gezwungen, die Geldmenge in ihrer jeweiligen Währung zu erhöhen, um die Wechselkurse gegenüber dem Dollar stabil zu halten, wie es das Bretton-Woods-System verlangte. Das ist der Grund für den Vorwurf der Europäer an die Vereinigten Staaten, sie hätten durch den Vietnamkrieg Inflation in den Rest der Welt exportiert.

Unabhängig von der Inflation fürchteten die Europäer und Japaner den Aufbau großer Dollarbestände, während gleichzeitig die Goldvorräte der Vereinigten Staaten immer weiter abschmolzen. Es bestand die Gefahr, dass ein Run auf den Dollar die Vereinigten Staaten zwingen würde, ihre Verpflichtung aufzugeben, jederzeit eine Unze Gold gegen 35 Dollar einzutauschen. In dem Fall würden die Dollarbestände der anderen Länder an Wert verlieren, und das würde an ihren nationalen »Rücklagen« nagen.

Der Fehler in dem Globalen Plan hing eng mit dem zusammen, was Valéry Giscard d'Estaing, der damalige Finanzminister von Präsident de Gaulle, als das »exorbitante Privileg« des Dollars bezeichnete: das einzigartige Privileg der Vereinigten Staaten, ohne irgendwelche institutionellen Beschränkungen nach Belieben Geld drucken zu können. De Gaulle und andere europäische Verbündete (außerdem viele Regierungen von Öl produzierenden Ländern, deren Ölexporte in Dollar bezahlt wurden) warfen den Vereinigten Staaten vor, ihre imperiale Macht auf geliehenem Geld aufzubauen, was den anderen Ländern das Leben schwer mache. Allerdings vergaßen sie zu erwähnen, dass die Überschussproduktion der Vereinigten Staaten gerade der Angelpunkt des Globalen Plans war. Wenn Amerika zu einem Defizitland wurde, konnte der Globale Plan einen Abwärtsstrudel nicht verhindern.

Am 29. November 1967 wertete die britische Regierung das Pfund um 14 Prozent ab, deutlich jenseits der in Bretton Woods vereinbarten Grenze von 1 Prozent, und löste damit eine Krise aus. Die Vereinigten Staaten waren gezwungen, bis zu 20 Prozent ihrer gesamten Goldreserven einzusetzen, um den Eintauschkurs von 35 Dollar pro Unze Gold zu verteidigen. Am 16. März 1968 trafen Vertreter der Zentralbanken von sieben Ländern – die späteren G7-Staaten – zusammen und schmiedeten einen Kompromiss. In einem zwiespältigen Beschluss hielten sie auf der einen Seite am offiziellen Eintauschkurs von 35 Dollar fest, auf der anderen Seite bekamen Spekulanten die Möglichkeit, Gold zu Marktpreisen zu handeln.

1970 berief Präsident Richard Nixon Paul Volcker zum Staatssekretär für internationale Geldangelegenheiten im US-Finanzministerium. Er unterstand dem Nationalen Sicherheitsrat unter dem Vorsitz von Henry Kissinger, der 1973 ein höchst einflussreicher Außenminister wurde. Im Mai 1971 legte die Taskforce, die Volcker im Finanzministerium leitete, Kissinger einen Notfallplan vor, in dem die Idee durchgespielt wurde, den Goldstandard vorübergehend »auszusetzen«. Heute ist klar, dass die Politiker beidseits des Atlantiks bereits um ihre Positionierung rangelten, weil sie grundlegende Änderungen des Globalen Plans antizipierten.

Im August 1971 tat die französische Regierung öffentlich ihren Ärger über die amerikanische Politik kund: Präsident Georges Pompidou schickte ein Kriegsschiff nach New Jersey, das Dollars gegen Gold aus Fort Knox eintauschen sollte, wie es nach dem Bretton-Woods-Abkommen sein Recht war. Ein paar Tage später erfolgte ein ähnlicher Vorstoß der britischen Regierung unter Edward Heath (allerdings ohne die Royal Navy einzuschalten): Sie verlangte Gold im Wert von 3 Milliarden Dollar aus den Währungsreserven der Bank von England. Pech für Pompidou und Heath: Ihr blinder Eifer schadete ihnen nur.

Präsident Nixon war außer sich. Vier Tage später, am 15. August 1971, verkündete er das Ende von Bretton Woods: Der Dollar war nicht länger in Gold konvertibel. Und damit endete auch der Globale Plan.

Interregnum: Die Ölkrisen der 1970er-Jahre, Stagflation und der Anstieg der Zinsen

Bald darauf entsandte Nixon seinen Finanzminister (einen ernsthaften Texaner namens John Connally) mit einer geharnischten Botschaft nach Europa. Nach dem, was Connally Reportern erzählte, sprach er freundlich und umgänglich mit den Europäern:

> Wir sagten ihnen, wir seien als eine Nation gekommen, die der Welt viel Geld, materielle Ressourcen und anderes gegeben habe, so viel, dass wir nun selbst seit zwanzig Jahren Schulden hätten, und das habe an unseren Ressourcen gezehrt und zehre noch, so sehr, dass wir damit nicht weitermachen könnten, und wir seien wirklich in Schwierigkeiten und bäten unsere Freunde um Hilfe, so wie sie in der Vergangenheit oft uns um Hilfe gebeten hatten, wenn sie in Schwierigkeiten waren. Das war im Wesentlichen, was wir ihnen sagten.

Seine *wahre* Botschaft klingt den Europäern immer noch in den Ohren: *Es ist unsere Währung, aber euer Problem!* Connally wollte tatsächlich sagen, dass das Ende von Bretton Woods für die Vereinigten Staaten kein Problem war, weil sie die *Reservewährung* besaßen (das heißt, das einzige wirklich globale Tauschmittel). Der Globale Plan war natürlich im Interesse der Vereinigten Staaten konzipiert und wurde auch so umgesetzt. Aber wenn der Druck auf ihn (durch den Vietnamkrieg und durch interne Spannungen in den USA, die eine Erhöhung der Ausgaben im Land erforderlich machten) so stark werden sollte, dass das System zusammenbrach, würden Europa und Japan – die beiden Wirtschaftsregionen, die am meisten von dem Globalen Plan profitiert hatten – die großen Verlierer sein, nicht die USA.

Weder die europäischen Staaten noch Japan wollten diese Botschaft hören. Es gab keine Alternative zum Dollar, und sie wussten, dass ihre Volkswirtschaften erheblich einbrechen würden, wenn der Dollar abwertete. Nicht nur ihre Anlagen in Dollar würden an Wert verlieren, sondern auch ihre Exporte teurer werden. Ihnen blieb nur der Weg, ebenfalls abzuwerten, aber dann würden ihre Energiekosten in die Höhe schießen (da Öl in Dollar bezahlt wurde). Kurzum, Japan und die europäischen Staaten sahen sich zwischen Skylla und Charybdis.

Im Dezember 1971 trafen sich die Präsidenten Nixon und Pompidou auf den Azoren. Pompidou leistete Abbitte wegen des Kriegsschiffs und bat Nixon, das Bretton-Woods-System zu erneuern auf der Grundlage neu vereinbarter Wechselkurse, die die veränderten »Realitäten« widerspiegeln sollten. Nixon blieb hart. Der Globale Plan war tot und begraben, und ein anderes Ungeheuer regte sich und sollte bald seinen Platz einnehmen: der *Globale Minotaurus.*

Nachdem die festen Wechselkurse des Systems von Bretton Woods nicht mehr bestanden, gerieten alle Kurse und Preise außer Kontrolle. Gold machte den Anfang: Es sprang von 35 Dollar auf 38 Dollar pro Unze, weiter auf 42 Dollar, und dann explodierte der Kurs. Im Mai 1973 kostete es über 90 Dollar und 1979 sagenhafte 455 Dollar – in weniger als zehn Jahren hatte sich der Preis verzwölffacht.

Unterdessen hatte der Dollar in weniger als zwei Jahren seit Nixons kühner Entscheidung im August 1971 gegenüber der D-Mark

30 Prozent seines Werts verloren und gegenüber dem Yen und dem Franc 20 Prozent. Die Ölproduzenten stellten auf einmal fest, dass ihr schwarzes Gold nur noch einen Bruchteil seines früheren Werts besaß, wenn man den Wert in gelbem Gold ausdrückte. Mitglieder der Organisation erdölexportierender Länder (OPEC), die den Ölpreis durch vereinbarte Kürzungen der gemeinsamen Fördermenge regulierte, forderte bald koordiniertes Handeln (das heißt eine Drosselung der Produktion), um den Öl- gegenüber dem Goldpreis wieder steigen zu lassen.

Zu dem Zeitpunkt, als Nixon seine Entscheidung verkündete, lag der Ölpreis unter 3 Dollar pro Barrel. 1973, als der Yom-Kippur-Krieg zwischen Israel und seinen arabischen Nachbarn tobte, stieg der Ölpreis auf einen Wert zwischen 8 und 9 Dollar und bewegte sich bis 1979 in einer Spanne zwischen 12 und 15 Dollar. 1979 setzte eine neue Aufwärtsspirale ein, und in den 1980er-Jahren musste man deutlich über 30 Dollar für ein Barrel Öl bezahlen. Und nicht nur der Ölpreis erklomm unbekannte Höhen. Die Preise aller Rohstoffe schossen gleichzeitig nach oben: Bauxit (165 Prozent), Blei (170 Prozent), Zinn (220 Prozent) und Silber (1065 Prozent), um nur einige Beispiele zu nennen. Kurzum, das Ende des Globalen Plans läutete einen erheblichen Anstieg der Produktionskosten weltweit ein. Die Inflationsrate stieg, ebenso die Arbeitslosigkeit – eine seltene Kombination von Stagnation und Inflation, für die der Begriff *Stagflation* geprägt wurde.

Nach allgemeiner Auffassung kam die Stagflation der 1970er-Jahre dadurch zustande, dass die OPEC-Staaten den Ölpreis in Dollar gegen den Willen der Vereinigten Staaten in die Höhe trieben. Doch diese Deutung läuft der Logik und dem Augenschein zuwider. Denn wenn sich die Regierung Nixon tatsächlich dem Anstieg des Ölpreises widersetzt hätte, wie können wir dann die Tatsache erklären, dass ihre engsten Verbündeten – der Schah von Persien, Präsident Suharto von Indonesien und die Regierung von Venezuela – den Anstieg nicht nur unterstützten, sondern sogar zu den Wortführern gehörten, die für einen höheren Ölpreis plädierten? Was sollen wir davon halten, dass die Regierung die Verhandlungen zwischen den Ölfirmen (den sogenannten »Sieben Schwestern«) und der OPEC in Teheran sabotierte, kurz bevor eine Einigung zustande kam, die einen Preisrückgang bewirkt hätte?

Ein einflussreicher amerikanischer Beobachter der entscheidenden Diskussionen sagte,

> ein Sondergesandter der Vereinigten Staaten, der damalige Vize-Außenminister John Irwin, begleitet von James Akins, einem hochrangigen Mitarbeiter des Außenministeriums, zuständig für Ölfragen, verkündete den Abbruch der Verhandlungen in Teheran … Die wahre Lehre aus dem Abbruch der Verhandlungen mit der OPEC war, dass höhere Preise den Vertretern des Außenministeriums keine großen Sorgen bereiteten … Die ganze Diskussion drehte sich bald nicht mehr um ein bestimmtes Preisniveau, sondern um Versorgungssicherheit.[3]

Das wirft die Frage auf: Warum widersetzten sich die Vereinigten Staaten nicht entschlossen dem Anstieg des Ölpreises? Der Grund ist, dass die Regierung Nixon zum einen das Ende des Bretton-Woods-System nicht bedauerte, zum anderen auch nicht beabsichtigte, die OPEC bei ihrer Preispolitik zu behindern. Denn der hohe Ölpreis passte gut zu den Vorstellungen der Regierung, dass generell die Preise für Energie und Rohstoffe steigen sollten! So haben die Saudis beharrlich behauptet, Henry Kissinger sei es wichtiger gewesen, den Fluss der Petrodollars nach Amerika zu steuern, als einen Anstieg der Energiepreise zu verhindern, und er habe sie immer ermutigt, den Ölpreis auf das Zwei- bis Vierfache zu erhöhen.[4] Solange Öl in Dollar bezahlt wurde, hatten die Vereinigten Staaten kein Problem mit einem steigenden Ölpreis.

Wenn wir uns daran erinnern, dass das neue Ziel darin bestand, Wege zu finden, um das doppelte Defizit der Vereinigten Staaten zu finanzieren, ohne die Staatsausgaben zurückzufahren, Steuern zu erhöhen oder Abstriche bei der weltweiten Dominanz der Vereinigten Staaten zu machen, hatten die amerikanischen Politiker verstanden, dass eine klare Aufgabe vor ihnen lag: Sie mussten den Rest der Welt dazu bringen, die Defizite der Vereinigten Staaten zu finanzieren. Doch das erforderte eine Umverteilung der weltweiten Überschüsse zugunsten der Vereinigten Staaten und zu Lasten der beiden Wirtschaftszonen, die sie rund um Deutschland und Japan errichtet hatten. Die geplante Umkehr der globalen Kapitalflüsse, sodass das Kapital aus aller Welt an die Wall Street strömte, um die wachsenden Defizite Amerikas aufzufüllen, setzte zwei Dinge voraus: a) Die US-Firmen mussten im Verhältnis zu ihren deutschen und japanischen Konkurrenten wettbewerbsfähiger werden, und b) die Zinssätze mussten so sein, dass sie Kapitalströme in die Vereinigten Staaten lenkten.

Die erste Bedingung ließ sich auf zwei Wegen erreichen: Entweder durch eine Erhöhung der Produktivität in den Vereinigten Staaten oder durch eine Erhöhung der relativen Stückkosten der Wettbewerber. Sicherheitshalber beschloss die amerikanische Regierung, *beide* Wege zu beschreiten. Es gab massiven Druck auf die Arbeitskosten in Amerika, und gleichzeitig »förderte« man den Anstieg der Ölpreise. Der Rückgang der amerikanischen Arbeitskosten verbesserte nicht nur die Wettbewerbsfähigkeit der amerikanischen Unternehmen, sondern wirkte auch wie ein Magnet für ausländisches Kapital, das nach lukrativen Investitionsmöglichkeiten suchte. Unterdessen war jeder Winkel der kapitalistischen Welt durch die steigenden Ölpreise negativ betroffen. Doch Japan und Westeuropa (beide ohne nennenswerte Ölvorkommen) litten viel stärker als die Vereinigten Staaten.

Von Saudi-Arabien bis Indonesien explodierten dank der hohen Ölpreise derweil die Bankkonten, und die amerikanischen Ölfirmen freuten sich über steigende Einnahmen. All diese Petrodollars fanden ihren Weg in die weit geöffneten Arme der Wall

Street. Die Zinspolitik der Fed erwies sich dabei als besonders hilfreich.

Wenden wir uns nun der zweiten Vorbedingung zu. Der Geldzins (oder Nominalzins) stieg von 6 Prozent, wo er in der Endphase des Globalen Plans um 1971 gelegen hatten, über 6,44 Prozent in 1973 auf 7,83 Prozent im Jahr darauf. 1979 begann die Regierung Carter, mit Nachdruck die Inflation zu bekämpfen. Paul Volcker wurde neuer Notenbankpräsident mit dem Auftrag, entschieden gegen die Inflation vorzugehen. Sein erster Schritt war eine Anhebung der Durchschnittszinssätze auf 11 Prozent.

Im Juni 1981 setzte Volcker die Zinsen dann auf die schwindelerregende Höhe von zuerst 20 und dann 21,5 Prozent herauf. Mit dieser brutalen Geldpolitik gelang es ihm, die Inflation in den Griff zu bekommen (die Rate fiel von 13,5 Prozent in 1981 auf 3,2 Prozent zwei Jahre später), aber mit erheblichen negativen Auswirkungen auf Beschäftigung und Kapitalakkumulation sowohl im eigenen Land wie im Ausland. Trotzdem waren beide Vorbedingungen erfüllt, noch bevor Ronald Reagan sich im Weißen Haus eingerichtet hatte.

Damit begann eine neue Phase. Die Vereinigten Staaten konnten nun ungestraft ihr Defizit immer weiter steigern, und die neue Regierung Reagan konnte sich zugleich ein gewaltiges Verteidigungsbudget und immense Steuererleichterungen für die reichsten Amerikaner leisten. Die Angebotspolitik (das wirtschaftspolitische Dogma der 1980er-Jahre), die Trickle-down-Theorie (wonach der Wohlstand der Reichen nach und nach in die unteren Gesellschaftsschichten durchsickert), die rücksichtslosen Steuersenkungen, die Umwertung von Gier zu einer Tugend und so weiter – all das waren nur Manifestationen von Amerikas neuem »exorbitantem Privileg«: der Chance, dank der Kapitalströme aus der übrigen Welt sein eigenes doppeltes Defizit beinahe unbegrenzt auszuweiten. Die amerikanische Hegemonie hatte eine neue Gestalt angenommen. Die Herrschaft des Globalen Minotaurus war angebrochen.

Der Globale Minotaurus

Die Vereinigten Staaten wollten das Ende des Globalen Plans nicht, noch fanden sie sich letztlich damit ab. Doch als Amerika seine Überschussposition schließlich verloren hatte, lasen die politisch Verantwortlichen rasch die Zeichen an der Wand: Die Achillesferse des Globalen Plans war getroffen worden, sein Zusammenbruch nur eine Frage der Zeit. Und sie machten sehr rasch weiter, denn sie wollten gar nicht erst den Eindruck aufkommen lassen, sie würden ihre globale Hegemonie aufs Spiel setzen, indem sie vergeblich versuchten, einen gescheiterten Plan zu reparieren.

Der vielleicht beste Bericht über das gewaltsame Ende des Globalen Plans stammt direkt aus der Quelle. 1978 sprach Paul Volcker, der Mann, der als einer der Ersten empfohlen hatte, Bretton Woods aufzugeben, vor Studenten und Mitarbeitern der Warwick University. Kurz nach dieser Rede berief Präsident Carter ihn zum Chef der Notenbank. Es ist fraglich, ob seine Zuhörer die Tragweite seiner Ausführungen begriffen:

> Es ist verlockend, den Markt als einen unparteiischen Schiedsrichter zu betrachten … Aber als es darum ging, die Erfordernisse eines stabilen internationalen Systems gegen den Wunsch abzuwägen, die Handlungsfreiheit der nationalen Politik zu erhalten, entschieden sich zahlreiche Länder einschließlich der Vereinigten Staaten für die zweite Option.

Und als wäre das noch nicht laut und deutlich genug gewesen, fügte Volcker hinzu: »[Eine] *kontrollierte Desintegration der Weltwirtschaft* ist ein legitimes Ziel für die 1980er-Jahre.« (Hervorhebung des Autors)

Das war der beste Abgesang auf den Globalen Plan und der klarste Hinweis, dass die zweite Nachkriegsphase anbrach. Volcker sagte in seiner Rede ganz deutlich, wie die Verantwortlichen in

Amerika sich die Zukunft vorstellten: Da Amerika einigermaßen ausgeglichene internationale Finanz- und Handelsströme nicht mehr aufrechterhalten konnte, plante es für eine Welt, in der die Asymmetrie der Finanz- und Handelsströme rasch zunehmen würde. Und das nur mit einem Ziel: um weiter das »exorbitante Privileg« unbegrenzter Defizite genießen zu können und so die Fortdauer der Hegemonie der Vereinigten Staaten abzusichern – nicht *trotz*, sondern *aufgrund* ihrer Defizite. Und wie sollte das bewerkstelligt werden? In seiner gewohnt unverblümten Art gab Volcker die Antwort: durch die bewusste *Entscheidung*, die Weltwirtschaft in einen chaotischen, trotzdem seltsam kontrollierten Zustand zu stürzen – in das Labyrinth des Globalen Minotaurus.

In den folgenden Jahrzehnten wurde die Zeit, als die Vereinigten Staaten Deutschland und Japan finanziert hatten (entweder direkt durch Kriegsfinanzierung oder durch die Ausübung politischer Macht), zu einer fernen Erinnerung. Amerika begann zu importieren, als gäbe es kein Morgen, und die Regierung schmiss mit Geld um sich, ohne einen Gedanken an die wachsenden Defizite zu verschwenden. Solange ausländische Investoren täglich Milliarden von Dollar an die Wall Street leiteten, aus freien Stücken und aus Gründen, die nur mit *ihren eigenen* Bilanzen zu tun hatten, war das doppelte Defizit der Vereinigten Staaten kein Problem, und die Welt drehte sich planlos immer weiter.

Den Athenern wurden die grausamen Tributzahlungen an den kretischen Minotaurus durch die militärische Macht von König Minos aufgezwungen. Im Gegensatz dazu floss das Kapital, das den Globalen Minotaurus nährte, freiwillig in die Vereinigten Staaten. Warum? Wie schafften es die politisch Verantwortlichen in den Vereinigten Staaten, Kapitalbesitzer überall auf der Welt zu motivieren, dass sie für das doppelte Defizit der Supermacht bezahlten? Was hatten die Ausländer davon? Die Antwort hat vier Facetten. Um bei unserem mythologischen Bild zu bleiben, nennen wir sie die vier *charismatischen Seiten* des Minotaurus.

Die vier charismatischen Seiten des Minotaurus

Der Status der Reservewährung

Solange der Globale Plan Bestand hatte, spielte es keine Rolle, welche Währung man besaß, weil die Wechselkurse gegenüber dem Dollar mehr oder weniger fest waren und der Eintauschkurs von Dollar gegen Gold bei 35 Dollar fixiert war. Trotzdem lagerten Ölmagnaten, deutsche Industriekapitäne, französische Weinproduzenten und japanische Banker ihre Geldreserven am liebsten in Dollar, und zwar einfach wegen der Kapitalkontrollen – das heißt der Restriktionen, wie viel Kapital man zu einem bestimmten Zeitpunkt in Dollar oder eine andere Währung konvertieren durfte.

Nach dem Ende des Bretton-Woods-Systems erzeugte der psychische Schock angesichts der Erkenntnis, dass die Währungen bald frei würden schwanken können, einen Sturm auf den Dollar. Bis heute flieht das Kapital immer, wenn Zeichen einer Krise aufziehen, in den Greenback. Genau deshalb hatte auch der Crash von 2008 einen massiven Zustrom von ausländischem Kapital in den Dollar zur Folge, obwohl die Krise an der Wall Street begonnen hatte.

Außerdem sind die Vereinigten Staaten das einzige Land, bei dem die Nachfrage nach der Währung keine steigende Nachfrage nach den Waren und Dienstleistungen des Landes widerspiegelt. Jedes Mal, wenn ein nigerianischer Autofahrer sein Auto auftankt oder eine chinesische Fabrik australische Kohle kauft, steigt der US-Dollar. Warum? Weil Rohstoffgeschäfte in Dollar abgerechnet werden, selbst wenn die Amerikaner gar nichts damit zu tun haben. Deshalb bewirkt jede Transaktion, bei der es um Öl oder Kohle geht, eine zusätzliche Nachfrage nach US-Dollar.

Paul Volcker sagte das in einem Zeitungsbeitrag 2005 ganz

offen: »Um ausländische Finanzierung mussten sich ganz normale Länder Sorgen machen, aber nicht der unbestrittene Führer der freien Welt, dessen Währung jeder haben wollte.«[5] Das »exorbitante Privileg« des Dollars erlaubt den Verantwortlichen in den Vereinigten Staaten, mit Defiziten zu wirtschaften, die andere Länder in kürzester Zeit in die Knie zwingen würden. Darum kann eine Krise, die in den Vereinigten Staaten ihren Ausgang nimmt, durchaus als Magnet für wanderndes ausländisches Kapital wirken.

Steigende Energiekosten

Weil wir diesen Punkt schon zuvor abgehandelt haben, als Teil der Erklärung, warum Amerika die von der OPEC initiierten Anstiege beim Ölpreis hinnahm, soll hier eine kurze Zusammenfassung genügen: Anfang der 1970er-Jahre importierte die US-Wirtschaft 32,5 Prozent ihres Öls, Europa beinahe 100 Prozent und Japan jeden einzelnen Tropfen. Steigende Energiepreise beeinträchtigten die deutsche und japanische Wettbewerbsfähigkeit gegenüber Amerika. Außerdem mischten die amerikanischen multinationalen Konzerne beim Ölgeschäft mit, deshalb bedeuteten höhere Ölpreise höhere Einnahmen und Gewinne für sie und verbesserten so ihre Möglichkeiten, sich international zu diversifizieren. Der Status des Dollars als Reservewährung in Kombination mit Volckers hohen Zinssätzen zog die ausländischen Petrodollars magnetisch nach New York, wo sie sich in Aktien oder amerikanische Staatsanleihen verwandelten.

Interessanterweise dauerte es nicht lange, bis die japanische und die deutsche Industrie auf den Schock reagierten. Sie beschritten innovative Wege und bauten ihre Industrieproduktion so um, dass sie einige der Vorteile zurückerobern konnten, die ihnen die Amerikaner durch die Verteuerung der Energie entrissen hatten. Zum Beispiel verlagerten Deutschland wie Japan ihre Investitionspläne von energieintensiven zu Hightech-Bereichen (wie Elektronik).

Und sogar in Bereichen, die immer auf Erdöl und Erdölprodukte angewiesen sein würden (wie die Automobilbranche), brachten sie neue, effiziente Produkte auf den Markt, die für amerikanische Autos eine harte Konkurrenz darstellten.

Trotz der widersprüchlichen Wirkungen verdient die Brillanz des Globalen Minotaurus unsere Bewunderung. Denn was taten die Deutschen und Japaner mit den Profiten aus ihrer neuen energieeffizienten und innovativen Produktion? Sie investierten sie an oder mithilfe der Wall Street!

Billige produktive Arbeitskraft

Es mag sein, dass der amerikanische Traum schon immer auf einer gemeinsamen Fiktion beruhte. Aber tatsächlich war der Lebensstandard über mehr als ein Jahrhundert hinweg kontinuierlich gestiegen. In den 1970er-Jahren änderten sich die Dinge. Die Angst nach dem Zusammenbruch von Bretton Woods, der Anstieg des Ölpreises und die drohende Niederlage im Vietnamkrieg polarisierten die Gesellschaft und schufen ein Spielfeld, auf dem sich die Starken nach Belieben austoben konnten, während die Schwachen stoisch ihre Bürde tragen mussten.

Mit immer höheren Energiepreisen, langen Schlangen an den Tankstellen und Fabriken, die wegen Rohstoff- oder Stromknappheit die Produktion stoppen mussten, entstand eine neue Konstellation, in der die alten Vereinbarungen nicht mehr galten. Die Gewerkschaften, erbost über den flächendeckenden Preisauftrieb, verlangten höhere Löhne für ihre Mitglieder. Die Arbeitgeber fingen an, über einen Arbeitsmarkt ohne Gewerkschaften nachzudenken. Die Situation war, mit anderen Worten, reif für eine Konfrontation. In diesem neuen konflikthaften Umfeld erkannten die amerikanischen Unternehmen eine wunderbare Gelegenheit, die Reallöhne zu deckeln und gleichzeitig die Produktivität zu steigern. Grafik 4.1 illustriert ihren erstaunlichen Erfolg.

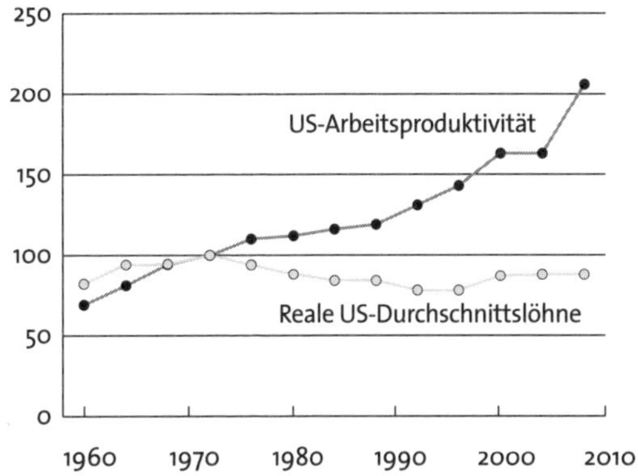

Grafik 4.1: Stagnierende Löhne, wachsende Produktivität (indiziert auf das Basisjahr 1973)

Die Grafik zeigt ganz klar, dass ab 1973 etwas Spektakuläres in den Vereinigten Staaten vor sich ging. In einem Land, das sich rühmte, mindestens seit den 1850er-Jahren seien die Reallöhne kontinuierlich gestiegen, sodass jede Arbeitergeneration habe hoffen können, dass ihre Kinder es besser haben würden als sie selbst, stagnierten die Reallöhne auf einmal. Bis heute haben sie nicht einmal die reale Kaufkraft von 1973 wieder erreicht.

Gleichzeitig nahm die Arbeitsproduktivität stark zu. Der Einsatz neuer Technologien, die Verdichtung von Arbeitsprozessen (oft unterstützt durch die wachsende Angst vor Arbeitslosigkeit) und immer mehr Direktinvestitionen aus dem Ausland (das heißt von deutschen und japanischen Firmen, die ihre Ertragskraft verbessern wollten, indem sie ihre Geschäftstätigkeit in die Vereinigten Staaten verlagerten) wirkten zusammen und trieben die Produktivitätskurve nach oben. Insofern ist es nicht verwunderlich, dass sich die Lohnstückkosten in Amerika von 1985 bis 1990 kaum erhöhten, während im selben Zeitraum die Kosten von Amerikas Konkurrenten im zweistelligen Prozentbereich zulegten. Nach 1990 behielten die amerikanischen Arbeitskosten einfach ihren Vorteil.

Tabelle 4.1: Durchschnittliche jährliche Veränderung der Lohnstückkosten (in Dollar)

	1985–1990	1990–1998
USA	1,6	0,2
Japan	10,8	1,3
Westdeutschland	15,9	0,3
Großbritannien	11,4	1,8

Was passiert, wenn die Reallöhne fallen, die Lohnstückkosten stagnieren und die Produktivität steil ansteigt? Die Gewinne explodieren! Und genau das geschah nach 1973. Die Gewinne der amerikanischen Unternehmen auf dem heimischen Markt stiegen und stiegen unaufhörlich. Die wachsende Ertragskraft der Vereinigten Staaten ist der dritte Grund, warum ausländisches (nicht amerikanisches) Kapital dem Globalen Minotaurus förmlich in den Schoß fiel. Mit großem Tempo und in bislang unbekannten Mengen strömte es aus Frankfurt, Riad, Tokio, Paris und Mailand nach New York.

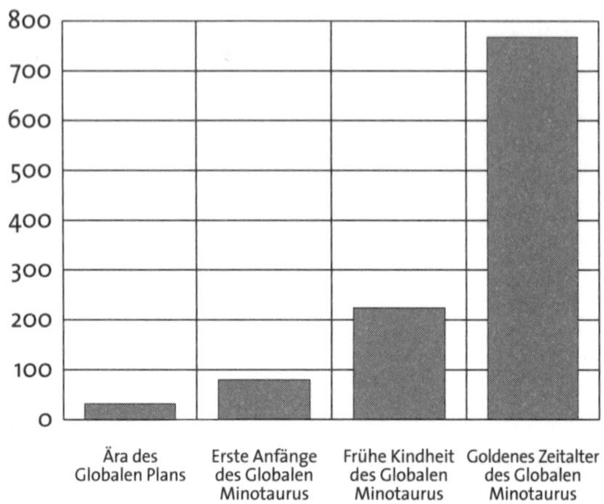

Grafik 4.2: Index der durchschnittlichen Realgewinne in den Vereinigten Staaten (Basisjahr 1973)

Geopolitische Macht

Macht zwingt die Schwachen zur Konzentration. Und nukleare Macht zwingt sie noch wirkungsvoller. Wir dürfen die Tatsache, dass die Vereinigten Staaten nicht nur ökonomisch, sondern auch geostrategisch die Führungsmacht des Westens waren, nicht vernachlässigen, wenn wir die Mechanismen untersuchen, warum das Kapital bereitwillig wanderte, um den Globalen Minotaurus zu ernähren. Natürlich hätte es keinen Anreiz für ausländisches Kapital gegeben, in die neue Welt zu strömen, wenn nicht die Hoffnung bestanden hätte, dass die Reise via New York ins amerikanische Finanzministerium oder zu einem amerikanischen Unternehmen oder Finanzinstitut es beträchtlich vermehren würde. Dennoch hatte die geopolitische und militärische Macht einen Anteil daran, dass die Hoffnung auf solche Gewinne überhaupt entstehen konnte.

Beispiele, wie die Politik der Vereinigten Staaten versuchte, die geopolitische Macht des Landes in den Dienst der Bedürfnisse des Globalen Minotaurus zu stellen, sind nicht schwer zu finden. 1974 ließ Henry Kissinger das Memorandum 200 des Nationalen Sicherheitsrats (NSSM) zirkulieren. Unter der Schutzbehauptung, der Westen müsse sich gegen sowjetische Übergriffe wappnen, erhob das Memorandum im Namen der Vereinigten Staaten und der amerikanischen multinationalen Konzerne Ansprüche auf die Bodenschätze der Dritten Welt. Viele Jahre später, 1998, skizzierte John Maresca, der Vizechef des Ölgiganten Unocal, bei einer Kongressanhörung zu Afghanistan die Argumentationslinie zur Rechtfertigung einer zukünftigen Invasion. Im Mittelpunkt stand dabei die wirtschaftliche Entwicklung in China, die seiner Ansicht nach gefördert und gleichzeitig kontrolliert werden musste. Maresca unterstellte, dass China anders als Japan und Europa seine Kapital- und Geldmärkte nicht freiwillig liberalisieren würde, was den Kapitalfluss von China in die Vereinigten Staaten behindern werde.

Einfacher ausgedrückt: Gewinne, die chinesische, japanische, europäische und natürlich amerikanische Unternehmen in China machten, würden sich, so klagte Maresca, nicht ohne Weiteres zum Globalen Minotaurus transferieren lassen. Was sollte man also tun? Der beste Weg, Chinas Widerstand zu überwinden, bestehe darin, das Monopol über das Energieangebot in dessen Umkreis zu erlangen.

Wie in einer Bilderbuchillustration zur wechselseitigen Verstärkung war die geopolitische Macht Amerikas eine wichtige Voraussetzung für die Erhaltung des Globalen Minotaurus, für die dieser sich wiederum regelmäßig revanchierte. So kann man überzeugend nachweisen, dass der Minotaurus maßgeblich daran beteiligt war, die größten Feinde Amerikas – die Sowjetunion und ihre Satelliten sowie die blockfreien Regimes der Dritten Welt, die in den 1960er-Jahren zu aufmüpfig geworden waren – in die Knie zu zwingen. Der Schlüssel zu diesem Triumph war weniger die erfolgreiche Fortsetzung des Wettrüstens, sondern vielmehr die amerikanische Zurückhaltung bei den Zinsen – deren phänomenaler Anstieg unter Paul Volcker zur Erschaffung des Minotaurus überhaupt erst beigetragen hatte.

So kann man argumentieren, dass die Kette der Ereignisse, die zur Implosion des Kommunismus in Polen und Jugoslawien führten, in den 1970er-Jahren mit dem starken Anstieg der Zinssätze begann, kurz nachdem diese Länder erhebliche Kredite von westlichen Finanzinstituten akzeptiert hatten. Ähnlich sah es in der Dritten Welt aus, wo nationale Befreiungsbewegungen die Macht übernommen hatten, oft trotz Versuchen des Westens, das zu verhindern.

Von Anfang der 1960er-Jahre bis 1972 ließen die westlichen Banken unter dem Druck der niedrigen Zinssätze im Rahmen des Globalen Plans und harter regulatorischer Vorgaben ihre Blicke weit in die Ferne schweifen und dienten Ländern der Dritten Welt, Satelliten der Sowjetunion (wie Polen und Bulgarien) und kommunistischen Staaten, die unabhängig (oder halb unabhängig) von Moskau waren (wie Jugoslawien und Rumänien), hohe Kredite an. Die Länder nutzten das Geld für Investitionen in dringend erforderliche Infrastrukturprojekte, in Bildung, das Gesundheitswesen, aufstrebende Industriesektoren und so weiter. Dadurch waren Mitte der 1970er-Jahre die meisten Länder der Dritten Welt (und etliche osteuropäische ebenso) durch Zinsanstiege extrem gefährdet.

Als die Zinsen dann im Rahmen von Volckers strategischer »Desintegration der Weltwirtschaft« durch die Decke schossen, bekamen die kommunistischen Regimes in Warschau, Bukarest und Belgrad die Folgen zu spüren. Kaum hatten sie ihre massive Abhängigkeit vom »kapitalistischen Feind« erkannt, setzten sie alles daran, ihre Schulden so schnell wie möglich zurückzuzahlen, und erlegten ihren eigenen Arbeitskräften dementsprechend rigorose Sparprogramme auf.[6] Die Folge waren massive Unzufriedenheit, erhebliche Unruhe und erste Regungen einer organisierten Opposition wie zum Beispiel in Polen mit der Gewerkschaftsbewegung Solidarność, die eine Folge von Ereignissen in Gang setzte, die bald zum Sturz des ersten kommunistischen Regimes führten.

Zur selben Zeit und aus ähnlichen Gründen explodierte die Schuldenkrise der Dritten Welt. Der IWF bot freudig an, den Regierungen Geld zu leihen, damit sie ihre Schulden bei den westlichen Banken bezahlen konnten, aber zu einem exorbitanten Preis: Sie mussten ihren öffentlichen Sektor stark zurückfahren (auch Schulen und Krankenhäuser), die gerade erst geschaffenen staatlichen Institutionen verkleinern und wertvolles Staatsvermögen (zum Beispiel die Trinkwasserversorgung, Telekommunikation und so weiter) komplett an westliche Firmen übertragen. Es ist keine Übertreibung, wenn wir sagen, dass die Schuldenkrise der Dritten Welt die zweite historische Katastrophe der Kolonialländer war (nach der brutalen Erfahrung, als Kolonien unterworfen und durch Sklavenhandel ausgebeutet zu werden). Tatsächlich haben sich die meisten Länder der Dritten Welt von dieser Katastrophe bis heute nicht ganz erholt.

Kurzum, der Anstieg der Zinsen, der fest zum Vormarsch des Globalen Minotaurus gehörte, vernichtete die Feinde der amerikanischen Außenpolitik weltweit viel effizienter, als eine amerikanische Militäroperation es je vermocht hätte.

Ein sehr spezieller globaler Mechanismus zum Überschussrecycling

Bei der Konferenz von Bretton Woods gerieten John Maynard Keynes und Harry Dexter White über die Frage aneinander, welcher Recyclingmechanismus sich am besten dafür eignete, die Weltwirtschaft der Nachkriegszeit auf einem nachhaltigen Pfad zu halten (siehe Kapitel 3).

Keynes plädierte für einen formellen, institutionalisierten GMÜR, der Überschüsse automatisch recyceln und dadurch zugleich Überschüsse und Defizite begrenzen würde. White hingegen beharrte auf dem Vorrecht der Vereinigten Staaten, große Überschüsse anzuhäufen und allein über die Mittel und Wege zu entscheiden, wie sie recycelt werden sollten. Natürlich setzte White sich durch, und der Globale Plan brachte die Vereinigten Staaten in die privilegierte Position, den GMÜR nach eigenem Gutdünken und den eigenen Interessen entsprechend zu handhaben.

Als die Vereinigten Staaten ihre Überschussposition verloren, war das Schicksal des Globalen Plans besiegelt. Wie wir gesehen haben, wussten die Vereinigten Staaten das neue doppelte Defizit zu ihrem Vorteil zu nutzen. Statt ihre hegemoniale Rolle aufzugeben oder zu versuchen, die Defizite zu reduzieren, taten sie genau das Gegenteil: Sie dehnten ihre Hegemonie aus, indem sie ihre Defizite immer weiter vergrößerten! Und da Defizite irgendwie finanziert werden müssen, war der Schlüssel zur zweiten Nachkriegsphase, dass der Rest der Welt einen konstanten Tsunami von Kapital nach New York schickte.

Die beiden Defizite der USA wirkten harmonisch zusammen und erfüllten ihre neue Aufgabe. Immer wenn die amerikanische Regierung die Steuern senkte oder viel Geld für Raketen ausgab (wie unter Präsident Reagan), wuchs das Haushaltsdefizit. Zu seiner Finanzierung zog die Regierung ausländisches Kapital an, das bereitwillig in US-amerikanische Treasury Bills (kurzfristige Schuldverschreibungen des Finanzministeriums) floss. Dieser Kapitalzufluss half, das wachsende Handelsbilanzdefizit auszugleichen. Und so brachten die beiden Defizite gemeinsam Kapital nach New York, und die Wall Street konnte immer neue Kredite vergeben.

Die nie endende Hadsch des Weltkapitals in das globale Finanzmekka nährte Amerikas Defizite immer weiter, bis sie schließlich einer mythologischen Gestalt ähnelten, einem Globalen Minotaurus, von dem die US-Wirtschaft abhängig wurde und dessen Einfluss sich bald schon auf den ganzen Globus erstreckte.

Die Dynamik des Minotaurus war synonym zu den weltweiten Asymmetrien, auf denen man die neue globale Architektur errichtet hatte. Um diese zu erhalten, mussten jene vertieft, beschleunigt und ausgeweitet werden. Insofern war eine Art *permanente Negativtechnologie* erforderlich: Die Hüter des Minotaurus (Strategen wie Henry Kissinger und Paul Volcker) mussten versuchen, durch Erzeugung von Ungleichgewicht zu herrschen, durch Destabilisierung, durch Behinderung.

Diese destabilisierenden Schritte, die die internationale Ordnung zu unterminieren drohten, wurden durch die faszinierendste Eigenschaft des Minotaurus konterkariert: die Tatsache, dass er genau wie ein GMÜR funktionierte – ein seltsamer, sehr spezieller und schrecklich widerspenstiger GMÜR, aber immerhin ein GMÜR. Tatsächlich funktionierte er genau umgekehrt wie der ursprüngliche GMÜR zur Zeit des Globalen Plans.

Beim GMÜR des Globalen Plans waren die Vereinigten Staaten das Land, das Überschüsse aufhäufte in der guten Absicht, einen Teil davon nach Westeuropa und Japan zu transferieren, um Nachfrage für seine eigenen Exporte zu schaffen, aber auch für die Exporte seiner Protegés (hauptsächlich Deutschland und Japan). Der Globale Minotaurus funktionierte genau andersherum: Amerika *absorbierte* das Überschusskapital anderer Länder und recycelte es, indem es ihre Exporte kaufte.

Schlussfolgerung: Der schillernde Erfolg des Globalen Minotaurus

Nach dem Crash von 1929 begriff die Welt, dass in einer Krise der Staat (Zentralbank und Finanzministerium) als *letzte Refinanzierungsinstanz* (»lender of last resort«) eingreifen muss. In der Ära des Globalen Minotaurus brauchte man eine neue Formel: Die Vereinigten Staaten agierten als *erste Ausgabeninstanz* (»spender of first resort«). Die amerikanischen Defizite waren die Zugmaschine, die die Produktion und den Handel der Welt aus dem Sumpf der 1970er-Jahre herausholte. Das amerikanische Haushaltsdefizit und der amerikanische Bankensektor wirkten wie ein Magnet, der die nötigen Kapitalflüsse anzog, damit die Wall Street boomte und die US-Defizite aufgefüllt wurden. Kein Wunder, dass die Welt erneut im Sumpf versank, als der Minotaurus 2008 verwundet wurde.

Während der Globale Minotaurus seine Herrschaft behauptete, erfüllte er die Pflichten, die seine Hüter bis ins Kleinste vorausgeplant hatten. Die Grafiken 4.3 und 4.4 lassen keinen Zweifel, welche gewaltigen Turbulenzen der Minotaurus in einer nichtsahnenden Welt verursachte. Ab 1975 verschärften sich die amerikanischen Defizite (mit einem einzigen Rückgang während Präsident Clintons zweiter Amtszeit). Die absichtliche »Desintegration der Weltwirtschaft« in den 1970er- und frühen 1980er-Jahren hatte schmerzliche Folgen für alle und damit Auswirkungen für die relative Wettbewerbsfähigkeit der Vereinigten Staaten: Weltweit ging das BIP zurück, aber in Europa und Japan stärker als in den Vereinigten Staaten. Das war das Vorspiel zur erneuerten Hegemonie Amerikas. Denn während in den 1960er-Jahren das Wachstum in Amerika hinter dem seiner Protegés zurückgeblieben war, holte Amerika in den 1980er-Jahren auf. Und in den 1990er-Jahren zog es davon. Der Globale Minotaurus hatte seine magische Wirkung entfaltet.

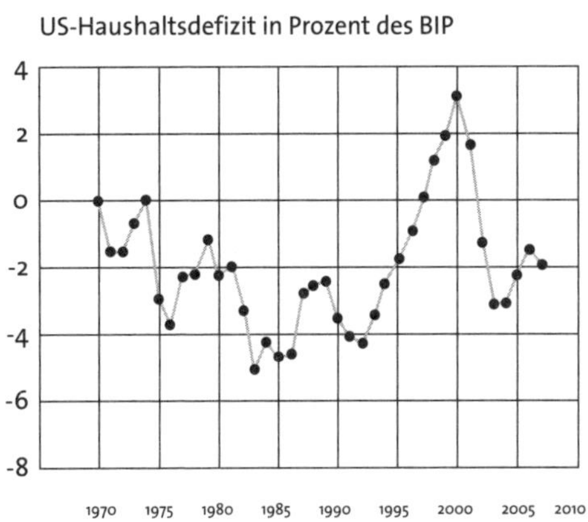

Grafik 4.3: Der Globale Minotaurus in zwei Diagrammen

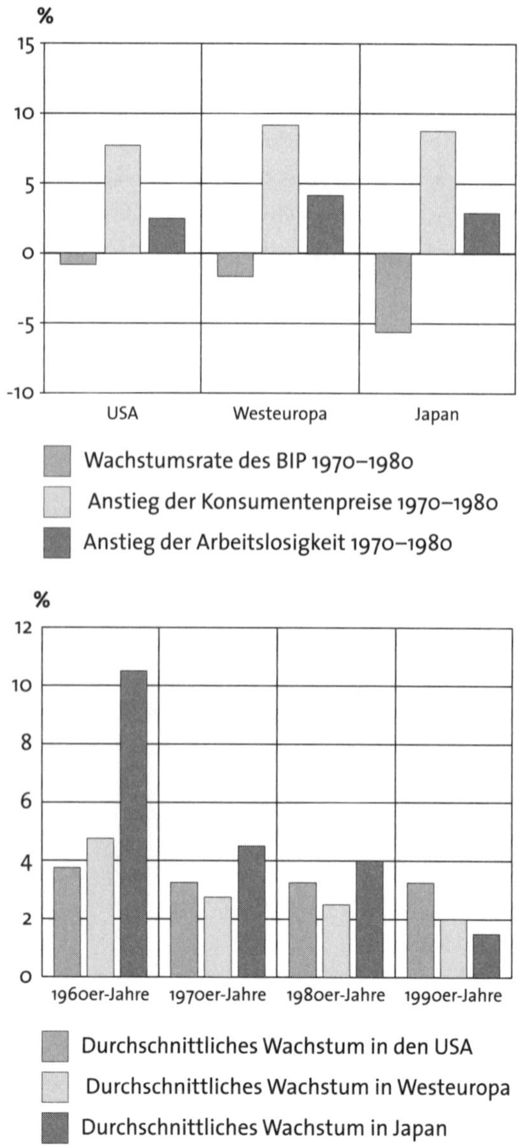

Grafik 4.4: Folgen des Globalen Minotaurus für die Wettbewerbsposition der USA

KAPITEL 5
DIE HELFER DES UNTIERS

Neid auf den Minotaurus

Im Vorfeld des Crashs von 2008 sangen fast alle einstimmig das Loblied der amerikanischen Wirtschaft. Die europäischen Politiker in Brüssel, ihre japanischen Kollegen in Tokio, italienische Ex-Kommunisten, osteuropäische wiedergeborene Neorechte, Hochschulökonomen – alle warfen neidvolle Blicke über die großen Meere in das Land der Freien, überzeugt, dass die Vereinigten Staaten *das* Vorbild waren, dem man dringend und uneingeschränkt nacheifern musste.

Ganze Wälder wurden abgeholzt, damit die Grundsatzpapiere gedruckt werden konnten, die den Anbruch einer »neuen Ära« verkündeten – einer Ära, in der unregulierte Arbeits- und Finanzmärkte nach dem Vorbild der Vereinigten Staaten neuen Wohlstand verhießen, der sich so rasant wie der neueste Blockbuster aus Hollywood von Paris bis Moskau, von Amsterdam bis Athen, von Yokohama bis Shanghai verbreiten würde.

Irland und sogar Großbritannien galten als Pioniere auf dieser modernen Straße nach Damaskus. Der sprichwörtliche Goldtopf schien sich am Ende des anglo-keltischen Regenbogens zu verbergen, irgendwo zwischen einem Walmart-Supermarkt und einem feinen Club von Wall-Street-Bankern, zwischen der Londoner City und einer Baustelle im East End, wo ganze Armeen osteuropäischer Gastarbeiter neue Wohnungen für Heerscharen von Nachwuchsbankern für die City hochzogen.

Alle akkreditierten Mitglieder des globalen »Kommentariats« waren auf derselben Wellenlänge und überzeugt, dass sie im Zeitalter des *Großen Maßhaltens* lebten. Deprimierend wenige schienen bereit, wahrzunehmen, dass die Wirklichkeit genau entgegengesetzt aussah. Denn hinter der Fassade von Mäßigung brachte ein furchteinflößender Globaler Minotaurus das natürliche Gleichgewicht der Weltwirtschaft ins Wanken, aber nur wenige wollten seine Existenz anerkennen.

Die Eliten konnten ihren *Neid auf den Minotaurus* nicht überwinden und taten so, als gäbe es das Untier gar nicht. Ihre Täuschung war so intensiv, dass sie nicht nur sich selbst dazu brachten zu glauben, wirklich *jedes Land* (Europa, Japan, China, Indien und so weiter) könnte so erfolgreich sein wie die Vereinigten Staaten (ab Mitte der 1970er-Jahre), wenn es nur das amerikanische Beispiel imitierte. Als ginge es darum, einen neuerlichen Beweis zu liefern, dass Menschen zu Wunschdenken in der Lage sind, versenkten sich Scharen ansonsten sehr kluger Köpfe in eine bemerkenswerte Fantasie: dass *alle* großen kapitalistischen Zentren auf der Welt gleichzeitig einen massiven jährlichen Nettokapitalstrom (in der Größenordnung von 3 bis 5 Milliarden Dollar pro Arbeitstag, so viel hatte der Globale Minotaurus in seinen besten Zeiten geschafft) anziehen könnten; dass *alle* großen kapitalistischen Zentren nicht nur eigene kleine »Minitaurusse« hervorbringen, sondern auch den Rest der Welt veranlassen könnten, sie zu ernähren.

Unterdessen höhlte der Globale Minotaurus die amerikanische Wirtschaft aus, während er gleichzeitig ihren Saldo stärkte. Dabei profitierte er von der begeisterten und loyalen Unterstützung einer Reihe von Helfern. Der fügsamste Helfer war natürlich die Wall Street. Aber es gab noch andere: Konzerne wie Walmart schufen neue Geschäftsmodelle, die die Geldströme weiter anschwellen ließen, Politiker und Ökonomen lieferten die institutionelle und »wissenschaftliche« Verpackung, damit all das legitim, ja sogar höchst klug erschien. In diesem Kapitel konzentriere ich mich auf die Helfer.

WER WAREN DIE HELFER? 5.1

Der Anführer der Helfer war niemand anderer als die Wall Street. In einer ersten Reaktion auf die Kapitalströme des Minotaurus verfiel sie in einen Übernahme- und Fusionsrausch, Folge der plötzlichen Geldschwemme aus dem Ausland und sprudelnder heimischer Gewinne. Neue Finanzinstrumente, überwiegend zur Risikoabsicherung, spielten bald eine sehr wichtige Rolle.

Neben der Wall Street tauchte in jedem Bundesstaat und jeder Stadt ein zweiter Helfer auf: der allgegenwärtige Walmart. Walmart führte eine neue Konzernform ein und zeigte den übrigen Unternehmen in Amerika neue Wege, wie man sowohl auf die Arbeitskosten wie auf kleine Lieferanten Druck ausüben kann.

In Washington (und anderen Zentren der politischen Macht) erschien noch ein dritter Helfer auf der Bildfläche: die Theorie und Strategie des »trickle down« – die Behauptung, dass den Armen am besten dadurch geholfen wird, dass man neue Reichtümer vor den Türen der Superreichen aufhäuft.

Dieser besonders hässliche Helfer hätte ohne einen vierten, pseudowissenschaftlichen Helfer keinerlei Glaubwürdigkeit besessen: die toxische ökonomische Theorie. Im allgemeinen Sprachgebrauch wurde sie als *Angebotsökonomie* bekannt, aber in den großen wirtschaftswissenschaftlichen Fakultäten funktionierte sie als ein alles überwuchernder Albtraum in mathematischem Gewand. Ihre Modelle, so nichtssagend sie als Beschreibungen des real existierenden Kapitalismus sein mochten, lieferten die Inspiration für die mathematischen Formeln, die der Wall Street zwei Dinge erlaubten: erstens, zu fordern, der Finanzsektor dürfe keinerlei Regulierungen unterliegen, und zweitens, nach dem Immobilienbereich zu greifen. Die aus Ramschhypotheken zusammengebastelten toxischen Derivate (die finanziellen Massenvernichtungswaffen, die uns den Crash von 2008 bescherten) wären niemals entstanden ohne die toxischen Wirtschaftstheorien, die an den besten Universitäten ungefähr zur selben Zeit wie der Globale Minotaurus das Licht der Welt erblickten.

Übernahmefieber: Die Wall Street schafft metaphysische Werte

In einem typischen Jahr vor dem Crash von 2008 – sogar noch vor dem Wahnsinn zwischen 2006 und 2008 – verschlang der Minotaurus über 70 Prozent des weltweiten jährlichen Kapitalausstoßes. Bis in die frühen »Nullerjahre« kam das Kapitel hauptsächlich aus Japan und Deutschland. Um 2003 löste China sie als größter Kapitalgeber ab. Ströme von Cash schwappten von überall her an die Wall Street und von dort in Form von Anlagen und Krediten weiter zu US-Firmen und Haushalten.

Die massiven Kapitalzuflüsse führten in Verbindung mit den im letzten Kapitel erwähnten Produktivitätszuwächsen der Unternehmen zu einer Welle von Übernahmen und Fusionen, die natürlich noch mehr Einnahmen für die Wall-Street-Banker bedeuteten. Tatsächlich war in den 1990er- und 2000er-Jahren ein geradezu manischer Drang nach »Konsolidierung« zu beobachten – eine euphemistische Umschreibung dafür, dass ein Großkonzern einen anderen aufkaufen oder mit ihm verschmelzen wollte. Dass Ford und General Motors andere Autoproduzenten wie Daewoo, Saab und Volvo übernahmen, war nur die Spitze des Eisbergs. Zwei Phasen in der Geschichte des Kapitalismus ragen als Höhepunkte des Fusions- und Übernahmetaumels heraus: das erste Jahrzehnt des 20. Jahrhunderts, als Männer wie Edison und Ford ihre Imperien errichteten, und die zwanzig Jahre vor 2008. Es ist kein Zufall, dass beide Phasen in Katastrophen endeten – den Krisen von 1929 und 2008.

Im »Bericht des Präsidenten zur wirtschaftlichen Lage« von 1999 lesen wir die folgende Passage:

> Der Wert aller 1997 angekündigten Fusionen und Übernahmen belief sich auf fast 1 Billion Dollar, und 1998 waren es über

> 1,6 Billionen … Im Verhältnis zur Größe der Volkswirtschaft kommt nur die Flut an Kartellbildungen um die Jahrhundertwende dem gegenwärtigen Ausmaß von Fusionen nahe. Gemessen am Börsenwert aller US-Unternehmen war jedoch der Boom der 1980er-Jahre ungefähr vergleichbar.

Beide »Konsolidierungs«-Wellen (um 1900 und um 1990) hatten erhebliche Auswirkungen auf die Wall Street, denn sie steigerten die Summen, mit denen Banken und andere Finanzinstitutionen hantierten, um ein Vielfaches. Dennoch war die Welle in den 1990er-Jahren gefährlicher, weil sich zwei neue Phänomene bemerkbar machten: die durch den Minotaurus angeregte Kapitalflucht nach Amerika und die Art und Weise, wie die sogenannte *New Economy* und vor allem die Erwartungen an E-Commerce die Investoren hypnotisierten.

1998 ließ sich Deutschlands führender Autobauer Daimler-Benz in die Vereinigten Staaten locken und bemühte sich dort erfolgreich um die Übernahme von Chrysler, dem drittgrößten amerikanischen Autoproduzenten. Die Deutschen zahlten für Chrysler die gewaltige Summe von 36 Milliarden Dollar – aber damals erschien das als ein guter Preis, denn die Wall Street bezifferte den Wert der fusionierten Unternehmen auf atemberaubende 130 Milliarden Dollar!

Angetrieben durch den psychologischen Überschwang, den die vom Minotaurus angeregten Kapitalzuflüsse verursachten, stiegen die Bewertungen der Wall Street in schwindelerregende Höhen. Als das Internetunternehmen AOL (America Online) seinen von der Wall Street aufgeblähten Wert dazu verwandte, das altehrwürdige Unternehmen Time Warner zu kaufen, entstand eine neue Firma mit einem Börsenwert von 350 Milliarden Dollar. AOL produzierte nur 30 Prozent des Gewinns der neuen Firma, besaß aber 55 Prozent an ihr. Solche Bewertungen waren nichts anderes als Blasen, die irgendwann platzen mussten. Und kurz vor dem Crash von

WUNSCHDENKEN – WIE FUSIONEN UND AKQUISITIONEN FIKTIVE WERTE SCHUFEN[1] 5.2

Nehmen wir zwei Unternehmen, die Musik verkaufen: Standard Records ist ein traditioneller Produzent und seit 50 Jahren im Geschäft. E-Records ist ganz neu in der Branche, existiert erst seit einem Jahr und verkauft Musik über das Internet (im Gegensatz zu Standard Records, die immer noch in Plattenläden verkaufen). Nehmen wir weiter an, dass die folgende Statistik die wesentlichen Kennzahlen enthält:

Standard Records (50 Jahre alt):
Umsatz (U) = 700 Millionen Dollar pro Jahr
Wachstum = 10 Prozent jährlich in den letzten 25 Jahren
Börsenwert (B) = 5 Milliarden Dollar
KGV = 10:1

E-Records (1 Jahr alt):
Umsatz (U) = 200 Millionen Dollar im letzten Jahr
Geplanter Anteil an den Internetverkäufen in einem Jahr =
10 Prozent von einem (geschätzten) Markt von 1 Billion =
100 Milliarden Dollar
Börsenwert (B) = 10 Milliarden Dollar
KGV = 50:1

Ein vorsichtiger Mensch dachte vielleicht, dass Standard Records wahrscheinlich ein solideres Investment sei. Doch diese Meinung wurde umgehend als altbacken und überholt, den glänzenden Aussichten von E-Records völlig unangemessen abgetan. Die Wall Street dachte so: Nehmen wir an, E-Records verwendet seinen höheren Börsenwert (B) dazu, Standard Records zu kaufen. Welchen Wert hat dann das fusionierte Unternehmen? Können wir die Börsenwerte beider Unternehmen einfach addieren (10 Milliarden plus 5 Milliarden macht 15 Milliarden)? Nein, das wäre viel zu vorsichtig. Die Wall Street war cleverer.

Sie addierte die Umsätze beider Unternehmen (700 Millionen plus

200 Millionen macht 900 Millionen) und multiplizierte das mit dem KGV von E-Records. Dieses kleine Rechenexempel ergab eine fantastische Zahl: 50:1 mal 900 Millionen Dollar sind 45 Milliarden Dollar!

Und so war das neue, fusionierte Unternehmen 30 Milliarden mehr wert als die Summe der Börsenwerte der beiden Einzelunternehmen (ein Sprung um satte 300 Prozent). Wir müssen wohl nicht eigens erwähnen, dass sich die Gebühren und Provisionen der Wall-Street-Firmen, die die Fusion abwickelten, nach der magischen Zahl richteten, auf die sie wundersamerweise gekommen waren.

2008 platzten sie tatsächlich. 2007 zerbrach DaimlerChrysler: Daimler verkaufte Chrysler für armselige 500 Millionen Dollar (ein »Haircut« von 35,5 Milliarden auf den Kaufpreis von 1998, entgangene Zinsen nicht eingerechnet). Mit AOL-Time Warner ging es ähnlich weiter: 2007 wurde der Börsenwert des Unternehmens von 350 Milliarden auf 29 Milliarden revidiert, und nach der Trennung gerieten beide Firmen ins Trudeln.

Auf der anderen Seite des Atlantiks, in der anderen anglo-keltischen Volkswirtschaft, die die Europäer vor 2008 so sehr bewundert hatten, entfaltete sich in der City of London ein ähnliches Szenario. 1976, kurz vor den ersten unsicheren Schritten des Minotaurus, flossen 57 Prozent des Einkommens an die Haushalte, die nach ihrem liquiden Vermögen (ohne Immobilienbesitz) zu den obersten 10 Prozent gehörten. 2003 waren es bereits 71 Prozent. Margaret Thatcher und ihre Regierung rühmten sich, sie hätten eine »Unternehmergesellschaft« und »Aktionärsdemokratie« eingeführt. Aber stimmt das? Wenn wir die britischen Haushalte in der unteren Einkommenshälfte nehmen und uns ansehen, welchen Anteil am spekulativen Kapital sie besaßen und kontrollierten, dann kommen wir für das Jahr 1976 auf 12 Prozent. 2003 war es nur noch 1 Prozent. Hingegen hatte das oberste Prozent in der Einkommensverteilung seinen Zugriff auf spekulatives Kapital von 18 Prozent 1976 auf 34 Prozent 2003 gesteigert.

Die Londoner City, mit der Wall Street in Nibelungentreue verbunden, konnte den Geist des Kasino-Kapitalismus, der zuerst in den Vereinigten Staaten als Reaktion auf die großen Kapitalzuflüsse aus aller Welt entstanden war, nur nachahmen; zwei konkrete Beispiele illustrieren den Wandel in der Logik der wirtschaftlichen Macht während der Herrschaft des Minotaurus sehr gut: Debenhams und die Royal Bank of Scotland (RBS). Debenhams, eine britische Kaufhauskette, wurde 2003 von einer Investorengruppe aufgekauft. Die neuen Besitzer veräußerten den größten Teil des Anlagevermögens, sackten 1 Milliarde Pfund ein und verkauften das Unternehmen in einer Phase überschwänglicher Erwartungen ungefähr zum selben Preis, den sie dafür bezahlt hatten. Die Fonds, die in Debenhams investiert hatten, standen mit herben Verlusten da.

Noch spektakulärer ist das Beispiel RBS. Im Oktober 2007 bot RBS erfolgreich mehr als 70 Milliarden Euro für ABN-Amro. Im April des nächsten Jahres war klar, dass RBS sich übernommen hatte; die Bank versuchte, Geld aufzutreiben, um die Löcher zu stopfen, die der Kauf von ABN-Amro gerissen hatte. Im Juli 2008 wurden die Teile des fusionierten Unternehmens, die zu ABN-Amro gehörten, von den Regierungen in den Niederlanden, in Belgien und Luxemburg verstaatlicht. Im Oktober griff die britische Regierung zur Rettung von RBS ein. Den britischen Steuerzahler kostete das Manöver stattliche 50 Milliarden Pfund.

Kurzum, der Globale Minotaurus ließ Kapitalflüsse entstehen, die die Gewinne der Wall Street (und durch Osmose auch der City of London) durch Fusionen und Akquisitionen in astronomische Höhen trieben. In einem niemals endenden – wie viele (zu Unrecht) glaubten – Kreislauf stärkten die Kapitalflüsse den Minotaurus, weil sie das doppelte Defizit der USA, das er in seinem Bauch trug, kompensierten. Und nicht nur die Kapitalströme aus Fusionen und Akquisitionen verwoben sich in wechselseitiger Verstärkung mit dem Globalen Minotaurus. Auch zwei weitere

Ströme waren integraler Bestandteil dieser Dynamik: die Gewinne der Firmen, die nach dem Vorbild von Walmart Druck auf Mitarbeiter und Lieferanten ausübten, und die Schulden der Durchschnittsamerikaner, die nur mit geliehenem Geld noch halbwegs Anschluss an den amerikanischen Traum halten konnten.

Absichern und hebeln

Bevor der Globale Minotaurus vorsätzlich die Weltwirtschaft desintegrierte (wenn wir uns noch einmal auf Paul Volckers sensationellen Ausspruch um 1978 beziehen), waren *Derivate* freundliche »Geschöpfe«, die hart arbeitenden Farmern halfen, in einer schrecklich unsicheren Welt ein Minimum an Sicherheit zu finden. Die Warenbörse von Chicago (ursprünglich hieß sie Börse für Butter und Eier) gab leidgeprüften Farmern die Chance, heute zu einem festen Preis die Ernte des nächsten Jahres zu verkaufen, und bot ihnen somit ein Mindestmaß an Berechenbarkeit.

Alle guten Instrumente können sich in etwas Schlechtes verwandeln, wenn sie größer und schärfer werden, und so wurden die Derivate zu den übelsten Helfern des Minotaurus. Als Erstes bescherten sie uns *Deckungsgeschäfte* (Hedging). Nehmen wir an, Sie möchten etwas kaufen (ein Gemälde, ein Haus oder ein Aktienpaket), das heute 1 Million Dollar wert ist. So optimistisch Ihre Erwartungen für die weitere Preisentwicklung auch sein mögen, vielleicht machen Sie sich trotzdem Sorgen, dass der Wert der Anlage fallen könnte. Deshalb drängt Sie die Vorsicht, eine Versicherung zu kaufen – eine Ausstiegsoption, dass Sie die Sache jederzeit (innerhalb eines bestimmten Zeitrahmens) zu einem Betrag von, sagen wir, 800.000 Dollar verkaufen können. Wie bei jeder anderen Versicherung ist die Police Geldverschwendung, wenn der Katastrophenfall *nicht* eintritt (das heißt, der Preis für die Anlage nicht unter 800.000 Dollar fällt). Aber wenn zum Beispiel die Aktien um 40 Prozent einbrechen, deckt die Versicherung die Hälfte Ihres Verlusts.

Deckungsgeschäfte gibt es schon seit Langem, aber erst durch den Globalen Minotaurus erhielten sie eine ganz neue Rolle und seit 2008 einen fürchterlichen Ruf. Zu einer Zeit, als die Kapitalströme an die Wall Street bewirkten, dass die jungen Leute, die dort mit Unsummen jonglierten, sich als Herren und Herrinnen des Universums fühlten, wurde es üblich, *Optionen* zu Zwecken zu verwenden, die genau das Gegenteil von *Absicherung* waren. Statt eine Option auf den Verkauf von Aktien zu erwerben (als Versicherung für den Fall, dass die gekauften Aktien an Wert verlieren sollten), erwarben die besonders Cleveren Optionen, noch mehr Aktien zu kaufen! Sie kauften Aktien im Wert von 1 Million Dollar und gaben dann noch einmal 100.000 Dollar für eine Option aus, Aktien im Wert von einer weiteren Million zu kaufen (zum aktuellen Preis). Wenn die Aktienkurse um, sagen wir, 40 Prozent stiegen, war das ein Gewinn von 400.000 Dollar auf die Aktien im Wert von 1 Million plus noch einmal 400.000 Dollar aus der für 100.000 Dollar gekauften Option – macht zusammen einen Nettogewinn von 700.000 Dollar.

An dem Punkt hatten die ganz Optimistischen einen radikalen Gedanken: Warum nicht *nur* Optionen kaufen? Warum sich überhaupt mit Aktien abgeben? Denn wenn sie ihre 1,1 Millionen Dollar komplett für eine Option auf den Kauf der Aktien ausgeben (statt 1 Million Dollar für Aktien und 100.000 Dollar für die Option aufzuwenden) und die Aktienkurse um 40 Prozent steigen, beträgt ihr Gewinn fantastische 4,4 Millionen Dollar. Dieser Vorgang wurde als *Hebeln* (Leverage) bekannt: eine Form, sich Geld für hohe Einsätze zu leihen, was das Risiko gegenüber normalen Einsätzen gewaltig in die Höhe treibt. Und ab 1980 war Vorsicht leider außer Mode. Der Minotaurus erzeugte Kapitalzuflüsse, und der Wasserstand an der Wall Street stieg dermaßen, dass die letzten kleinen Inseln der Vorsicht überspült wurden.

Von da drängten sich die Leute, die »Bescheid wussten«, um neue »Finanzprodukte« und »Innovationen« zu kaufen. Natürlich gab es das gar nicht. Die sogenannten Innovationen waren einfach neue Wege, zu *hebeln* – ein schickes neues Wort für den altbekannten Vorgang, Schulden zu machen. Der beste Ausspruch dazu stammt wieder einmal von Paul Volcker. Nach dem Crash von 2008 schalteten die Wall-Street-Bosse auf Schadensbegrenzung und versuchten verzweifelt, die verbreitete Forderung nach strenger Regulierung ihrer Institute abzuwehren. Erwartungsgemäß argumentierten sie, zu viel Regulierung würde die »Finanzinnovationen« ersticken, und das hätte schlimme Folgen für das Wirtschaftswachstum (ein bisschen wie die Mafia, die davor warnt, die Gesetze auch anzuwenden, weil das deflationäre Wirkungen haben könnte).

An einem kalten Dezemberabend 2009 hatten sich Vertreter aller großen Wall-Street-Institute in einem eleganten Konferenzraum in New York versammelt, um eine Rede von Paul Volcker anzuhören. Die Zuhörer waren so reichlich herbeigeströmt, weil Präsident Obama Volcker damit beauftragt hatte, die neuen Bestimmungen für die Bankenregulierung zu konzipieren. Volcker kam ohne Umschweife zur Sache: »Ich wünschte, jemand würde mir nur den kleinsten neutralen Beweis dafür liefern, dass Finanzinnovationen zu Wirtschaftswachstum geführt haben, nur einen kleinen Beweis.« Ein ratloser Banker gab zurück, der Finanzsektor in den Vereinigten Staaten habe seinen Anteil an der Wertschöpfung von 2 Prozent auf 6,5 Prozent gesteigert. Volcker antwortete mit einer tödlichen Gegenfrage: »Ist das ein Ergebnis Ihrer Finanzinnovationen, oder spiegelt es nur wider, was man Ihnen bezahlt?« Und endgültig zum Schweigen brachte er den Banker mit dem Zusatz: »Die einzige Finanzinnovation, an die ich mich in meiner langen Karriere erinnern kann, ist die Erfindung des Geldautomaten.«

Die Kombination von Kaufoptionen, Hebeln und Hedging ist

ein hochriskantes Geschäft – würde es sich um ein Pharmaprodukt handeln, hätte es auch in einer Million Jahren nie den Segen der amerikanischen Arzneizulassungsbehörde FDA bekommen. Heute ist das allen klar. Weniger klar ist die Tatsache, dass ohne den Globalen Minotaurus, der einen stetigen Kapitalzufluss in die Vereinigten Staaten garantierte (oft via London), solche Spekulationen sich niemals als systematische Praktiken durchgesetzt hätten – nicht einmal an der Wall Street.

Alles möglichst billig im Zeitalter des Überflusses: der Walmart-Effekt

Walmart ist einer der größten Konzerne der Welt. Nur der Ölgigant Exxon Mobil ist größer, Walmart liegt mit jährlichen Einnahmen von über 335 Milliarden Dollar direkt dahinter. Wir greifen hier Walmart als Beispiel heraus, weil es eine ganz neue Phase der kapitalistischen Akkumulation symbolisiert – die eng mit der Logik des Globalen Minotaurus verknüpft ist.

Anders als die ersten Großkonzerne, die im 20. Jahrhundert auf der Grundlage eindrucksvoller Erfindungen und technischer Innovationen entstanden, basieren Walmart und seinesgleichen auf praktisch keiner technischen Innovation, ausgenommen einer langen Reihe von »Innovationen«, die in raffinierten Methoden bestehen, wie sie die Preise ihrer Lieferanten drücken und generell die Löhne der Arbeitskräfte auf allen Stufen der Produktion und Distribution ihrer Waren schmälern können. Die Bedeutung von Walmart dreht sich um eine einfache Achse: Im Zeitalter des Globalen Minotaurus nutzt das Unternehmen die Frustration der amerikanischen arbeitenden Bevölkerung, dass der amerikanische Traum eines unbegrenzt steigenden Lebensstandards dahin ist, und den damit verbundenen Wunsch nach niedrigen Preisen.

Anders als die Konzerne, die auf den Aufbau einer Marke setzten (wie Coca-Cola und Marlboro), oder Firmen, die durch eine Erfindung eine ganz neue Branche schufen (wie Edison mit seiner Glühbirne, Microsoft mit seiner Windows-Software, Sony mit dem Walkman oder Apple mit iPod/iPhone/iTunes), tat Walmart etwas, woran bis dahin noch niemand gedacht hatte: Es machte aus der neuen *Ideologie, dass alles möglichst billig sein muss,* eine Marke, die die finanziell unter Druck geratene Arbeiterschicht und untere Mittelschicht in Amerika ansprechen sollte.

Nehmen wir zum Beispiel Vlasic Pickles, eine bekannte Alltagsmarke. Walmarts »Innovation« bestand darin, die Pickles in großen Gläsern (3,8 Liter) für 2,97 Dollar zu verkaufen. War das die Reaktion eines cleveren Einzelhändlers auf die Nachfrage des Marktes? Nein. Wer will schon fast 4 Liter Pickles auf einmal kaufen? Nur in wenigen Haushaltskühlschränken war überhaupt Platz für so große Gläser. Auf welches Verkaufsargument setzte Walmart also? Es war die *Idee* der riesigen Menge zu einem superniedrigen Preis. Walmarts Kunden kauften gewissermaßen nicht die Pickles an sich, sondern das Symbol eines billigen Einkaufs; sie kauften die Vorstellung, dass sie so viel Ware für so wenig Geld bekamen. In gewisser Weise fühlten sie sich wie Komplizen von Walmart – gemeinsam mit einer Ikone amerikanischer Unternehmensmacht hatten sie die Produzenten gezwungen, ihnen so viel für so wenig Geld zu geben!

Das Riesenglas billiger Pickles im Kühlschrank kennzeichnete somit einen kleinen Sieg in einer Zeit der großen Niederlage. Wessen Niederlage? Es war die Niederlage des durchschnittlichen amerikanischen Arbeiters, dessen Reallohn sich seit 1973 nicht mehr erholt hatte (wie wir im vorangehenden Kapitel gesehen haben). Außerdem verschlechterten sich seine Arbeitsbedingungen, als Arbeitgeber allerorten Walmarts Modell getreulich kopierten.

Nun kann niemand sagen, dass Walmart seine Angestellten schlecht behandelt – ganz einfach, weil Walmart keine Angestellten hat! Zumindest nicht nach eigener Aussage: Walmart spricht von »Partnern«. Das heißt, dass das Unternehmen sich nicht verpflichtet fühlt, seine Mitarbeiter als lebendige, menschliche, bezahlte Arbeitskräfte zu behandeln. Stattdessen verwendet es Neusprech im Stil von George Orwell, um zu erklären, warum auf Walmart-Gelände keinerlei gewerkschaftliche Aktivitäten geduldet werden. Das Ergebnis sind viele hässliche Anschuldigungen: dass die meisten »Partner« von Walmart für weniger als 10 Dollar pro Stunde arbeiten,[2] regelmäßig unbezahlte Überstunden leisten und bei Nachtarbeit oft im Lager eingeschlossen werden. Wegen solcher angeblicher Praktiken wurden in 42 Bundesstaaten mindestens 63 Prozesse gegen Walmart angestrengt. Das Unternehmen hat alle Verfahren durch Vergleiche beigelegt, die es insgesamt 352 Millionen Dollar kosteten – eine hohe Summe, aber nur ein Bruchteil der »eingesparten« Löhne.[3]

Die Verhältnisse in den Fabrikhallen und auf den Feldern in der Dritten Welt, wo für Walmart Waren hergestellt und erzeugt werden, grenzen, wie man sich leicht vorstellen kann, ans Kriminelle. All jene, die diese Form der Globalisierung verteidigen, die Walmart und der Globale Minotaurus dem Rest der Welt aufgezwungen haben, werden sagen, über zwei Jahrzehnte sei das Wachstum überall auf der Welt stark gewesen und dieser Trend setze sich offensichtlich fort. Und das ist natürlich gut für die Armen. Aber dabei wird der Umverteilungseffekt übersehen, den Praktiken im Stil von Walmart für die Armen haben.

Nach einer Studie von 2006, die sich auf zahlreiche Berichte der Vereinten Nationen und andere Quellen über die Armut weltweit stützt, bekamen die ärmsten 20 Prozent der Bevölkerung um das Jahr 1980 von jeweils 100 Dollar weltweitem Wachstum 2,20 Dollar.[4] Einundzwanzig Jahre später, 2001, hatten in den ärmeren Ländern sowohl die Produktion für als auch die Beschäftigung im Dienst multinationaler Konzerne wie Walmart erheblich zugenommen. Das schrieben sich die Verteidiger der Globalisierung auf

WALMART: EINE FIRMA NACH DEM GESCHMACK DES MINOTAURUS 5.3

Die unmittelbare Wirkung des »Geschäftsmodells« von Walmart (das viele andere Firmen übernahmen, zum Beispiel Starbucks) war ganz offensichtlich anti-inflationär. Das war wichtig für die anhaltend robuste Gesundheit des Minotaurus, denn der Zustrom von ausländischem Kapital in die Vereinigten Staaten hing zum Teil damit zusammen, dass die Inflation in Amerika der anderer kapitalistischer Wettbewerber hinterherhinkte. Zur Verteidigung von Walmart könnte man sagen, dass die Firma einfach auf die Fakten reagierte. Als der Minotaurus stärker wurde, spürten die amerikanischen Arbeitnehmer bis in die Knochen, dass ihre Kaufkraft schwand. Walmart reagierte darauf, indem es ihnen grundlegende Produkte zu Preisen bot, die sie sich noch leisten konnten. Reichte Walmart damit nicht den vom Abstieg bedrohten amerikanischen Familien eine helfende Hand?

Die Tatsachen sprechen eine andere Sprache: Walmarts Preispolitik bewirkte genau das Gegenteil. Wo immer Walmart expandierte, stiegen die Armutsquoten. Nehmen wir zum Beispiel die 1990er-Jahre, eine Zeit starken Wachstums in den Vereinigten Staaten dank des Globalen Minotaurus und seiner erstaunlichen Fähigkeit, das Geld anderer Leute ins Land zu locken. Die Armutsquote ging zurück (um nach 2001 in der Amtszeit von George W. Bush wieder anzusteigen). In dieser Zeit rückläufiger Armut passierte etwas ganz Erstaunliches: In Städten, in denen Walmart eine Filiale eröffnete, blieben die Armutsquoten nicht nur unverändert, sondern stiegen in vielen Regionen entgegen dem landesweiten Trend sogar an!

die Fahnen. »Wir haben ihnen Arbeit verschafft und die Beschäftigung erhöht«, behaupten sie (mit einiger Berechtigung). Doch gleichzeitig, so wissen wir heute, kamen von 100 Dollar Wirtschaftswachstum nur noch 60 Cents bei den ärmsten 20 Prozent der Bevölkerung an. Wenn wir außerdem den unverhältnismäßigen Preisanstieg bei Rohstoffen in Betracht ziehen und die Einschränkungen bei öffentlichen Dienstleistungen als Folge von Strukturanpassungsprogrammen, die der IWF verlangte (im Anschluss an die Schuldenkrise der Dritten Welt in den 1980er-Jahren), haben unsere von Armut geplagten Mitmenschen dort offensichtlich nur wenig Grund zu feiern.

In Robert Greenwalds schockierendem Dokumentarfilm aus dem Jahr 2005, *Wal-Mart: Der hohe Preis der Niedrigpreise,* fragt eine Frau, die in einer chinesischen Spielzeugfabrik arbeitet: »Wissen Sie, warum die Spielzeuge, die Sie kaufen, so billig sind?«, und gibt dann gleich selbst die Antwort: »Weil wir den ganzen Tag arbeiten, jeden Tag und jede Nacht.«

Zusammenfassend können wir sagen, dass Walmart mehr ist als der Inbegriff des unternehmerischen Oligopolkapitalismus. Walmart ist eine neue Form von Unternehmen und hat sich als Reaktion auf die Umstände entwickelt, die der Globale Minotaurus schuf. Walmarts Modell macht billige Preise zu einer Ware und profitiert von der Wechselwirkung zwischen sinkenden Preisen und sinkender Kaufkraft der amerikanischen Arbeiterklasse. Walmart hat die Dritte Welt in die amerikanischen Städte und Regionen importiert und Jobs in die Dritte Welt exportiert (durch Outsourcing), was überall Raubbau an den Menschen und der Natur bedeutete. Wohin wir auch blicken, selbst in den fortschrittlichsten amerikanischen Konzernen (zum Beispiel Apple) erkennen wir unweigerlich den Einfluss des Walmart-Modells. Der Globale Minotaurus und Walmart betraten ungefähr gleichzeitig die Bühne. Das war kein Zufall.

Gefährliche Häuser, toxisches Geld: Die Wall Street schafft ihre eigene private Währung

Während die Löhne stagnierten, jeder demonstrativ Profite einstrich und ein unablässiges Marketing-Feuerwerk immer neue Requisiten und Spielzeuge des erfolgreichen Lebens anpries, hatten die Banken eine Idee: Warum sollte man nicht das (aus dem Ausland, aber auch durch heimische Gewinne) hereinströmende Geld dazu nutzen, um die Kreditvergabe an Haushalte der Arbeiter- und Mittelschicht auszuweiten, und zwar in Form sowohl von Hypotheken wie von persönlichen Krediten und erweiterten Kreditrahmen bei Karten?

Vor langer Zeit hatten Menschen mit geringen Einkommen nur dann Kredite aufgenommen, wenn die Aussicht bestand, dass ihre Löhne in Zukunft steigen würden. Doch im Zeitalter des Globalen Minotaurus wurde deutlich, dass auf dieser Grundlage die Kreditvergabe nicht ausgeweitet werden konnte. Während der durchschnittliche amerikanische Arbeiter mit eindrucksvollen Berichten über Amerikas hohe Wachstumsraten bombardiert wurde, machte die schonungslose persönliche, lokale Realität alle Hoffnungen, die diese Zahlen vielleicht geweckt hatten, zunichte. Die einzige Verbindung zu der »anderen« Welt, in der die Einkommen stiegen und der Lebensstandard sich verbesserte, war Immobilienbesitz. In einer Zeit scheinbar unaufhörlich steigender Hauspreise wurden die eigenen vier Wände zur einzigen realistischen Hoffnung, ein bisschen von dem wachsenden Wohlstand abzubekommen.

Also liehen sich Millionen Amerikaner Geld, kauften eine Immobilie und beliehen umgehend die Immobilie, um sich mit dem Geld andere (meist importierte) Dinge zu kaufen. Das Ergebnis war, dass überall in den Vereinigten Staaten und in Teilen der übrigen Welt (vorwiegend in solchen mit einem starken anglo-keltischen Einschlag), die es geschafft hatten, sich an die Rockschöße des Globalen Minotaurus zu hängen, die private Verschuldung noch schneller anstieg als die Ertragskraft der Konzerne. In Amerika war der Anstieg des Volumens nicht abgesicherter Verbindlichkeiten unfassbar. In den 1970er-Jahren erhöhte sich die Verschuldung durch persönliche Kredite und über Kreditkarten gegenüber den 1960er-Jahren um 238 Prozent. In den 1980er-Jahren sprang sie gegenüber den 1970er-Jahren um 318 Prozent nach oben. In den 1990er-Jahren erhöhte sich die Verschuldung erneut (gegenüber den 1980er-Jahren), wenn auch »nur« um 180 Prozent (hauptsächlich wegen der Rezession 1991). Und in den acht Jahren vor dem Crash von 2008 beobachteten wir einen weiteren Anstieg (gegenüber den 1990er-Jahren) um 163 Prozent.

Vielleicht am deutlichsten wurde die Wirkung des Globalen Minotaurus bei den Immobilienpreisen spürbar. In den anglo-keltischen Ländern, allen voran Amerika, war der Anstieg am stärksten. Eine Kombination aus Kapitalzuflüssen aus dem Ausland, heimischen Gewinnen und der Verfügbarkeit von immer mehr Geld aus Darlehen trieb die Immobilienpreise in atemberaubendem Tempo nach oben. Zwischen 2002 und 2007 stieg der mittlere Hauspreis in Großbritannien um rund 65 Prozent, in Irland um 44 Prozent und in den Vereinigten Staaten, Kanada und Australien zwischen 30 und 40 Prozent.

Es liegt ein interessanter Widerspruch darin, wie die Öffentlichkeit und die Finanzkommentatoren steigende Hauspreise behandeln. Inflation gilt allgemein als eine Feindin der Zivilisation und eine Gaunerin, aber steigende Immobilienpreise finden die meisten gut. Die Hausbesitzer finden es gut, wenn Immobilienmakler ihnen erzählen, dass ihr Haus inzwischen eine Menge mehr wert ist, selbst wenn sie wissen, dass es sich damit verhält wie mit dem Geld beim Monopoly: Sofern jemand nicht bereit ist, alles zu verkaufen und wegzugehen (oder in ein viel kleineres Haus in einer »schlechteren« Gegend zu ziehen), wird er den »Wertzuwachs« niemals »realisieren«. Trotzdem führt eine Wertsteigerung Hausbesitzer unweigerlich dazu, sich großzügiger Geld zu leihen, um ihren Konsum zu finanzieren. Genau dieser Mechanismus lag den erstaunlichen Wachstumsraten in Großbritannien, Australien und Irland zugrunde.

Grafik 5.1 zeigt den Zusammenhang zwischen der Inflation der Hauspreise und dem Zuwachs beim Konsum ganz klar. In den anglo-keltischen Ländern mit ihrem starken Anstieg der Immobilienpreise wuchs auch der Konsum stark. Bei den beiden ehemaligen Protegés der Vereinigten Staaten, Deutschland und Japan (den beiden Ländern, die mit ihrer Industrieproduktion die anglo-keltischen Defizite finanzierten, während die anglo-keltischen Länder im Gegenzug ihre Produktion absorbierten), stagnierten die Immobilienpreise nicht nur, sondern gingen sogar zurück, zumindest in Deutschland.

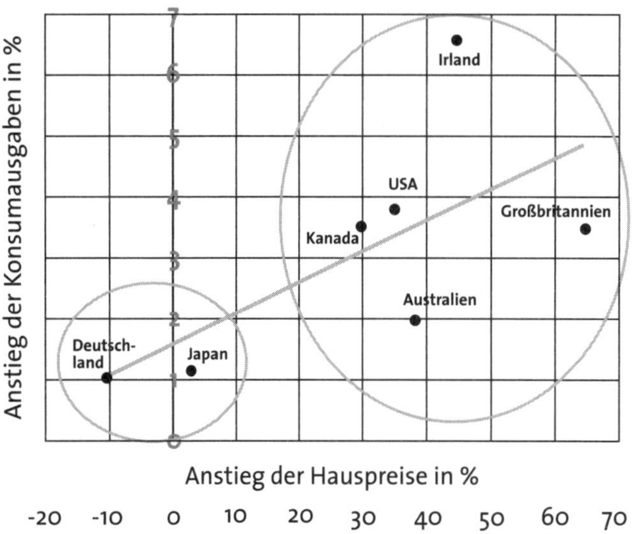

Grafik 5.1: Korrelation zwischen dem Anstieg der durchschnittlichen Hauspreise und dem Zuwachs bei den Konsumausgaben, 2002–2007

Die Korrelation in Grafik 5.1 zwischen der Immobilienblase und dem konsumgetriebenen Wirtschaftswachstum wurde durch ein berühmtes Instrument verstärkt: *besicherte Derivate* oder *verbriefte Kredite* (wieder die CDOs). Wie verbanden sie Immobiliendarlehen und konsumgetriebenes Wachstum? Bei der Suche nach einer Antwort ist es hilfreich, mit einer offensichtlichen Wahrheit zu beginnen: Der wichtigste Grundsatz von Banken lautete seit eh und je, *Geld immer nur an Menschen zu verleihen, die kein Geld brauchen.* Aber dieses Prinzip kollidierte mit dem Drang, Menschen Geld zu leihen, die so arm waren, dass sie bereit waren, höhere Zinsen zu zahlen als jene, die Alternativen hatten (das heißt die Reichen). Und da kommen die CDOs ins Spiel.

Sie sollten den Banken ermöglichen, auch Bedürftigen Kredite zu geben, zu hohen Zinssätzen, ohne fürchten zu müssen, dass die Kredite womöglich nicht zurückgezahlt wurden. Das hieß nicht etwa, dass man eine magische Formel gefunden hatte, um die Armen vor der Armut zu schützen, die prekär Beschäftigten vor Arbeitslosigkeit und die Zahlungsunfähigen vor der Insolvenz; die CDOs erlaubten den Banken, *zu schaffen und zu verteilen:* einen Kredit zu vergeben und sofort weiterzuverkaufen.

Der Trick bestand darin, unterschiedliche Arten von Krediten zu kombinieren: Sichere Kredite (zum Beispiel ein Kredit für einen reichen Anwalt, der sich ein Ferienhaus kaufen will), Kredite mit ein bisschen Risiko (zum Beispiel ein Darlehen für ein Unternehmen, das in der Vergangenheit gute Zahlen geschrieben hat) und schlechte *(subprime)* Kredite (zum Beispiel eine Hypothek für eine Familie, die mit hoher Wahrscheinlichkeit nicht in der Lage sein wird, nach Auslaufen der ersten Phase mit niedrigen Zinsen ihre Raten weiterzubezahlen) wurden erst zusammengeworfen und dann in kleine Pakete aufgeteilt, die CDOs. Jedes Paket enthielt Scheiben (oder Tranchen) aller beteiligten Sorten von Krediten, die Scheiben brachten unterschiedlich hohe Zinsen und bargen unterschiedliche Ausfallrisiken.

Die mathematischen Verfahren zur Berechnung, wie viel Geld der Inhaber eines solchen Pakets am Ende der Laufzeit bekommen sollte, waren so kompliziert, dass nicht einmal ihre Schöpfer sie durchschauten. Doch allein der Hinweis, dass brillante mathematische Köpfe am Werk gewesen waren, und die Tatsache, dass die respektierten und gefürchteten Ratingagenturen der Wall Street den CDOs ihren Segen gegeben hatten (in Form von AAA-Ratings), genügte Banken, Privatinvestoren und Hedgefonds, sie weltweit so zu verkaufen, als handelte es sich um Anleihen höchster Bonität oder sogar Bargeld.

Dies ist, der Leser wird es inzwischen erraten haben, die traurige Geschichte der Ramschhypotheken. Die Geschichte, wie die Wall Street sich nicht mehr damit zufriedengab, den Tsunami aus ausländischem Kapital und heimischen Unternehmensgewinnen, den der Minotaurus vor sich herschob, zu verarbeiten und darauf aufzubauen, sondern versuchte, auch aus armen Leuten Profit zu schlagen, indem sie ihnen Hypotheken verkaufte, die sie sich nie wirklich leisten konnten. 2005 gehörten über 22 Prozent der US-Hypotheken in die Kategorie Ramsch. 2007 war der Anteil bereits auf 26 Prozent gestiegen. Alle wurden zu CDOs verpackt, noch bevor die Tinte auf dem Hypothekenvertrag getrocknet war.

In nackten Zahlen ausgedrückt, gaben die US-Investmentbanken im Zeitraum zwischen 2005 und 2007 CDOs im Wert von rund 1,1 Billionen aus. 2008 belief sich der Wert der hypothekenbesicherten Papiere auf fast 7 Billionen Dollar, und davon entfielen mindestens 1,3 Billionen überwiegend auf Ramschhypotheken. Wie gewaltig die Summe von 7 Billionen Dollar ist, wird klar, wenn man bedenkt, dass das mehr ist als die (unbestreitbar gigantische) Gesamtverschuldung der Vereinigten Staaten. Aber um ein vollständiges Bild des sich anbahnenden Desasters zu bekommen, müssen wir diese großen Zahlen in Relation zueinander und zum globalen Einkommen stellen: 2003 waren für jeden Dollar weltweiten Einkommens 1,80 Dollar an Derivaten im Umlauf. Vier

Jahre später, 2007, war das Verhältnis um 640 Prozent gestiegen: Jedem Dollar weltweiten Einkommens standen beinahe 12 Dollar an Derivaten gegenüber. Die Welt der Finanzen war offensichtlich so groß geworden, dass der gesamte Planet sie nicht mehr fassen konnte.

Es war eine wilde Zeit, das Geld schien auf den Bäumen zu wachsen. Traditionelle Firmen – solche, die reale Waren produzierten – wurden als altmodisch verspottet. Welcher Stahlproduzent, Autobauer oder sogar welches Elektronikunternehmen konnte mit den beeindruckenden Erträgen der Wall Street konkurrieren? Alle möglichen Firmen wollten dabei mitmachen. Gestandene Unternehmen wie General Motors stürzten sich in den Rummel um die Derivate. Zuerst ermöglichte das den Finanzabteilungen (die Kredite für Kunden organisieren sollten, die sich die Waren der Firma zum vollen Preis nicht leisten konnten, zum Beispiel in Form von Ratenkauf bei Autos), einen Fuß in die Tür mit dem Derivatehandel zu bekommen. Die Finanzabteilung fand Gefallen daran, und die hübschen Greenbacks strömten herein. Und bald war die Finanzabteilung die lukrativste Abteilung des Unternehmens. Schließlich konzentrierte das Unternehmen seine Gewinnerwartungen immer mehr auf seine eigenen Finanzdienstleistungen und immer weniger auf seine konkreten, materiellen Produkte.

Es dauerte nicht lange, und die Weltwirtschaft wurde von Finanzinstrumenten wie den CDOs und anderen abhängig. Bald dienten sie nicht mehr nur der »Wertaufbewahrung«, sondern auch als »Tauschmittel«: Sie hatten sich in eine Art Privatgeld verwandelt. Als die Regierung Clinton die Wall Street von allen regulatorischen Fesseln befreite (durch eine Entscheidung, die Finanzminister Larry Summers zugeschrieben wird), überschwemmte dieses *Privatgeld* die Weltwirtschaft. Sein unbegrenzter Zufluss hielt weltweit die Zinsen niedrig, es bildeten sich Vermögenspreisblasen (von Miami und Nevada bis Irland und Spanien), und Staaten mit chronischen Defiziten (zum Beispiel Griechenland) wurden verlockt, ihre Haushaltslöcher mit billigen, nicht börsengehandelten Papieren zu stopfen.

Achten Sie auf die Ironie bei der Sache: In einer Welt, in der die Ideologie des geldpolitischen Konservatismus dominierte und allenthalben vor den Gefahren des Gelddruckens gewarnt wurde, war die tatsächliche Geldversorgung an Private übergegangen, die versessen darauf waren, die Märkte mit ihrem eigenen Geld zu überschwemmen. Hätte es da noch eine Rolle gespielt, wenn die Fed ihre Druckerpressen der Mafia übergeben hätte? Die ehrliche Antwort lautet Nein.

Nach der herrschenden konservativen ökonomischen Theorie bedeutet der Zustrom von zu viel Geld in die Wirtschaft, vor allem während einer Aufschwungphase, dass der Markt in katastrophalem Ausmaß seine Fähigkeit verliert, an Produzenten wie Konsumenten verlässliche Signale zu senden, was jetzt sinnvoll zu produzieren ist und wo man sparen sollte. Und nicht einer der Hohepriester des fiskalischen und monetären Konservatismus zuckte mit der Wimper, als zig Millionen toxisches privates Geld (über dessen Qualität und Menge niemand nur die geringste Kontrolle hatte) den Globus überfluteten. Denn genau wie die Unternehmen in Amerika und anderswo waren sie von der Macht des neumodischen Geldes abhängig geworden.

Als dann 2008 der Stöpsel gezogen wurde und das ganze private Geld vom Angesicht der Erde verschwand, stand der globale Kapitalismus mit einer, wie es aussah, massiven Liquiditätskrise da. Es war, als wäre der See ausgetrocknet und die Fische, kleine wie große, würden im Schlamm zappeln. Aber in Wahrheit war das Problem größer und reichte tiefer. Der Verlust des privaten Geldes zwang den Globalen Minotaurus in die Knie. Damit stürzte auch der einzige Mechanismus zusammen, wie die Weltwirtschaft ihre Überschüsse recyceln konnte. Das Ergebnis ist eine Krise, aus der uns weder die Fed noch andere Zentralbanken befreien können, indem sie Liquidität ins System pumpen.

Toxische Theorie, 1. Teil: Trickle-down-Politik, Angebotsökonomie

Als Ronald Reagan 1981 ins Weiße Haus einzog, regierte bereits der noch junge Globale Minotaurus, auch wenn er noch nicht die volle Kontrolle hatte. Seine Helfer in den Vereinigten Staaten[5] hätschelten ihn und bereiteten ihn für die größeren und besseren Zeiten vor, die da kommen sollten. Weil die beiden Defizite der Vereinigten Staaten immer größer wurden, wuchs der Einfluss des Minotaurus auf die amerikanische Gesellschaft und auf die Weltwirtschaft täglich. Die Amtszeit von Ronald Reagan fügte zu der Mischung noch ein politisches und ökonomisches Umfeld hinzu, das dem Minotaurus perfekt passte.

Reagans Rhetorik traf einen Nerv am Ende eines konfusen Jahrzehnts, in dem der Stolz der Amerikaner die schlimmsten Schläge ihrer Geschichte erlitten hatte: Amerika sah sich einer Handvoll Ölproduzenten aus dem Nahen Osten ausgeliefert,[6] vom Vietcong auf dem Schlachtfeld geschlagen, durch Khomeinis Revolution aus dem Iran vertrieben und beim Einmarsch der Roten Armee in Afghanistan in die Zuschauerrolle verbannt. Bis in die Knochen hinein spürte die amerikanische Gesellschaft die schlimmen sozialen Folgen stagnierender Reallöhne. Die amerikanische Öffentlichkeit sehnte sich nach einer aufrüttelnden Parole, nach einem neuen »Paradigma«, das ihre Selbstachtung wiederherstellen würde. Was Präsident Reagan tat, gefiel seinen »amerikanischen Landsleuten«, wie er sie gerne nannte: Er verkündete Steuersenkungen, Aufrüstung und die Rückkehr zu den guten alten puritanischen Werten.

Die Grundidee dahinter war weder neu noch kompliziert: Die Regierung soll sich so wenig wie möglich einmischen, die Amerikaner sollen ihr Geld behalten und leben, wie sie wollen. In der Realität bedeutete das die komplette Abkehr von der 1929 entstandenen Ansicht, der Markt sei zu sprunghaft, um ihn allein den Unternehmen und Konsumenten zu überlassen; die Regierung müsse den privaten Sektor kontrollieren, disziplinieren und lenken, um eine Wiederholung der Wirtschaftskrise zu verhindern, und das nicht nur zu Hause, sondern auch global. In gewisser Weise passte Reagans Botschaft zu Volckers zitiertem Ausspruch, Amerikas Interesse erfordere die »Desintegration der Weltwirtschaft«.

Der einzige Unterschied lag darin, dass der ehemalige Schauspieler in zweitklassigen Filmen es einfacher ausdrückte: Nichts ist kollektiv erfolgreicher als ungehinderter individueller Erfolg, lautete seine Botschaft. Wenn Amerika in den Augen vieler stagnierte, dann weil »Big Government«, eine zu sehr aufgeblähte Regierung, bremste. Da der potenziell produktive private Sektor an der Leine des mit sich selbst beschäftigten Leviathan zerrte, musste man nur die Leine kappen und den Leviathan auf seinen Platz verweisen. Und wo war sein Platz, was war seine einzig legitime Rolle? Die Landesverteidigung. Das wiederum konnte nur geleistet werden, wenn das amerikanische Militär seine Macht in alle vier Himmelsrichtungen des Planeten ausdehnen durfte.

Mit der vollen Unterstützung der amerikanischen Wähler ließ sich Washington auf den Weg der Angebotsökonomie ein und erhöhte den Verteidigungshaushalt massiv. Die »Angebotsseite« zu stärken bedeutete im Klartext, alle Hürden für die Kapitalakkumulation zu beseitigen. In der Praxis gehörten dazu massive Steuersenkungen für Spitzenverdiener, die Reduzierung sozialer Ausgabenprogramme und die Beseitigung von Restriktionen für die Wall Street, die noch aus der Ära des Globalen Plans stammten. Unterdessen erwiesen sich die Rüstungsausgaben als Segen für das große Netz von Unternehmen, die mit der Rüstungsindustrie und mit der Beschaffung von Rüstungsgütern verbunden waren.

Als Kritik an den Steuererleichterungen für Reiche (insbesondere in Verbindung mit sozialen Einschnitten bei den Armen) laut wurde, kam als stereotype Antwort immer der Hinweis auf den

DER TRICKLE-UP-EFFEKT **5.4**

Der Trickle-down-Effekt sollte Steuersenkungen für die Reichen rechtfertigen, weil man behauptete, ihre zusätzlichen Ausgaben würden nach und nach zu den Armen durchsickern. Alle empirischen Anhaltspunkte sprechen gegen diese Hypothese. Einfacher gesagt: Es war nicht so. Der wachsende Reichtum der demonstrativ Reichen kam niemals bei der bedrängten Mittelschicht an. Tatsächlich passierte genau das Gegenteil: Der Handel mit den verbrieften Derivaten erzeugte einen *Trickle-up-Effekt,* eine Umverteilung von unten nach oben. Wie wir gesehen haben, hatte die Verbriefung der unsicheren Schulden der Armen (das heißt die Verwandlung von Ramschhypotheken in CDOs) die Folge, dass der ursprüngliche Geldgeber sich nicht mehr dafür interessierte, ob ein Kredit zurückgezahlt werden konnte oder nicht (denn er hatte die Schuld inzwischen an jemand anderen verkauft). Diese Kreditpakete wurden immer weiterverkauft, was immense Gewinne einbrachte (jedenfalls bis zum Crash von 2008). Die Reichen hatten damit einen neuen raffinierten Weg entdeckt, noch reicher zu werden: den Handel mit den Paketen, in die man die Träume, Wünsche und schließlich die Verzweiflung der Ärmsten der Gesellschaft verpackt hatte.

sogenannten *Trickle-down-Effekt:* Wenn die Reichen reicher werden (so die Theorie), werden ihre Ausgaben und Investitionen effektiver zu den weniger Privilegierten durchsickern, als es der Fall wäre, wenn die Reichen mit ihren Steuern Finanztransfers an die Armen bezahlten.

Die Kombination eines steilen Anstiegs bei den Rüstungsausgaben (in einer Größenordnung, die weit über den mickrigen Einsparungseffekten durch die Einschnitte bei den Sozialausgaben lag) und großzügiger Steuererleichterungen für die Reichen führte zu tiefroten Zahlen im amerikanischen Staatshaushalt. Die Ironie dabei ist wirklich köstlich: Die Defizite wuchsen am stärksten unter einer Regierung, die schärfer als jede andere vor ihr gegen staatliche Verschwendungssucht gewettert hatte.

Der Globale Minotaurus hätte gar nicht auf bessere Helfer im Weißen Haus und in den zahlreichen Fluren der Macht hoffen können. Als das US-Haushaltsdefizit explodierte, beschleunigte es den Tsunami ausländischen Kapitals, das sich nach New York ergoss. In einer Zeit allgemeiner Unsicherheit wollte jeder sichere amerikanische Schulden kaufen, und so strömten die Überschüsse der ganzen Welt nach Amerika, wo sie der Wall Street erlaubten, noch mehr privates Geld zu schöpfen und die Konsumausgaben noch weiter anzuheizen.

In dem Jahr, bevor Ronald Reagan Präsident wurde, hatte Margaret Thatcher mit einem ähnlichen Programm die Wahlen in Großbritannien gewonnen. Der Unterschied lag darin, dass ihre Regierung das Erbe einer Volkswirtschaft antrat, die sich seit fast einem Jahrhundert im Niedergang befand. Außerdem war Großbritannien ein Sozialstaat, in dem es die Arbeiterklasse vor allem seit dem Zweiten Weltkrieg geschafft hatte, erhebliche Macht über Wirtschaftsentscheidungen zu erlangen (sowohl durch die Errichtung eines umfassenden Wohlfahrtsstaats wie durch die Verstaatlichung großer Sektoren wie etwa Kohle und Stahl).

Das »Kommentariat«, das die öffentliche Meinung prägte, pries Premierministerin Thatcher, weil es ihr gelungen sei, das amerikanische Wunder auf europäischen Boden zu übertragen. Allgemein hieß es, wenn Europa wieder wettbewerbsfähig werden wolle, müsse es dem Beispiel der Eisernen Lady folgen und Industrien privatisieren, die Arbeitsmärkte deregulieren und die Arbeitskosten reduzieren.

Das Problem bei der Geschichte ist, dass sie genauerer Prüfung nicht standhält. Die Regierung von Margaret Thatcher hat die Arbeitskosten nicht gesenkt. Vielmehr fuhr sie mit der Machete durch die Industrieproduktion, »befreite« Großbritannien von vielen seiner traditionellen Industriesektoren und gleich noch von den lästigen Gewerkschaften. Damit hatte sie zweifellos Erfolg. Aber welche Wirkung hatte die Zerschlagung der Gewerkschaften für die britischen Arbeitskosten?

Die Antwort ist komplexer, als die meisten Kommentatoren anerkennen. Zusammen mit der Bergbau- und der Stahlindustrie, die die Hauptlast der Reformen zu tragen hatten, verschwanden Millionen von Vollzeitarbeitsplätzen für immer. Natürlich fiel auch der Anteil der Arbeiter am Volkseinkommen dramatisch, in ganzen Regionen Großbritanniens herrschten auf einmal Verhältnisse wie in der Dritten Welt. Aber eines passierte *nicht*, obwohl man es immer Margaret Thatcher zuschrieb: Die realen Stundenlöhne gingen nicht zurück. Tatsächlich stiegen sie, ganz im Gegensatz zu den Vereinigten Staaten, beträchtlich an.[7]

Es ist mittlerweile klar, dass Margaret Thatcher ihre eindrucksvollen Wahlsiege 1983 und 1987 (eindrucksvoll trotz des britischen Wahlsystems mit der Regel, dass der Gewinner alles bekommt) zwei Umständen zu verdanken hatte. Erstens waren von den 4,5 Millionen Menschen, die ihre Jobs verloren hatten, viele zu niedergeschlagen und zu verärgert, um überhaupt wählen zu gehen. Zweitens erlebten die Arbeiter, die ihre Jobs behalten hatten, dass ihre Löhne stiegen. Außerdem erhielten sie von Margaret Thatcher Prämien, die sie in die Spekulation lockten – ganz im Einklang mit dem Finanzrausch an der Wall Street und in der City of London.

Die Prämien kamen in zwei Formen: Die Arbeiter konnten (zu sehr niedrigen Preisen) die Sozialwohnungen kaufen, in denen sie wohnten, und ihnen wurden weit unter den geschätzten Marktpreisen Anteile an frisch verstaatlichten Unternehmen angeboten (wie British Telecom, British Gas und der Trustee Savings Bank, TSB).[8] Beides förderte bei den Teilen der Arbeiterklasse, die noch Arbeit hatten, die Bereitschaft, eine Wirtschaftsform gutzuheißen, die alle Eier in den Korb der Spekulation legte – entweder bei Immobilienpreisen oder bei Aktienkursen.

Wie erwartet, hielt die vielgepriesene Aktionärsdemokratie nur ein paar Tage, weil die kooptierten Arbeiter ihre Anteile umgehend an die großen Konzerne verkauften. Mit ihren Sozialwohnungen verfuhren sie genauso. Sie wollten in bessere Stadtviertel ziehen und dabei noch ein bisschen Geld verdienen, denn die meisten hatten ihre neuen Häuser mit einer Hypothek finanziert. Die Privatisierung der Immobilien ermutigte die Banken, ihre Hypothekenangebote und Kreditrahmen auf Familien auszudehnen, die bislang weder eine Hypothek noch einen Kreditrahmen gehabt hatten. Der damit verbundene Anstieg bei der Nachfrage nach Häusern trieb deren Preise in die Höhe, was den Arbeitern die Illusion vermittelte, sie würden reicher. Mit Blick auf die vermeintliche Wertsteigerung der »Anlagen« drängten sich die Banken geradezu, den Arbeitern Geld für Urlaub, ein neues Auto, eine schicke Stereoanlage und so weiter zu leihen. Am Ende kletterten die Verschuldung der Haushalte, die Immobilienpreise und die Konsumentenausgaben im Gleichschritt.

Unterdessen sorgten die traditionelle Stärke der City of London im Finanzbereich, ihre Deregulierung unter Margaret Thatcher (auch bekannt als der »Big Bang«) und die engen Verbindungen der City zur Wall Street dafür, dass ein erheblicher Teil des ausländischen Fluchtkapitals, das in die Vereinigten Staaten strebte, den Weg über die City nahm. Das verschaffte den Institutionen in London Zugriff auf riesige Summen, wenn auch nur für kurze Zeit. Nichts elektrisiert Banker mehr als die Herausforderung, mit Durchlaufposten Geld zu verdienen. Zusammen mit den Erträgen aus der Privatisierung englischer Industrien, dem großen Bestand an Sozialwohnungen und der gewaltigen öffentlichen Verschuldung vereinigten sich diese Finanzströme zu einer mächtigen Flut, und die City of London prosperierte.

Alles in allem ist in den letzten dreißig Jahren über die Regierungszeiten von Reagan und Thatcher viel Tinte geflossen. Aus der Perspektive des vorliegenden Buchs genügt die Feststellung, dass die Politik der berühmten Zwei den Aufstieg unseres Globalen

Minotaurus sehr gefördert hat. Großbritanniens Image als Unternehmergesellschaft und der Wirbel, den großspurige Immobilienmakler und aalglatte Banker verursachten, wäre ohne die Geldgeschäfte auf dem Papier und die steigenden Hauspreise nicht möglich gewesen. Diese beiden Blasen entwickelten sich aus dem einfachen Grund, dass London sich geschickt als Tankstopp auf dem Weg des globalen Kapitals nach New York positioniert hatte.

Toxische Theorie, 2. Teil: Wirtschaftsmodelle und verwandte Illusionen

Der Globale Minotaurus stützte sich auf verständnisvolle Regierungen, die zusahen und nicht eingriffen, als seine gewaltigen Asymmetrien Gestalt annahmen. Die neoliberale Politik von Thatcher und Reagan kam ihm sehr entgegen, aber er brauchte noch mehr: eine neue Variante der ökonomischen Theorie, die dem politischen Kurs den Anstrich wissenschaftlicher Fundiertheit verlieh.

Wir haben den Kern dieser Theorien bereits diskutiert (siehe Kapitel 1). Unabhängig von ihrem konkreten Inhalt, mussten sie zwei Vorbedingungen erfüllen, damit sie in einem Augenblick, als die Weltwirtschaft offenbar auf eine absichtliche Desintegration – wie Paul Volcker gesagt hatte – zusteuerte, als *realistisch* und *zeitgemäß* erschienen. Erstens mussten die Theorien sich von der Idee verabschieden, eine Volkswirtschaft könne rational gelenkt werden. Zweitens mussten sie ein Modell ersinnen, in dem regulatorische Zwänge bei der Kapitalakkumulation und alle Formen demokratischer Einschränkungen entfesselter Märkte nicht nur als ineffizient, sondern vor allem unsinnig erschienen.

Ein formalistisches Modell (in vielfältigen Einkleidungen, alle von beeindruckender mathematischer Komplexität[9]) erfüllte beide Vorbedingungen. Demnach trat der Kapitalismus in einer von zwei Formen auf: entweder als statisches System, das zeitlos Märkte in einem Zustand des permanenten Gleichgewichts miteinander verknüpft, oder als dynamisches System, das auf dem Zeitstrahl dahinjagt, aber nur aus einem einzigen Individuum (bekannt als *repräsentativer Agent*) oder einem einzigen Sektor besteht. Kurzum, eine ganze Generation von Wirtschaftswissenschaftlern wuchs mit ökonomischen Modellen auf, die *entweder* Komplexität berücksichtigten *oder* Zeit, aber nie beides gleichzeitig.

Der große Vorteil dieser Modelle war, dass sie ein mathematisch so komplexes Bild des Kapitalismus entwarfen, dass Praktiker sich ein Leben lang in ihre unendlich verwickelten formalen Strukturen versenken konnten, ohne zu bemerken, dass die Modelle so, wie sie konstruiert waren, den real existierenden Kapitalismus niemals auch nur im Entferntesten abbilden konnten.

Nun ist jedes Modell eine Abstraktion und soll vereinfachen. In der Physik zum Beispiel beginnt man mit vereinfachten Annahmen (etwa dass es keine Reibung gibt und sogar keine Gravitation), um erst einmal Zugriff auf grundlegende Naturgesetze zu bekommen. Und dann rückt man schrittweise von den unrealistischen Annahmen wieder ab. Um den Preis von mehr Komplexität erhält der Physiker so Varianten der Theorie, die für die Praxis besser zu nutzen sind.

Nicht so in der Ökonomie. Denn in der ökonomischen Theorie kommt der Prozess, die restriktiven Annahmen schrittweise zu lockern, abrupt zum Ende, bevor er überhaupt richtig begonnen hat. Das Äquivalent zu der sehr restriktiven Annahme in der Physik, es gäbe keine Gravitation, wäre in der Ökonomie die Annahme, es gäbe keine Zeit. Oder alle Konsumenten und Branchen wären identisch. Aber während die Physik Annahmen lockern kann, um der Wahrheit näher zu kommen, kann die Ökonomie das nicht. In der Tat gibt es ein bemerkenswertes Theorem in der Ökonomie, das beweist, dass lösbare ökonomische Modelle nicht Zeit und Komplexität zugleich verarbeiten können.[10]

Die praktische Bedeutung dieser Aussage kann gar nicht überschätzt werden. Sie erklärt weitgehend, warum die ökonomische Theorie zum loyalsten Helfer des Globalen Minotaurus wurde. Wenn kein ökonomisches Modell denkbar ist, das die Echtzeit-Transaktionen verschiedener Menschen und Branchen abbildet, dann muss die ökonomische Modellbildung von der Krisentheorie strikt geschieden werden. Denn eine Krise ist ihrem Wesen nach ein dynamisches Phänomen, das eine aus vielen Personen (und vielen Branchen) bestehende Gesellschaft betrifft und sich in Echtzeit entfaltet. Robinson Crusoe mag unglücklich, hungrig und in einer existenziellen Krise gewesen sein, aber er kann keine *ökonomische Krise* erlebt haben (zumindest nicht, bis Freitag kam). Zu einer ökonomischen Krise gehört, dass die Koordination zwischen verschiedenen Menschen und Sektoren nicht funktioniert, dass die Wirtschaft kollektiv darin versagt, ihre individuellen Ressourcen zu nutzen. Ist es nicht ein höchst eigentümliches Versagen der Wissenschaft, dass die mathematisch ausgerichtete Wirtschaftswissenschaft trotz ihrer irrsinnigen Komplexität nicht einmal ansatzweise in der Lage ist, ihre Gleichungen rund um den Gedanken einer Krise zu bauen?

Wenn wir davon ausgehen, dass die Geschichte der mathematischen Wirtschaftswissenschaft die Geschichte eines dramatischen wissenschaftlichen Versagens ist, warum behaupte ich dann, dass die ökonomische Theorie zum besten Helfer des Minotaurus wurde? Aus zwei Gründen. Der erste ist leicht zu erkennen: Wenn die moderne ökonomische Theorie in ihrer ganzen Bandbreite keinen logischen Raum für Krisen lässt und den Kapitalismus als ein System darstellt, das Märkte in einem zeitlosen Gleichgewicht miteinander verknüpft, dient sie als ideologisches Requisit der Fundamentalisten des freien Marktes. Der zweite Grund ist nicht so offensichtlich und hängt mit dem toxischen Geld der Wall Street zusammen, das wir bereits eindeutig als einen Helfer des Minotaurus identifiziert haben.

Die CDOs, die verschiedenartige Schulden von ganz unterschiedlichen Familien und Unternehmen bündelten und dann in Scheiben schnitten, wurden auf der Grundlage von bestimmten Formeln zusammengefügt, die vermeintlich ihren Wert und ihr Risiko kalkulierten. Diese Formeln wurden von Finanzprofis entwickelt, die für Wall-Street-Firmen arbeiteten (zum Beispiel J. P. Morgan, Bank of America, Goldman Sachs usw.). Damit die Formel funktionierte, waren bestimmte Annahmen erforderlich. Die erste und wichtigste war die Annahme, dass die Wahrscheinlichkeit für den Ausfall einer Kredittranche innerhalb einer CDO weitgehend unabhängig davon ist, dass das auch mit einer anderen Tranche innerhalb desselben CDOs passiert. Das heißt, man ging davon aus, dass so etwas wie 2007/2008 einfach nicht geschehen konnte! Dann musste man die Möglichkeit einer Krise, in der Bob sein Haus verliert aus Gründen, die die Wahrscheinlichkeit erhöhen, dass Jane ihren Arbeitsplatz verliert und schließlich ebenfalls ihre Hypothek nicht mehr bedienen kann, gar nicht einkalkulieren.[11]

Die unausweichliche Frage – die Frage, die nach dem Crash alle stellten – lautete: Warum glaubten so viele kluge, an ihrem Eigeninteresse orientierte Akteure am Markt, deren Lebensunterhalt von der Wahrheit der zugrunde gelegten Annahmen abhing, den Bewertungen der CDOs? Die Antwort hat zwei Facetten. Erstens waren die Akteure Gefangene des Herdentriebs und hätten ihre Jobs riskiert, wenn sie gegen den Strom geschwommen wären.[12] Zweitens war die wirtschaftswissenschaftliche Profession in der Hochzeit des Globalen Minotaurus erfolgreich mit einer Form von mathematischem Aberglauben hausieren gegangen, der Händler mit dem übermenschlichen – und übermäßig dummen – Vertrauen ausstattete, das nötig war, um das System zu stützen (vielleicht gegen ihr besseres Wissen und ihre Wünsche), das sie ernährte. Alles in allem eine sehr zeitgemäße Tragödie.

Epilog: Die Zeichen an der Wand

Das Ende des Globalen Plans und die darauf folgende absichtliche Desintegration der Weltwirtschaft hatten eine Entsprechung in der Ideologie: die Lehre, dass unsere kollektiven Versuche, die Welt zu kontrollieren, zum Scheitern verurteilt sind; dass die Märkte uns mit Sicherheit bei all unseren Anstrengungen, sie in den Griff zu bekommen, ausmanövrieren werden.

Den Neoliberalen gefiel der Gedanke, dass »die Wirtschaft« sich nicht planen lässt und deshalb am besten den automatischen Selbstregulierungskräften des Marktes überlassen bleibt. Dabei übersahen sie, dass sich in der Phase nach dem Ende des Globalen Plans keineswegs spontane Ordnung einstellte. Ihre kostbaren Märkte wurden vielmehr von den eisernen Klauen des Globalen Minotaurus beherrscht, mit der Unterstützung einer Schar fröhlicher Helfer, darunter mehrere US-Regierungen, die Folgen der wirtschaftlichen Stagnation für amerikanische Durchschnittsfamilien, geheimnisvolle Wall-Street-Geschäfte und haufenweise dumme ökonomische Theorie.[13]

Den neuen Glauben untermauerte ein Bauchgefühl, dass Marktkräfte wie Ebbe und Flut der großen Ozeane sind und dass es jedem, der sich ihnen in den Weg stellt, so ergeht wie einst dem dänischen König Knut, der die Flut aufhalten wollte. Das große Paradox der Zeit war der unfassbare Optimismus, der diese Art von Begeisterung für Marktlösungen begleitete. Einerseits glaubten die Kommentatoren, von Regierungsplanung sei nichts Gutes zu erwarten, und zugleich waren sie überzeugt, dass entfesselte Märkte Wunder vollbringen können.

Während man den Pessimismus hinsichtlich der Wirkungen, die die Regierung auf unser Leben hat, verstehen kann, ist das rührende, arglose Vertrauen in die Fähigkeiten des Marktes, Erfolg zu bringen, verblüffend. Wie passt radikale Skepsis gegenüber dem Staat zu einer geradezu religiösen Hingabe an die Vorstellung, dass die Ergebnisse des Marktes definitionsgemäß optimal sind? Welcher Mechanismus garantiert, dass die Hervorbringungen des Marktes gegen die Rachsucht des menschlichen Schicksals perfekt abgeschirmt sind?

Von den späten 1970er-Jahren bis 2008 war der Globale Minotaurus der Grund dafür, dass die Welt sich scheinbar gleichmäßig bewegte. Während Deregulierung, Privatisierung und Kasino-Kapitalismus Amok liefen, wurde das Fehlen eines erkennbaren Globalen Plans dadurch gemildert, dass der Minotaurus als Ersatzmechanismus für das Recycling globaler Überschüsse funktionierte, und einen solchen Mechanismus braucht die Weltwirtschaft zum Funktionieren.

Wie in diesem Buch beschrieben, haben die Vereinigten Staaten und ihre Satelliten (zum Beispiel Großbritannien) externe Staatsschulden akkumuliert, die anglo-amerikanischen Familien häuften massiv private Schulden auf, und die Wall Street generierte *und* akkumulierte toxisches privates Geld. Unterdessen sammelten die Ölstaaten, Deutschland, Japan, Südostasien (vor allem nach der Ostasienkrise von 1998) und neuerdings auch China gigantische Devisenreserven ein, die sie an die Wall Street und in die City of London pumpten. In einem unendlichen Kreislauf finanzierten diese Kapitalströme das doppelte Defizit Amerikas auf eine Weise, die die Produktion von Überschüssen in Europa und Ostasien weiter nährte.

Haben wir da erlebt, dass die Märkte ein Wunder vollbrachten? Nicht wirklich. Denn diese Art von prekärem Überschussrecycling wäre aus dem spontanen Wirken der Marktkräfte nie entstanden. Der Mechanismus wurde von klugen, aktiv handelnden US-Politikern ersonnen und überwacht. Es waren viele, aber in diesem Buch erweisen wir einem der klügsten unsere besondere Referenz: Paul Volcker, dem ehemaligen Fed-Chef, der seit 1971 einflussreiche

Ämter bekleidete, als der Minotaurus noch nicht mehr als ein Schimmer in den Augen von Washington war, bis einige Zeit nach dem Sturz des Minotaurus 2008.

Im einleitenden Kapitel habe ich mit der Frage der Queen an die Wirtschaftswissenschaftler begonnen: »Warum haben Sie es nicht kommen sehen?« Nun, Paul Volcker hatte es kommen sehen. Wie es sich für einen echten Staatsmann gehört, der an der Erschaffung des Untiers beteiligt gewesen war, hatte er den Mumm zu tun, was die anderen (zum Beispiel die Europäer) nicht wagten: Er blickte dem Minotaurus, seiner Kreatur, ins Auge, ohne mit der Wimper zu zucken. Am 10. April 2005, als niemand »schlechte Nachrichten« hören wollte, schrieb er:

> Was [die wirtschaftliche Erfolgsgeschichte der Vereinigten Staaten] zusammenhält, ist ein massiver, wachsender Kapitalzufluss aus dem Ausland, der sich pro Arbeitstag auf 2 Milliarden Dollar beläuft, Tendenz steigend ... Wir als Nation leihen uns nicht bewusst Geld und bitten auch nicht darum. Wir bieten nicht einmal attraktive Zinsen, und wir versprechen unseren Gläubigern auch keinen Schutz vor einem sinkenden Dollarkurs ... Wir stopfen unsere Läden und Garagen mit Waren aus dem Ausland voll, und der Wettbewerb hat die Preise bei uns im Land sehr gebremst. Das hat sicherlich dazu beigetragen, unsere Zinsen trotz schwindender Ersparnisse und rapiden Wachstums ungewöhnlich niedrig zu halten. Für unsere Handelspartner und Kapitalgeber ist das eine komfortable Situation. Einige, China zum Beispiel, hängen sehr von unseren expandierenden heimischen Märkten ab. Und die meisten Zentralbanken der Schwellenländer wollen immer mehr Dollars besitzen, weil der Dollar alles in allem doch einer echten internationalen Währung ziemlich nahekommt. Die Schwierigkeit besteht darin, dass dieser offensichtlich komfortable Zustand nicht unbegrenzt so bleiben kann. Ich kenne kein an-

> deres Land, das es geschafft hat, über längere Zeit 6 Prozent mehr zu konsumieren und zu investieren, als es produziert. Die Vereinigten Staaten absorbieren rund 80 Prozent des Nettoflusses an internationalem Kapital.[14]

Ich hätte es nicht besser formulieren können. Wenn der Globale Minotaurus noch einer Vorstellung bedarf, passt dieses Zitat von Paul Volcker bestens. Als weiterer Beweis, dass die Mächtigen in den USA sich der massiven Spuren, die der Minotaurus in der Weltwirtschaft hinterließ, vollkommen bewusst und ihrer auch überdrüssig waren, sei hier noch Stephen Roach zitiert, der Chefvolkswirt der Investmentbank Morgan Stanley. Drei Jahre vor Volcker, 2002, sagte er Folgendes:

> Diese Geschichte handelt … vom Abbau einer tieferen Asymmetrie in der globalen Wirtschaft, von der Neuausrichtung einer um die USA zentrierten Welt … Die Vergangenheit lehrt uns, dass solche Asymmetrien nicht nachhaltig sind … Kann die US-Wirtschaft mit ihrer geringen Sparquote weiterhin eine immer stärkere Expansion ihrer militärischen Überlegenheit finanzieren? Meine Antwort ist ein klares Nein. Das Zusammenspiel von Geschichte, Geopolitik und Wirtschaft überzeugt mich mehr denn je, dass eine um die USA zentrierte Welt nicht nachhaltig funktionieren wird.[15]

Rückblickend erkennen wir, dass die Schöpfer des Minotaurus (Amerikas Spitzenpolitiker und ein paar Hohepriester von der Wall Street) die Zeichen an der Wand erkannt haben. Anders als die ratlosen Helfer *haben* sie den Crash vorhergesehen. In schmerzhaft langsamer Zeitlupe.

KAPITEL 6
DER CRASH

Einstürzende Turmbauten

Kinder lernen die Dynamik von Turmbauten schon früh kennen. Sie setzen ein Bauklötzchen auf das andere, immer weiter, bis ihr kleiner Turm zusammenbricht. Dann lachen sie laut und fangen von vorn an. Nichts anderes passierte 2008, mit dem einzigen Unterschied, dass – abgesehen von den Bankern, die dank der Hilfe der Steuerzahler nur allzu schnell mit einem neuen Turmbau begannen, niemand lachte und die meisten Leute noch Jahre, nachdem der größte Turm zum Einsturz kam, deprimiert sind.

Die Geschichte, wie der Crash von 2008 begann, ist heute Stoff für Legenden. Berge von Büchern wurden darüber geschrieben; sie füllen ganze Regale in Universitätsbibliotheken und in Flughafenbuchhandlungen und werden als Revolutionswaren an den Verkaufsständen linker Gruppen feilgeboten. Deshalb müssen wir uns nicht weiter in die Abfolge der Ereignisse vertiefen, sondern beschränken uns auf einen kurzen chronologischen Abriss der wichtigsten Ereignisse. In diesem Kapitel wollen wir vor allem an das Tempo des Absturzes erinnern, an die Tiefe des Abgrunds und an die *Aporie,* in die die Welt geriet. Der Trick besteht darin, uns die dramatischen Ereignisse ins Gedächtnis zurückzurufen und dabei gleichzeitig ihre tieferen Ursachen im Auge zu behalten, die im Zusammenbruch des Globalen Plans und seiner Ablösung durch den Globalen Minotaurus liegen.

Vor 2008 hat die Wall Street, wie wir gesehen haben, ein paralleles Währungssystem geschaffen, eine Form von *privatem Geld*, abgesichert von den Kapitalzuflüssen zum Globalen Minotaurus. Die globale Wirtschaft wurde von diesem toxischen Geld abhängig, das sich aufgrund seiner Natur in einer nicht nachhaltigen Weise weiter teilte und vervielfachte. Und als es dann zu Asche wurde, brach der Weltkapitalismus zusammen. Hätten die Zentralbanken nicht aus der Weltwirtschaftskrise von 1929 gelernt, wären die Folgen unvorstellbar gewesen – im Gegensatz zu »nur« schreckenerregend.

Die Chronik eines Crashs: Kreditklemme, Rettungspakete und die Sozialisierung von beinahe allem

2007 – Die Kanarienvögel in der Mine

APRIL – Der Hypothekenfinanzierer New Century Financial, der eine große Zahl von Ramschhypotheken ausgegeben hat, bricht zusammen. Das erschüttert die gesamte Branche.

JULI – Bear Stearns, die traditionsreiche Wall-Street-Bank, teilt mit, dass zwei ihrer Hedgefonds ihre Anleger nicht mehr auszahlen können. Der neue Notenbankchef Ben Bernanke (der erst vor Kurzem Alan Greenspan abgelöst hat) lässt wissen, dass die Hypothekenkrise ernst sei und ihre Kosten auf 100 Milliarden Dollar steigen könnten.

AUGUST – Die französische Geschäftsbank BNP-Paribas gibt eine ähnliche Erklärung wie Bear Stearns zu zwei ihrer Hedgefonds ab. Mit welcher Begründung? Sie könne die Fondswerte nicht mehr berechnen. Tatsächlich ist dies das Eingeständnis, dass sie lauter CDOs in den Tresoren hat, bei denen die Nachfrage auf null gefallen ist; deshalb kann kein Preis mehr für sie ermittelt werden. Beinahe umgehend hören die europäischen Banken auf, sich gegenseitig Geld zu leihen. Die Europäische Zentralbank (EZB) ist gezwungen, 95 Milliarden Euro in die Finanzmärkte zu pumpen, um einen sofortigen Herzstillstand abzuwenden. Kurz darauf schiebt sie weitere 109 Milliarden Euro hinterher. Irgendwann beginnen die Fed, die Bank of Canada, die Reserve Bank of Australia und die Bank of Japan, heimlich Milliarden in die Finanzsektoren ihrer Länder zu pumpen. Am 17. August senkt Bernanke leicht die Zinsen und zeigt damit, dass er den Ernst des Problems nicht erkannt hat.

SEPTEMBER – Der offensichtliche Unwillen der Banken, einander Geld zu leihen, wird deutlich, als der Zinssatz, zu dem sie sich gegenseitig Geld leihen (der LIBOR, Kürzel für London Interbank Offered Rate), um mehr als einen Prozentpunkt über dem Zinssatz der Bank of England liegt (zum ersten Mal seit der Südostasienkrise 1998). Zum selben Zeitpunkt erleben wir den ersten Sturm auf eine Bank seit 1929. Betroffen ist die Northern Rock. Sie hat zwar keine CDOs und Ramschhypotheken in den Büchern, aber arbeitet stark mit kurzfristigen Darlehen von anderen Banken. Als diese Quelle für Kredite austrocknet, kann sie die Liquiditätsanforderungen nicht mehr erfüllen. Die Kunden werden misstrauisch und versuchen, ihr Geld abzuziehen. Daraufhin bricht die Bank zusammen – bis die Bank of England sie mit über 15 Milliarden Pfund »wiederbelebt«. Erschüttert durch diese Entwicklung, senkt Bernanke die US-Zinsen noch einmal ein bisschen, auf nun 4,75 Prozent, und die Bank of England pumpt Liquidität im Wert von 10 Milliarden Pfund in die Londoner City.

OKTOBER – Die Bankenkrise erreicht das angesehenste Finanzinstitut der Schweiz, die UBS, und die Welt registriert es. Die UBS kündigt den Rücktritt ihres Verwaltungsratsvorsitzenden und CEO an; er übernimmt die Verantwortung für einen Verlust in Höhe von 3,4 Milliarden Dollar aus CDOs, die amerikanische Ramschhypotheken enthalten. Unterdessen gibt die Citigroup in den Vereinigten Staaten einen Verlust von zunächst 3,1 Milliarden Dollar bekannt (ebenfalls durch hypothekenbesicherte CDOs) – innerhalb weniger Tage steigt diese Zahl um weitere 5,9 Milliarden Dollar. Im März 2008 muss die Citigroup einräumen, dass der tatsächliche Verlust sich auf atemberaubende 40 Milliarden Dollar beläuft. Merrill Lynch lässt sich auch nicht lumpen und informiert über einen Verlust von 7,9 Milliarden Dollar. Ihr CEO stürzt sich in sein Schwert.

DEZEMBER – Ein historischer Moment ist erreicht, als George W. Bush, der hartnäckigste Gegner staatlicher Intervention, der es jemals ins Präsidentenamt der Vereinigten Staaten geschafft hat, den ersten Hinweis auf die größte Intervention einer Regierung in der Geschichte (einschließlich Lenins Maßnahmen nach der Oktoberrevolution) gibt. Am 6. Dezember enthüllt Präsident Bush einen Plan, wie die Regierung einer Million amerikanischer Hauseigentümer helfen will, damit ihre Häuser nicht von den Banken konfisziert werden (mit anderen Worten, damit es nicht zur Zwangsversteigerung kommt). Ein paar Tage später vereinbart die Fed mit fünf weiteren Zentralbanken (darunter die EZB), Banken nahezu unbegrenzt Kredit zu geben. So soll eine *Kreditklemme* vermieden werden – das heißt die Situation, dass sich die Banken untereinander praktisch kein Geld mehr leihen.

2008 – Der große Knall

JANUAR – Die Weltbank sagt eine weltweite Rezession voraus, die Aktienmärkte brechen ein, die Fed senkt die Zinsen auf 3,5 Prozent, woraufhin sich die Aktienmärkte erholen. Doch schon bald teilt das Versicherungsunternehmen MBIA mit, dass es 2,3 Milliarden Dollar aus Policen verloren hat, die auf Wertpapieren mit Ramschhypotheken basieren. Diese sogenannten Kreditausfallversicherungen oder CDSs sind bald in aller Munde.

KREDITAUSFALLVERSICHERUNGEN (CREDIT DEFAULT SWAPS, CDS) 6.1

Hätte Mister Spock vom *Raumschiff Enterprise* einen CDS erspäht und wollte ihn Captain Kirk beschreiben, hätte er in seiner üblichen emotionslosen Art gesagt: »Es sind Versicherungspolicen, Captain, aber nicht solche, wie wir sie kennen.« Bei CDSs werden vereinbarte Geldsummen ausbezahlt, wenn jemand anderer nicht zahlen kann. Der Unterschied zwischen einem CDS und einer einfachen Versicherungspolice ist folgender: Wenn Sie eine Autoversicherung kaufen wollen, müssen Sie zuerst ein Auto besitzen. Der »Markt« für CDSs ermöglicht dagegen, eine »Versicherungspolice« für das Auto von jemand anderem zu erwerben, sodass Sie Geld bekommen, wenn beispielsweise Ihr Nachbar einen Autounfall baut! Ganz direkt gesagt: Ein CDS ist nichts anderes als eine Wette, dass etwas Hässliches passiert – hauptsächlich, dass jemand (eine Person, ein Unternehmen oder ein Land) eine Schuld nicht zurückzahlen kann. Wenn Sie einen CDS auf Jills Schulden kaufen, wetten Sie im Grunde darauf, dass Jill ihre Schulden nicht wird zurückzahlen können, dass sie »ausfallen« wird. Dass CDSs bei Hedgefonds-Managern beliebt geworden (und bis heute geblieben) sind, hängt eng damit zusammen, wie sie gehandelt werden.

Nehmen Sie zum Beispiel einen Händler, der in einen riskanten CDO investiert. Wenn unser Investor mit seiner CDO-Tranche Verlustrisiken von 10 Millionen Dollar (in den guten alten Zeiten vor 2008) abgedeckt hätte, hätte er eine Vorauszahlung in Höhe von 5 Millionen plus 500.000 Dollar jährlich erhalten können! Solange der Kreditausfall nicht eintrat, machte er ein hervorragendes Geschäft, ohne etwas zu investieren! Nicht schlecht für einen Federstrich – aber nur, bis die Kreditausfälle sich auftürmten. Um sich dagegen abzusichern, kaufte der Händler CDSs, die ihm Geld einbrachten, wenn die Hypotheken aus den CDOs ausfielen. So verdienten die Händler mit der Kombination von CDOs und CDSs Unsummen in einer Zeit, als Hypothekenausfälle selten waren und nicht miteinander zusammenhingen. Aber als es mit den Ausfällen losging, traf es die Emittenten von CDSs schwer: Sie mussten unvorstellbare Summen an die Käufer auszahlen. Der Bankrott von MBIA war nur das Entrée. Der Hauptgang kam in Gestalt von American Insurance Group (AIG). Serviert wurde der Hauptgang im September 2008, als Lehman Brothers kollabierte – ihre Berge von CDOs waren überwiegend bei AIG versichert (AIG hatte CDSs auf Lehmans CDOs ausgegeben).

FEBRUAR – Die Fed teilt mit, dass der Versicherungssektor ihr Sorgen bereitet, unterdessen sagen die G7 (die Vertreter der sieben führenden Industriestaaten) voraus, dass die Kosten der Subprime-Krise in der Gegend von 400 Milliarden Dollar liegen könnten. Die britische Regierung muss derweil Northern Rock verstaatlichen. Die fünftgrößte Bank der Wall Street, Bear Stearns (2007 war sie noch 20 Milliarden Dollar wert), verschwindet, geschluckt von JPMorgan Chase zum Preis von mickrigen 240 Millionen Dollar. Vom Steuerzahler kommt Unterstützung in Höhe von rund 30 Milliarden Dollar.

APRIL – Es gibt Berichte, in Großbritannien würden über 20 Prozent der Hypotheken»produkte« vom Markt zurückgezogen, ebenso die Möglichkeit, ein Objekt bis zu 100 Prozent zu beleihen. Unterdessen schätzt der IWF, die Kosten der Kreditklemme könnten 1 Billion Dollar übersteigen. Die Bank von England reagiert mit einer weiteren Zinssenkung auf 5 Prozent und stellt den Banken, die viele problematische Hypotheken in den Büchern haben, 50 Milliarden Pfund zur Verfügung. Wenig später bemüht sich die RBS, einen Bankrott abzuwehren, indem sie versucht, bei ihren Aktionären 12 Milliarden Pfund einzusammeln; gleichzeitig räumt sie ein, dass sie beinahe 6 Milliarden Dollar mit CDOs und ähnlichen Produkten verloren hat. Um diese Zeit beginnen die Hauspreise in Großbritannien, Irland und Spanien zu sinken, was weitere Kreditausfälle zur Folge hat (denn in Schwierigkeiten geratene Hausbesitzer können ihre Hypotheken selbst dann nicht mehr zurückzahlen, wenn sie ihre Häuser verkaufen, weil die Verkaufspreise die Hypothekenschulden nicht mehr decken).

MAI – Die Schweizer Bank UBS ist wieder in den Schlagzeilen, diesmal mit der Mitteilung, dass sie 37 Milliarden Dollar mit wertlosen hypothekenbesicherten CDOs verloren hat und sich um eine Kapitalerhöhung von fast 16 Milliarden Dollar bemüht.

JUNI – Die Barclays Bank folgt dem Vorbild von RBS und UBS und versucht, sich 4,5 Milliarden Pfund auf dem Aktienmarkt zu beschaffen.

JULI – Trübsinn senkt sich über die Londoner City, als die britische Handelskammer eine schwere Rezession voraussagt und die Aktienkurse fallen. Auf der anderen Seite des Atlantiks leitet die amerikanische Regierung massive Stützungsaktionen für die beiden größten Hypothekenfinanzierer des Landes ein (Fannie Mae und Freddie Mac). Die Gesamtkosten der Hilfe in Form von Geldspritzen und Kreditgarantien belaufen sich auf 5 Billionen *(sic!)* Dollar, das ist etwa ein Zehntel des jährlichen BIP des gesamten Planeten.

AUGUST – Die Hauspreise in den Vereinigten Staaten, in Großbritannien, Irland und Spanien fallen weiter, immer mehr Kredite werden nicht bedient, das bedeutet mehr Stress für die Finanzinstitute und mehr Hilfe seitens der Steuerzahler. Die britische Regierung räumt über ihren Finanzminister ein, dass eine Rezession nicht mehr vermieden werden könne und sie »tiefer und länger« ausfallen werde als bisher vermutet.

SEPTEMBER – Der britische Aktienmarkt bricht ein, die Wall Street kämpft mit offiziellen Statistiken, die einen Anstieg der Arbeitslosigkeit zeigen (über 6 Prozent mit steigender Tendenz). Fannie Mae und Freddie Mac werden offiziell verstaatlicht, und Präsident Bushs Finanzminister Henry Paulson (ehedem Chef von Goldman Sachs) deutet an, dass die Verschuldung der beiden Hypothekeninstitute eine große Bedrohung für das gesamte Finanzsystem darstellt. Bevor seine düstere Prognose verdaut ist, muss der Wall-Street-Gigant Lehman Brothers einen Verlust von 3,9 Milliarden Dollar in den Monaten Juni, Juli und August eingestehen. Das ist natürlich nur die Spitze des Eisbergs. Überzeugt, dass die US-Regierung Lehman nicht fallen lassen und letztlich einem Kaufinteressenten großzügig unter die Arme greifen wird (wie schon bei Bear Stearns), macht sich Lehman Brothers auf die Suche nach einem Käufer. Die britische Barclays Bank signalisiert Interesse unter der Bedingung, dass der amerikanische Steuerzahler für alle etwaigen Verluste aus einem solchen Deal geradesteht. Finanzminister Paulson, dessen Abneigung gegen Lehman Brothers seit seiner Zeit bei Goldman Sachs gut dokumentiert ist, sagt ein seltenes »Nein«. Lehman Brothers meldet Bankrott an und tritt damit die gefährlichste Lawine der Finanzkrise los.

Montag, 15. September 2008: An dem Tag stirbt Lehman Brothers. Lehman war einer der größten Schöpfer von CDOs. Ein unabhängiger Geldmarktfonds hält CDOs von Lehman, und da er keine Reserven hat, kann er die Anteile nicht mehr ausbezahlen. Die Anleger geraten in Panik. Am Donnerstag ist der Run auf den Geldmarktfonds voll im Gang.

Unterdessen erreicht das Finanzinstitut Merrill Lynch, das sich in einer ähnlichen Position befindet, seine Übernahme durch Bank of America zu einem Preis von 50 Milliarden Dollar, wieder mit großzügiger Unterstützung des Steuerzahlers – die Hilfe wird von der Regierung zur Verfügung gestellt, die in Panik ist, nachdem sie erlebt hat, welch desolate Auswirkungen ihre Weigerung, Lehman Brothers zu retten, auf den weltweiten Finanzsektor hatte.

Ein Unglück kommt selten allein. Die Rettung von Merrill Lynch kann den Dominoeffekt nicht aufhalten. Tatsächlich ist einer der größten Dominosteine kurz davor zu fallen: AIG, die Versicherung, die viele CDOs von Lehman gegen Ausfallrisiken versichert (und dafür unzählige CDSs ausgegeben) hat, kann ihren Verpflichtungen aus diesen Kontrakten (die beinahe alle Finanzinstitute weltweit besitzen) nicht mehr nachkommen. Die Fed schnürt ein weiteres Rettungspaket mit einem Volumen von 85 Milliarden Dollar. Die Gesamtkosten der Rettung von AIG aus den Klauen der Wölfe summieren sich in den nächsten sechs Monaten für den Steuerzahler auf atemberaubende 143 Milliarden Dollar. Während sich in New York und Washington dieses Drama abspielt, versucht in Großbritannien die Regierung HBOS zu retten, den größten Hypothekenfinanzierer des Landes, indem sie die Übernahme durch Lloyds TSB zum Preis von 12 Milliarden Pfund arrangiert. Drei Tage später schließt die Bankenaufsicht in den USA die ebenfalls stark im Hypothekengeschäft engagierte Sparkasse Washington Mutual, die immerhin Vermögenswerte von 307 Milliarden Dollar besitzt. Sie wird abgewickelt, Teile werden an JPMorgan Chase verkauft.

Sonntag, 28. September 2008: Fortis, eine kontinentaleuropäische Großbank, kollabiert und wird verstaatlicht. Am selben Tag diskutiert der amerikanische Kongress über ein Ersuchen des Finanzministeriums, ihm das Recht zu gewähren, dem angeschlagenen Finanzsektor 700 Milliarden Dollar zur Verfügung zu stellen, damit die Banken nicht unter ihren »faulen Krediten« zusammenbrechen. Das Rettungspaket wird nach Präsident Bushs Finanzminister *Paulson-Plan* genannt. *De facto* bedeutet es, dass der Kongress dem Finanzminister einen Scheck über 700 Milliarden Dollar ausstellen soll, damit er das Geld nach Belieben an der Wall Street verteilen kann als Ersatz für das private Geld, das der Finanzsektor geschaffen hat und das 2007/2008 zu Asche geworden ist.

Noch bevor der verhängnisvolle September zu Ende ist, verstaatlicht die britische Regierung Bradford und Bingley (zum Preis von 50 Milliarden Pfund in Cash und Garantien), und die Regierung von Island verstaatlicht eine der drei Banken des Landes (ein Vorbote für den im Verhältnis zur Bevölkerungszahl größten ökonomischen Zusammenbruch, der durch die Ereignisse von 2008 verursacht wurde). Irland bemüht sich, die Nerven von Sparern und Aktionären durch die Ankündigung zu beruhigen, die Regierung garantiere *alle* Spareinlagen und *alle* Anleihen, die von *allen* Banken auf der Grünen Insel gehalten würden oder ausgegeben worden seien. Das erweist sich als der Irrtum des Jahrhunderts, eine fatale Entscheidung, die an einem einzigen Tag alle Fortschritte Irlands seit dem Zweiten Weltkrieg vernichtet. Denn in den folgenden Monaten sickert durch, dass das schwarze Loch der irischen Banken so groß ist, dass es ein Mehrfaches der irischen Staatshaushalts verschlingen könnte. Tatsächlich ist der Bankrott Irlands zwei Jahre später, im Dezember 2010, als der Staat für die Schulden der privaten Banken einsteht, da schon eine ausgemachte Sache.

Am 29. September pumpen Belgien, Frankreich und Luxemburg 6,4 Milliarden Pfund in die Dexia-Bank, um sie vor dem Untergang zu retten. Aber der September ist noch nicht vorüber. Am letzten Tag des Monats kommt der große Schock vom amerikanischen Kongress: Er lehnt verärgert Paulsons Bitte um die 700 Milliarden Dollar zur Rettung der Wall Street ab. Der Aktienmarkt in New York stürzt schnell und tief ab, die Welt versinkt in einer noch dickeren Wolke der Ungewissheit. Minister Paulson entwirft einen zweiten, detaillierteren Plan und baut sicherheitshalber noch ein paar Provisionen für bestimmte Kongressmitglieder ein. Die Lage verschlechtert sich, die Swap Spreads (die Renditeabstände zwischen den CDSs und den Staatsanleihen, das heißt die Risikoaufschläge) wachsen, die Kreditausfallversicherungen werden immer teurer, und die Bankinstitute verlieren den letzten Zugang zu Übernachtgeld und kurzfristigen Krediten. Die Fed reagiert, indem sie ihre Kreditvergabe auf jedermann ausdehnt.

OKTOBER – Am 3. Oktober beugt sich der US-Kongress der drängenden Realität und verabschiedet das Rettungspaket mit einem Volumen von 700 Milliarden Dollar. Zuvor haben die Kongressmitglieder zahlreiche Deals für ihre jeweiligen Wahlkreise unter Dach und Fach gebracht. Drei Tage später springt die deutsche Regierung mit 50 Milliarden Euro zur Rettung einer ihrer unbedarften Banken ein, der Hypo Real Estate. Das ist zwar schlimm für ein Land, das immer stolz auf seine Vorsicht war, aber der Schmerz ist nicht annähernd so groß wie bei den Isländern. Die isländische Regierung erklärt, dass sie alle drei großen Banken des Landes übernehmen wird, da diese offensichtlich unfähig sind, weiterhin als private Kreditgeber zu handeln. Der Bankrott der Banken zieht unweigerlich den Bankrott des ganzen Landes nach sich, dessen ökonomische Fußabdrücke viel kleiner sind als die seiner Pleitebanken. Islands Bankrott hat auch andernorts Auswirkungen – vor allem in Großbritannien und den Niederlanden, wo die isländischen Banken besonders aktiv waren. Viele britische Kommunalbehörden haben ihre Konten bei isländischen Banken (wegen der hohen Zinsen), und deshalb zieht die Pleite der Banken weite Kreise.

Am 10. Oktober pumpt die britische Regierung weitere 50 Milliarden Pfund in den Finanzsektor und stellt bis zu 200 Milliarden Pfund an kurzfristigen Darlehen zur Verfügung. Außerdem senken die Fed, die Bank of England, die EZB und die Zentralbanken von Kanada, Schweden und der Schweiz gleichzeitig die Zinsen: die Fed auf sehr niedrige 1,5 Prozent, die EZB auf 3,75 Prozent und die Bank of England auf 4,5 Prozent. Am nächsten Tag findet in Washington die Jahrestagung des IWF statt. Einen Tag später brechen die europäischen Politiker nach Paris auf, wo sie bekannt geben, dass sie kein größeres Bankinstitut insolvent gehen lassen werden. Aber sie bieten keine EU-Garantien an. Jedes Mitgliedsland soll seine Banken selbst retten – eine weitere verhängnisvolle Entscheidung, deren Folgen in Europa immer noch zu spüren sind, vor allem in Irland.

Noch einen Tag später, am 13. Oktober, kommt die britische Regierung zu der Erkenntnis, dass die bisher geleisteten großen

Hilfszahlungen an die Banken in Anbetracht von deren Verfassung nicht ausreichen und sie sehr viel mehr brauchen, um überhaupt nur im Geschäft bleiben zu können. Eine weitere gewaltige Summe, 37 Milliarden Pfund, geht an die RBS, Lloyds TSB und HBOS. Großbritannien handelt nicht allein so. Am 14. Oktober kauft das US-Finanzministerium für 250 Milliarden Dollar Teile verschiedener notleidender Banken, um sie zu stützen. Präsident Bush erklärt, dieser Schritt sei »zum Schutz der freien Märkte« gewählt worden. George Orwell hätte das gut gefallen: Ein schöneres Beispiel für »Neusprech« hätte er wohl kaum finden können.

Ende Oktober ist es offiziell: Sowohl die Vereinigten Staaten wie Großbritannien stecken in einer Rezession. Die Finanzkrise hat auf die Realwirtschaft übergegriffen. Unverzüglich setzt die Fed die Zinssätze weiter herab, von 1,5 Prozent auf 1 Prozent.

NOVEMBER – Die Bank of England folgt ihrerseits mit einem Zinsschritt, allerdings einem ängstlichen (von 4,5 Prozent auf 3 Prozent), ebenso die EZB (von 3,75 Prozent auf 3,25 Prozent). Der Crash zieht unterdessen immer weitere Kreise, löst eine Krise in der Ukraine aus (woraufhin der IWF dem Land 16 Milliarden Dollar leiht) und veranlasst die chinesische Regierung, ein eigenes Konjunkturprogramm mit einem Volumen von 586 Milliarden Dollar über zwei Jahre aufzulegen – Geld, das für Infrastrukturprojekte, einige soziale Projekte und Steuersenkungen für Unternehmen ausgegeben werden soll.

Die Eurozone teilt mit, dass ihre Wirtschaft sich ebenfalls in der Rezession befindet. Der IWF leiht dem bankrotten Island widerwillig 2,1 Milliarden Dollar, das amerikanische Finanzministerium gibt der Citigroup (deren Aktien innerhalb weniger Tage 62 Prozent ihres Werts verloren haben) weitere 20 Milliarden Dollar. Im Lauf dieser hektischen Abfolge politischer Interventionen senkt die britische Regierung die Mehrwertsteuer (von 17,5 Prozent auf 15 Prozent), und die Fed pumpt noch einmal 800 Milliarden Dollar in das Finanzsystem. Die Europäische Kommission will da nicht nachstehen und billigt einen Plan, der europäischen Wirtschaft 200 Milliarden Euro zur Verfügung zu stellen. Nach Jahrzehnten, in denen gebetsmühlenartig davon die Rede war, wie schädlich es ist, wenn der Staat eine stotternde Wirtschaft ankurbelt, ist keynesianisches Denken in Europa wieder angesagt.

DEZEMBER – Der Monat beginnt mit der Mitteilung des geachteten National Bureau of Economic Research, die Rezession in den USA habe bereits im Dezember 2007 begonnen. In den nächsten zehn Tagen kommt Frankreich mit einem eigenen Hilfspaket für den Bankensektor im Wert von 26 Milliarden Euro, und die EZB, die Bank of England sowie die Zentralbanken von Schweden und Dänemark senken erneut die Zinsen. In den Vereinigten Staaten schockiert die Bank of America die Öffentlichkeit mit der Nachricht, durch ihre vom Steuerzahler finanzierte Übernahme von Merrill Lynch würden 35.000 Arbeitsplätze verloren gehen.

Die Fed reagiert damit, dass sie den Zinssatz zwischen 0,25 Prozent und 0 Prozent (je nach Gegebenheiten des Kreditnehmers) fixiert. Verzweifelte Zeiten verlangen offenbar nach verzweifelten Mitteln. Trotzdem ist es ein ernüchternder Augenblick, als Amerika offiziell in einen Zustand gerät, von dem die Ökonomen fest geglaubt hatten, dass sie ihn nie wieder erleben würden: eine typische *Liquiditätsfalle*, wie es sie seit 1929 nicht mehr gegeben hat.[1] Nur ist diesmal alles schlimmer. Denn anders als 1929 ist die Liquiditätsfalle *unserer* Generation global. Die Zinsen sind nicht nur in den Vereinigten Staaten, sondern in allen westlichen Ländern ganz unten angekommen.

Ein weiterer Beweis, dass diese Krankheit (die am Markt für CDOs begonnen und den Weltfinanzsektor ruiniert hat) auf die Realwirtschaft übergegriffen hat, wo die Menschen konkrete Dinge produzieren (statt für unfassbare Summen einfach nur Papier hin und her zu schieben), ist die Erklärung von Präsident Bush, rund 17,4 Milliarden Dollar des 700-Milliarden-Hilfspakets würden an die schwer gebeutelten amerikanischen Autobauer gehen. Es dauert nicht lange, bis das US-Finanzministerium ankündigt, die Finanzabteilung von General Motors (die im Goldenen Zeitalter des Finanzmarktkapitalismus so »profitabel« geworden war) solle mit 6 Milliarden Dollar vor dem Zusammenbruch gerettet werden.

Am 31. Dezember 2008 hat die New Yorker Börse seit Jahresbeginn über 31 Prozent verloren.

Nach 2008 – Das unendliche Nachspiel

Im Januar 2009 erklärt der frisch gewählte US-Präsident Obama, die amerikanische Wirtschaft sei »sehr krank«, und deutet neue staatliche Hilfen an. Als gelte es, die Kontinuität der US-Regierungen zu demonstrieren, bleibt seine Regierung auf dem Weg, den Bush und Paulson eingeschlagen haben: Sie stellt der Bank of America weitere 20 Milliarden Dollar zur Verfügung und beobachtet entsetzt, wie Citigroup in einem Rettungsversuch aufgespalten wird. Die Arbeitslosenquote in Amerika steigt auf über 7 Prozent, der Arbeitsmarkt verliert mehr Jobs als jemals zuvor seit der Weltwirtschaftskrise. Die amerikanischen Importe gehen zurück, und als Folge davon schwinden die Exportüberschüsse von Japan, Deutschland und China. Es sind die ersten verräterischen Wunden, die unserem Globalen Minotaurus geschlagen werden.

In Großbritannien senkt die Bank of England die Zinsen auf 1,5 Prozent, den niedrigsten Wert in ihrer dreihundertfünfzehnjährigen Geschichte. Weil das BIP um 1,5 Prozent einbricht, stellt die britische Regierung kleinen Unternehmen Überbrückungskredite im Wert von 20 Milliarden Pfund zur Verfügung. Die deutsche Bundeskanzlerin Angela Merkel folgt mit einem Konjunkturpaket von 50 Milliarden Euro, gleichzeitig senkt die EZB die Zinsen auf 2 Prozent. Irland verstaatlicht die Anglo Irish Bank. Weil die irische Regierung den Gläubigern und Sparern der Bank versichert hat, sie würden keinen einzigen Euro verlieren, muss der irische Steuerzahler die beinahe unbegrenzten Verluste der Bank tragen. Irland wird sich von diesem heimtückischen Manöver nicht mehr erholen, zumindest nicht innerhalb der nächsten Generation.

Ebenfalls im Januar 2009 warnt der IWF, erstmals seit 1945 werde das weltweite Wirtschaftswachstum negativ ausfallen, und die Internationale Arbeitsorganisation (ILO) sagt den Verlust von 51 Millionen Jobs weltweit voraus. Beide Schätzungen sollen sich als zutreffend erweisen.

Im Februar 2009 bricht die Bank of England mit einer Zinssenkung auf 1 Prozent alle Rekorde. (Während diese Worte niedergeschrieben werden, beträgt der Zinssatz gerade noch 0,5 Prozent.) Bald darauf unterzeichnet Präsident Obama den Geithner-Summers-Plan zur Stützung der Konjunktur mit einem Volumen von 787 Milliarden Dollar; er nennt ihn »das größte Konjunkturpaket in unserer Geschichte«.[2] (Dies ist ein Schlüsselmoment, auf den ich in Kapitel 7 zurückkommen werde.) Unterdessen gibt es erneut furchtbare Nachrichten von AIG: ein Verlust von 61,7 Milliarden Dollar im letzten Quartal 2008. Und die »Belohnung« dafür? Weitere 30 Milliarden Dollar vom amerikanischen Finanzministerium.

Im März plädieren die G20 (dazu gehören außer den G7-Staaten noch Russland, China, Brasilien, Indien und andere Schwellenländer) für »eine nachhaltige Anstrengung, die Weltwirtschaft aus der Rezession herauszuholen«. Vor diesem Hintergrund beschließt die Fed, die Zeit punktueller Interventionen sei vorbei, und kündigt an, sie werde weitere 1,2 Billionen »faule Kredite« (das heißt privates Geld der Wall Street, das inzwischen wertlos ist) aufkaufen.

Im April treffen die Vertreter der G20 in London zusammen, der Gipfel wird von schweren Ausschreitungen begleitet. Sie vereinbaren, dem globalen Finanzsystem 1,1 Billionen Dollar zur Verfügung zu stellen, größtenteils unter der Ägide des IWF. Wenig später schätzt der IWF, dass der Crash durch den Wertverlust von Vermögenswerten rund 4 Billionen Dollar vernichtet hat. In London sagt Finanzminister Alistair Darling voraus, die britische Wirtschaft werde im Jahr 2009 um 3,5 Prozent schrumpfen und das Haushaltsdefizit 175 Milliarden Pfund (mehr als 10 Prozent des BIP) erreichen. Die weitere Entwicklung zeigt, dass diese Schätzung zu optimistisch war!

Im Mai 2009 zwingt die amerikanische Regierung den drittgrößten Autobauer des Landes, Chrysler, Insolvenz anzumelden; der größte Teil seiner Vermögenswerte geht zu einem Spottpreis an Fiat aus Italien. Die Nachrichten aus dem Finanzsektor sind nach wie vor trostlos, und so organisiert das amerikanische Finanzministerium ein weiteres Hilfspaket mit einem Volumen von über 70 Milliarden Dollar.

Im Juni ist General Motors (GM) an der Reihe: Die Ikone der amerikanischen Autoindustrie geht zugrunde. GM wird verstaatlicht (und die Regierung stellt zusätzliche 50 Milliarden Dollar als Betriebsmittel zur Verfügung); die Gläubiger müssen dem Verlust von 90 Prozent ihrer Investitionen »zustimmen«. Die Gewerkschaften von GM, die unbeabsichtigt selbst zu Gläubigern geworden sind, weil das Unternehmen nicht in der Lage ist, die Pensionsansprüche seiner Mitarbeiter abzudecken, werden *de facto* zu Teileignern. Zumindest auf dem Papier scheint der Sozialismus in Detroit quicklebendig zu sein!

Auf der anderen Seite des Atlantiks steigt die Arbeitslosigkeit in Großbritannien unvermindert weiter bis auf 7,1 Prozent, was bedeutet, dass mehr als 2,2 Millionen Menschen ausgemustert sind. Ein weiteres Indiz für den Zustand der Weltwirtschaft ist, dass 2008 der weltweite Ölverbrauch zum ersten Mal seit 1993 rückläufig ist.

Die Fakten

Die Chronik der Ereignisse endet abrupt und willkürlich um die Mitte des Jahres 2009. Sie liest sich wie eine atemlose Horrorgeschichte. Anders als ihre Entsprechungen in Hollywood hat sie jedoch kein natürliches Ende, weder ein glückliches noch ein anderes. Es ist eine unendliche Geschichte, die 2007 begann und noch sehr, sehr lange weitergehen wird. Ich musste irgendwann einfach abbrechen, um mich wieder der Bedeutung des Ganzen zuzuwenden. Die Entscheidung, mit dem Juni 2009 abzubrechen, ist ohne besonderen Grund gefallen.

Wollte ich den Zustand der Welt danach zusammenfassen, könnte ich es nicht besser als in dem folgenden Zitat:

> Wir befinden uns nun in der Phase, in der das Risiko, mit geliehenem Geld Anlagegüter zu halten, so groß ist, dass alle in Panik miteinander wetteifern, liquide zu bleiben. Und jeder Einzelne, dem es gelingt, mehr Liquidität zu erhalten, erzwingt damit einen weiteren Rückgang der Kapitalgüterpreise, was dazu führt, dass die Marge anderer Individuen sich verschlechtert und ihre Zuversicht untergraben wird … Wir haben es hier mit einem extremen Beispiel von Disharmonie zwischen dem allgemeinen und dem speziellen Interesse zu tun …[3]

Diese Worte schrieb John Maynard Keynes 1932. Aber sie passen eigentlich noch viel besser zu unserer Welt seit 2008, als sie auf die Zeit nach 1929 passten. Denn 1929 beliefen sich die gesamten ausstehenden Kredite der Vereinigten Staaten auf 160 Prozent des BIP. 1932, als Keynes diese Zeilen formulierte, waren die Schulden gestiegen und das BIP zurückgegangen, und dieser Wert betrug über 260 Prozent. Im Vergleich dazu hatten die Vereinigten Staaten unter der Herrschaft des Globalen Minotaurus bis zum Crash von 2008 ausstehende Kredite in einem Volumen von 365 Prozent des

BIP angesammelt. Zwei Jahre später, 2010, war dieser Wert auf unfassbare 540 Prozent gestiegen. (Und darin sind Derivate nicht eingeschlossen, deren ausstehender Nominalwert sich auf mindestens das Vierfache des BIP beläuft.)

So eindrucksvoll und erschreckend die Zahlen sein mögen, sie gehen trotzdem an der Realität vorbei. Am Vorabend des Crashs von 2008, nach drei Jahrzehnten im Dienst der Welt des Globalen Minotaurus, lag der Reallohn des durchschnittlichen amerikanischen Arbeiters immer noch unter dem der frühen 1970er-Jahre. Trotz längerer Arbeitszeiten als je zuvor und beachtlicher Produktivitätszuwächse hatten die Arbeiter praktisch nichts in den Händen. Und dann wurden sie 2008 oder kurz danach buchstäblich zu Millionen auf die Straße gesetzt.

Fast 4 Millionen Amerikaner verloren ihren Arbeitsplatz. Nach Angaben der US Mortgage Bankers Association fiel jedes zweihundertste Haus an eine Bank. Zwischen 2008 und 2011 mussten in jedem Quartal rund 250.000 Familien ihre Sachen packen und in Schande ihre Häuser verlassen. Im Durchschnitt ist in jedem amerikanischen Klassenzimmer ein Kind in Gefahr, sein Elternhaus zu verlieren, weil die Eltern ihre Hypotheken nicht mehr bedienen können. Ergänzend zu dieser Leidensgeschichte teilt die amerikanische Homeownership Preservation Foundation mit (auf der Grundlage einer Umfrage unter 60.000 Hausbesitzern), dass über 40 Prozent der amerikanischen Haushalte Jahr für Jahr tiefer in Schulden versinken (obwohl die amerikanische Wirtschaft insgesamt *Deleveraging* betreibt, das heißt Schulden abbaut).

Wer verstehen will, warum auf der Main Street (wie Durchschnittsamerika oft bezeichnet wird) so viel Unzufriedenheit herrscht, sollte die nackte Angst der amerikanischen Familien mit den Bildern einer wiederbelebten Wall Street (dem Gegenstück der Main Street) vergleichen. Auf der einen Seite stehen die vielen Menschen, die für immer weniger Geld schufteten und während der

Herrschaft des Minotaurus mit immer härterer Arbeit »entlohnt« wurden; nach dem Sturz des Minotaurus landeten sie wie ausgemusterte Geräte auf dem Schrotthaufen. Auf der anderen Seite erhielt die kleine Minderheit derjenigen, die wertlose Zahlen auf Papier produzierten und mit ihren gewaltigen Gehaltspaketen (und genauso gewaltigen Egos) die Welt in die Knie zwangen, über 10 Billionen Dollar Hilfe aus den Leistungen der Steuerzahler. Ist es da verwunderlich, dass die Tea Party mühelos Anhänger findet unter den erbosten Menschen, die der Ansicht sind, dass »das System« durch und durch verdorben ist?

Unterdessen nimmt die Krise in Europa Fahrt auf und bedroht die gemeinsame Währung (eine interessante Komplikation, auf die ich in Kapitel 8 zurückkommen werde). Es heißt oft, anders als die Vereinigten Staaten und Europa seien die Schwellenländer (die Regionen der Dritten Welt, die in den 1990er-Jahren zu wachsen begannen) durch den Crash von 2008 relativ wenig betroffen gewesen. Zwar hat China erfolgreich einfache keynesianische Methoden angewendet, um die Krise abzuwehren, und zum Beispiel in einem Jahr mehr als 350 Milliarden Dollar (und 2010 beinahe doppelt so viel) für Infrastrukturmaßnahmen ausgegeben, aber eine Untersuchung der Universität Beijing zeigt, dass die Armut zugenommen hat, die privaten Ausgaben zurückgegangen sind (das anhaltende Wachstum ist auf öffentliche Investitionen zurückzuführen) und sogar der Konsum merklich eingebrochen ist (gerechnet als Prozentsatz des BIP). Ob diese Art von keynesianischem Wachstum ohne den Globalen Minotaurus nachhaltig ist, ist die nächste große Frage unserer Ära.

Länder wie Brasilien und Argentinien, die große Mengen Rohstoffe nach China exportieren, haben die Krise von 2008 besser überstanden als andere. Auch Indien scheint es gelungen zu sein, ausreichend heimische Nachfrage zu erzeugen. Aber wir dürfen nicht außer Acht lassen, dass die Dritte Welt mindestens in dem Jahr vor dem Crash von 2008 bereits in einer schweren Krise steckte, verursacht durch steigende Nahrungsmittelpreise. Zwischen 2006 und 2008 stieg der Weltmarktpreis für Reis um 217 Prozent, für Weizen um 136 Prozent, für Mais um 125 Prozent und für Sojabohnen um 107 Prozent. Der Preisanstieg hatte vielfältige Ursachen, hing aber auch mit dem Globalen Minotaurus zusammen.

Der Kasino-Kapitalismus und die exponentielle Zunahme von Optionen, Derivaten, Verbriefungen und so weiter führten zu neuen Formen der Spekulation mit der Nahrungsmittelproduktion an der Chicagoer Terminbörse. Der Handel mit CDOs, die nicht Hypotheken enthielten, sondern den künftigen Preis von Weizen, Reis und Soja, verstärkte sich in der Zeit vor 2008. Dabei spielte auch die Nachfrage nach Biosprit eine Rolle, weil normaler Getreideanbau vom Anbau von Pflanzen verdrängt wurde, die als Biokraftstoffe in den Geländewagen mit Allradantrieb landeten, die in Los Angeles, Sydney und London herumdüsen. Außerdem trieben die vielen Naturkatastrophen (zum Beispiel verheerende Fluten in Pakistan und Australien, schwere Buschfeuer in Russland und Australien – alles sehr wahrscheinlich Folgen der Klimaerwärmung) die Preise weiter in die Höhe.

Ein vollständiges Bild wird daraus, wenn wir noch die Bestrebungen von amerikanischen multinationalen Konzernen wie Cargill und Monsanto hinzufügen, den Saatgutverkauf in Indien und anderswo zu monopolisieren, und die vielen tausend Selbstmorde unter indischen Bauern mit bedenken, die sich in den giftigen Netzen dieser Multis verstrickt hatten; weiterhin die Reduzierung von Sozialleistungen, weil die Strukturanpassungsprogramme des IWF es forderten, und dergleichen mehr. In diesem Bild sieht es so aus, dass der Crash von 2008 eine bereits schlechte Situation (für die große Mehrheit der Menschen) noch weiter verschlechtert hat.[4]

Bezeichnenderweise erklärten die Teilnehmer des G20-Gipfels in London im April 2009, bei dem sie vereinbarten, dem IWF 1,1 Billionen Dollar zur Verfügung zu stellen, ihr Ziel sei es, die Weltwirtschaft bei der Bewältigung des Crashs zu unterstützen. Aber wer genauer hinschaute, entdeckte im Kleingedruckten eine spezielle Klausel: Das Geld sollte ausschließlich dafür verwendet werden, dem globalen Finanzsektor zu helfen. Indische Bauern am Rand des Selbstmords konnten nicht auf Hilfe hoffen, ebenso wenig Kapitalbesitzer, die in die reale Wirtschaft investieren wollten.

Epilog: Das Abgleiten in die »Bankrottokratie«

Der Crash von 2008 verletzte den Globalen Minotaurus schwer. Seit 2008/2009 ist die Krise abgeebbt, aber sie ist nicht vorüber. Das Untier liegt am Boden, und niemand erfüllt seine so wichtige Aufgabe, Amerikas doppeltes Defizit aufzufüllen und die Überschüsse der Welt zu absorbieren. So verändert die Krise beständig ihr Aussehen und fordert an unterschiedlichen Orten auf unterschiedliche Weise Tribut. Sie ist nicht länger eine Finanzkrise, nicht einmal eine Wirtschaftskrise. Sie ist zur politischen Krise geworden.

In den Vereinigten Staaten verharrt die Arbeitslosigkeit bei (vor allem für Amerika) problematischen 10 Prozent. In Europa liegt die Arbeitslosigkeit ähnlich hoch. Beide Regionen, die Dollarzone und die Eurozone, sind inzwischen durch ihre streitenden Eliten nicht mehr zu regieren. Der Regierung Obama sind nach dem Wahlsieg der Republikaner bei den Midterm-Wahlen im November 2010 in vielen Bereichen die Hände gebunden. Weil sie nicht mehr in der Lage ist, die Wirtschaft mit fiskalischen Anreizen in Schwung zu bringen, ist die einsame Aufgabe, etwas gegen die schwelende Krise zu unternehmen, Notenbankchef Ben Bernanke zugefallen. Notgedrungen versucht die Fed weiterhin verzweifelt, die in der amerikanischen Wirtschaft zirkulierende Geldmenge auszuweiten, indem sie Wertpapiere im Wert von Hunderten Milliarden Dollar aufkauft (*quantitative Lockerung* ist der Fachbegriff dafür).[5] Bernanke weiß, dass die Situation alles andere als ideal ist, aber vor dem Hintergrund des Patts zwischen Weißem Haus und Kongress hat er keine andere Wahl.

In Europa hat die Krise zentrifugale Kräfte freigesetzt, die die Eurozone zerreißen. Überschussländern, allen voran Deutschland, stehen Nachzügler gegenüber, die aus ihren strukturellen Defiziten nicht herauskommen, egal, wie eng sie den Gürtel schnallen. Weil es keine politische Koordinierung auf einer übergeordneten Ebene gibt, schwankt Europa hin und her, die Volkswirtschaften stagnieren, Industriestrukturen verfallen, und der Traum von der politischen Union, den die amerikanischen Nachkriegsverwalter auf der Grundlage gestärkter Wachstumsaussichten so großartig propagierten, löst sich auf.

Drei Jahre nach der Weltwirtschaftskrise von 1929 brachte die Wahl von Präsident Roosevelt in Amerika eine Regierung ins Amt, die die Krise unbedingt durch politische Mittel bewältigen wollte. Der Bankensektor war kollabiert, und die neuen Verantwortlichen nutzten ihre Chance. Umfassende Regularien und Kontrollen wurden eingeführt, und eine Zeit lang traf der politische Wille, die Krise entschieden, rational und um jeden Preis zu überwinden, auf wenig Widerstand bei den erschöpften Rentiers und Bankern – Menschen, deren Abneigung gegen politische Lösungen sich immer proportional dazu verhält, wie starke Einschränkungen ihrer Macht sie erwarten.

Leider ist heute, drei Jahre nach unserem Äquivalent zu 1929, das Kräfteverhältnis genau umgekehrt: Die politische Macht schwand innerhalb von einem oder zwei Jahren nach dem Crash, weil sie *bedingungslos* alles daran gesetzt hatte, den beinahe toten Finanzsektor zu unterstützen. Wie in einem Zombie-Film saugten die untoten Banken ihre Kraft aus dem Staat und wandten sich dann sofort gegen ihn! In Amerika wie in Europa zittern die Politiker angstvoll vor den Banken, die sie doch gestern erst gerettet haben.[6] Genau die Finanzsektoren, bei denen die Probleme ihren

Anfang nahmen, schüchtern unsere Politiker heute ein. Das verhindert nicht nur eine vernünftige politische Linie im Umgang mit der andauernden Krise, es erstickt auch jede rationale öffentliche Erörterung, was wirklich passiert ist.

Wenn es eines Beweises bedarf, dass dieser Zombie-Terror tatsächlich besteht, muss man sich nur den Bericht der Financial Inquiry Commission über den Crash von 2008 anschauen, den sie am 27. Januar 2011 ablieferte.[7] Zwei Jahre Recherche und intensives Nachdenken führten zu der dürftigen Schlussfolgerung, dass der Crash eine Folge zu großer Risikobereitschaft und unzureichender Regulierung war. Und als wäre diese bemerkenswerte Dürftigkeit noch nicht traurig genug, fällte die republikanische Minderheit ihr eigenes Urteil: Der Staat war schuld! Wieso? Die beiden staatlich kontrollierten Hypothekenfinanzierer Fannie Mae und Freddie Mac hatten zu viele arme Amerikaner verlockt, Hypotheken aufzunehmen, die nur Ramsch sein konnten: ein weiteres Beispiel, dass der Staat Dinge vermasselte, weil er sich in einen Markt einmischte, von dem er keine Ahnung hatte. Die offensichtliche Wahrheit, dass bei Fannie Mae und Freddie Mac tatsächlich die Wall Street die Fäden gezogen hatte; dass sie erst spät in die Produktion von CDOs eingestiegen waren; dass die Maschine zur Erzeugung von privatem Geld ein globales Phänomen war, das die Privatbanken an der Wall Street ersonnen und entworfen hatten; dass Europa ohne Fannie Mae und Freddie Mac genau vor dem gleichen Problem stand – all das zählt nicht. Es geht nur darum, dass die Wahrheit die Wiederauferstehung der Wall Street nicht behindern darf.

Eine ähnliche Wolke dummer Gedanken durchweht die offiziellen Debatten in Europa nach dem Crash. Ein jüngst auf der Erde gelandeter Außerirdischer müsste bei der Lektüre der seriösen Presse den Eindruck gewinnen, die europäische Krise wäre dadurch zustande gekommen, dass ein paar periphere Staaten sich zu viel Geld geliehen und zu viel ausgegeben hätten. Weil das kleine

Griechenland, das dreiste Irland und die trägen iberischen Staaten über ihre Verhältnisse zu leben versuchten, indem sie sich von ihren Regierungen mit Schulden einen Lebensstandard finanzieren ließen, der weit über dem lag, was sie sich dank ihrer Produktion leisten konnten. Wenn wir die Ironie dieses Vorwurfs beiseitelassen, insbesondere soweit er von US-Bankern erhoben wird (das Ausmaß, in dem sie sich vor 2008 auf den Minotaurus verlassen haben, stellt alle sonstigen Versuche, vom Geld anderer Leute zu leben, weit in den Schatten), bleibt als Problem dieser Art der Darstellung, dass sie schlichtweg nicht stimmt. Griechenland hatte tatsächlich ein hohes Defizit, aber Irland war ein Musterbeispiel fiskalischer Tugendhaftigkeit. Spanien hatte sogar einen *Haushaltsüberschuss*, als der Crash 2008 passierte, und Portugal stand hinsichtlich Defizit und Schulden nicht schlechter da als Deutschland. Aber wen interessiert schon die Wahrheit, wenn die Lügen viel unterhaltsamer sind, ganz zu schweigen davon, dass sie all jenen nützen, die verzweifelt versuchen, den wirklichen Ursprung der Krise aus dem Scheinwerferlicht zu bekommen – den Bankensektor?

Es gab einmal eine Zeit, da beherrschte die Kluft zwischen Rechts und Links die politische und ökonomische Debatte. Die Linke in der roten Ecke sagte, das Wirtschaftsleben sei zu wichtig, um es den Marktkräften zu überlassen, eine zentral geplante Wirtschaft sei für die Gesellschaft besser. Die Anhänger der freien Marktwirtschaft in der blauen Ecke konterten, dem Allgemeinwohl sei am besten gedient, wenn man die Marktkräfte darwinistisch wirken und ineffiziente wirtschaftliche Praktiken ausmerzen lasse, sodass nur die erfolgreichen übrig blieben. 1991 erlitt die rote Ecke eine katastrophale Niederlage, von der sie sich nie mehr richtig erholte. 2008 war die blaue Ecke dran, was die meisten allerdings nicht registrierten. Denn beidseits des Atlantiks erwecken die Entwicklungen seit 2008 den Eindruck, als wäre nichts so erfolgreich wie Scheitern im großen Stil.

Wenn es einen darwinistischen Prozess gegeben hat, dann einen umgekehrten. Je weniger Erfolg eine private Institution hat und je katastrophaler ihre Verluste sind, desto größer ist anschließend ihre Macht, dem Steuerzahler sei Dank. Kurzum: Im Goldenen Zeitalter des Globalen Minotaurus starb der Sozialismus, und der Kapitalismus starb still und leise in dem Augenblick, als die Herrschaft des Untiers über die Weltwirtschaft endete. An seiner Stelle haben wir ein neues Gesellschaftssystem: die *Bankrottokratie*, die Herrschaft der bankrotten Banken (wenn ich es auf Griechisch ausdrücken darf, würde ich sagen *ptocho-trapezokratia*).[8]

Fassen wir zusammen: Künftige Generationen werden die Geschichte des Crashs von 2008 studieren, um ein entscheidend wichtiges Element ihrer eigenen Gegenwart zu verstehen. Dabei werden sie klare Hinweise auf eine neue Art von Regime finden, das die Struktur und Dynamik des globalen Kapitalismus für immer verändert hat. Ob der von mir gewählte Begriff *Bankrottokratie* sich durchsetzen wird oder nicht, spielt keine Rolle. Es zählt, dass 2008 eine Zäsur darstellt: Das Leben danach wird anders sein als das Leben davor. Mit den Metaphern dieses Buchs ausgedrückt: Die neue Ära nach 2008 wird von einer großen Lücke und einer lauernden Präsenz gekennzeichnet sein. Die Lücke hat der Globale Minotaurus hinterlassen, der unsere Welt vor 2008 geprägt und uns den Crash von 2008 beschert hat. Präsent sind seine wiedererstandenen Helfer, die nach 2008 mit Macht zurückgekehrt sind. Die nächste Zukunft wird eine Welt sein, in der die Helfer des Minotaurus, endlich befreit von seinen Launen, sich ungehindert austoben.

KAPITEL 7
DIE HELFER SCHLAGEN ZURÜCK

With a little help from my friends: Der Geithner-Summers-Plan

Wenn Krisen die Laboratorien der Zukunft sind, haben die Laborleiter, die unterschiedliche »Methoden« durchspielen, wesentlichen Anteil an dem, was herauskommt. Nach dem Crash von 2008 gestalteten solche Experimente die Nachwirkungen – die *Bankrottokratie*, wie ich sie genannt habe. Das beste Beispiel für diese kühnen experimentellen Methoden ist der berühmte Geithner-Summers-Plan.

Der Geithner-Summers-Plan trat im Februar 2009 ins Leben als Obamas Rettungspaket im Wert von 1 Billion Dollar für die Banken, die in ihren wertlosen CDOs zu ertrinken drohten. Das Problem bei einer Anlage, die niemand kaufen will, ist, dass sie keinen Preis hat. Am ehrlichsten wäre es gewesen, wenn man die Banken gezwungen hätte, die CDOs als schlechte Investitionen abzuschreiben. Aber wenn sie das gemacht hätten, hätten ihre Verluste ihre Aktiva weit überstiegen, und alle Banken hätten Insolvenz anmelden müssen.

Eine Lösung hätte sein können, dass der Steuerzahler oder die Fed die »Anlagen« zu fiktiven Preisen »aufkauften«, Preisen, die gerade hoch genug gewesen wären, um Bankenzusammenbrüche auf breiter Front zu verhindern. Das schwebte Finanzminister Paulson vor, aber er bekam vom Kongress nicht genug Geld, um die Idee zu verwirklichen. Und so landete der Ball nach dem Regierungs-

MISSERFOLG ZAHLT SICH AUS	7.1

Nichts ist so beständig wie die Beharrlichkeit, mit der ein Privileg sich reproduzieren möchte. In der Ära des Globalen Minotaurus gab Larry Summers (Präsident Clintons Finanzminister) grünes Licht für die vollkommene Deregulierung der Wall Street. Damals war Timothy Geithner sein Staatssekretär. Wer wurde acht Jahre später, als Präsident Obama an die Macht kam, gerufen, den Schlamassel aufzuräumen, den sie angerichtet hatten? Summers und Geithner natürlich! Aus einem einfachen Grund: Wem sonst hätte man eine so große Aufgabe und alle damit verbundenen Privilegien anvertrauen können? Wenn der Kapitalismus erst einmal hinreichend komplex ist, zahlt Misserfolg sich aus. Jede Krise vergrößert die Macht der Amtsinhaber, denn in den Augen der Öffentlichkeit sind nur sie in der Lage, den Schlamassel zu beseitigen. Die Schwierigkeit dabei ist, dass die »Lösungen« derjenigen, auf die das Problem ursprünglich zurückgeht, noch stärker zentralisierte und noch komplexere Macht erzeugen – was die Schuldigen dann umso unverzichtbarer macht …

wechsel bei Geithner und Summers. Sie beschlossen, etwas Neues zu versuchen – eine großartige Idee, die einen Markt für die toten CDOs schaffen und den Steuerzahler vor den Kosten einer neuerlichen Bankenrettung bewahren sollte.

Die Idee war einfach: Man wollte zusammen mit Banken, Hedgefonds, Pensionsfonds und so weiter einen *simulierten Markt* für die toxischen Papiere schaffen, der *simulierte Preise* ergeben würde, die man dann in die Bilanzen der Banken einstellen konnte. Und so sollte das Ganze funktionieren.

Nehmen wir an, Bank *B* besitzt eine CDO (nennen wir sie *c)*, die sie für 100 Dollar gekauft hat. Von den 100 Dollar gehörten 40 Dollar *B*, und 60 Dollar waren gehebelt (das heißt, *B* hat sich das Geld geliehen, um *c* zu kaufen). *B*s Problem ist, dass sie *c* nach 2008 nur noch für höchstens 5 Dollar verkaufen kann. Ihre Tresore sind voll mit weiteren CDOs, und wenn sie alle für weniger als 60 Dollar verkauft, muss sie Insolvenz anmelden, denn die Verkäufe bringen nicht genug ein, als dass sie ihre Schulden von 60 Dollar pro CDO zurückzahlen könnte (das heißt, es handelt sich um negatives Eigenkapital). Also tut *B* nichts, behält *c* und erwartet einen langsamen Tod in tausend Schritten, weil die Investoren, die sehen, dass *B* die toxischen Papiere nicht loswird, die Aktien von *B* verkaufen, wodurch ihr Kurs immer tiefer fällt. Jeden Penny, den der Staat der Bank hinwirft, um sie am Leben zu erhalten, hortet *B* verzweifelt. Deshalb finden die großen Summen aus den Rettungspaketen nie den Weg zu den Unternehmen, die neue Maschinen kaufen müssen, oder zu den Kunden, die den Erwerb eines neuen Hauses finanzieren wollen. So wird eine schlimme Rezession noch schlimmer.

Und da kommt der Geithner-Summers-Plan ins Spiel. Er schafft ein Konto (nennen wir es *K)*, das ein Hedgefonds oder Pensionsfonds (nennen wir ihn *H)* verwenden kann, um ein Angebot für *c* zu machen. Konto *K* kommt folgendermaßen auf eine Summe von, sagen wir, 60 Dollar (den Mindestbetrag, den *B* als Gegenwert für *c* akzeptieren wird): Hedgefonds *H* steuert 5 Dollar bei, ebenso das US-Finanzministerium. Die Differenz von 50 Dollar deckt ein Darlehen der Fed.[1] Im nächsten Schritt muss unser Hedge- oder Pensionsfonds *H* sich an einer von der Regierung organisierten Auktion für die Papiere von *B* beteiligen – wer am meisten bietet, erhält *c*.

Definitionsgemäß muss der Reservations-(oder Mindest-)Preis bei dieser Auktion bei 60 Dollar liegen (zu dem Preis muss *B* das Papier *c* mindestens verkaufen, um den Bankrott zu vermeiden). Nehmen wir an, *H* bietet 60 Dollar und erhält den Zuschlag. Dann bekommt *B* ihre 60 Dollar und leitet sie an ihre Kreditgeber weiter (erinnern wir uns, dass *B* sich zu Anfang 60 Dollar geliehen hat, um *c* überhaupt kaufen zu können). *B* verliert zwar ihre eigene Investition in *c*, existiert aber weiter und kann ihr Glück erneut versuchen. Der Gewinn von Hedgefonds *H* hängt davon ab, für wie viel er *c* verkaufen kann. Schauen wir uns zwei Szenarien an: eines, das gut für *H* ist, und eines, das schlecht ist.

Im guten Szenario stellt *H* fest, dass ein paar Wochen, nachdem er *c* für 60 Dollar gekauft hat (wobei nur 5 Dollar von ihm selbst stammen), der Wert von *c* auf, sagen wir, 80 Dollar gestiegen ist, weil der simulierte Markt zu funktionieren beginnt und Spekulanten aufspringen. Von den 80 Dollar muss *H* 50 Dollar der Fed geben, und die restlichen 30 Dollar muss er mit seinem Partner, dem Finanzministerium, teilen. Somit bleiben *H* 15 Dollar. Nicht schlecht. Eine Investition von 5 Dollar hat einen Erlös von 15 Dollar gebracht. Wenn der Hedgefonds 1 Million CDOs gekauft hat, beläuft sich sein Reingewinn auf satte 10 Millionen Dollar.

Im schlechten Szenario verliert der Hedgefonds seine Investition von 5 Dollar, mehr nicht. Nehmen wir zum Beispiel an, dass er das Papier *c* (das er anhand von Rechnung *R* für 60 Dollar gekauft hat) nur für 30 Dollar verkaufen kann. Dann schuldet *H* der Fed immer noch 50 Dollar bei einem Erlös von 30 Dollar. Normalerweise müsste er 20 Dollar drauflegen (ebenso das Finanzministerium). Doch das Darlehen der Fed an *H* in Höhe von 50 Dollar ist ein sogenanntes *rückgriffsfreies Darlehen.* Das bedeutet, dass die Fed das Geld erhält, das *H* mit dem Verkauf von *c* erlöst hat, aber keine Chance hat, den Rest (die ausstehenden 20 Dollar) von *H* zu bekommen.

Kurz gesagt, wenn alles gut läuft, macht der Hedgefonds-Manager 10 Dollar Gewinn mit einer Investition von 5 Dollar (eine Rendite von 200 Prozent). Wenn es überhaupt nicht läuft, verliert er nur seine ursprünglichen 5 Dollar. Und so wurde der Geithner-Summers-Plan als eine brillante Idee präsentiert, wie die Regierung die Manager von Hedgefonds und Pensionsfonds dazu bringen könnte, *ein bisschen* Risiko einzugehen in einem von der Regierung geplanten und geleiteten Spiel, das funktionieren *könnte* und bei dem es, wenn es funktionieren sollte, nur Gewinner geben würde:

die Banken (sie wären ihre verhassten CDOs los), die Hedgefonds und Pensionsfonds (die auf 100 Prozent Rendite spekulieren konnten) und die Regierung (die das Geld für ihre Rettungspakete wieder hereinholen würde).

All das klingt beeindruckend – bis man die Frage stellt: Welcher clevere Fondsmanager würde einem solchen Szenario eine Eintrittswahrscheinlichkeit von mehr als eins zu drei zubilligen?[2] Wer würde in Anbetracht der Tatsache, dass niemand für ein toxisches Papier mehr als 5 Dollar hinlegen will, die Wahrscheinlichkeit höher als eins zu drei veranschlagen, dass die miese CDO sich für mehr als 60 Dollar verkaufen lässt? Wer würde sich an den simulierten Markt trauen? Ein Programm mit einem Volumen von 1 Billion Dollar umzusetzen, das auf reinem, grundlosem Optimismus basiert, klingt ziemlich seltsam.

Hatten Tim Geithner und Larry Summers, zwei der klügsten Mitglieder der US-Regierung, den Verstand verloren? Natürlich nicht.[3] Ihr Plan war brillant – aber nicht für den erklärten Zweck. Der erklärte Zweck sollte sein, wie wir gerade erläutert haben, Hedgefonds und Pensionsfonds dazu zu bringen, dass sie das verkohlte toxische Geld (die CDOs) der Banken kauften, und da hätte kein vorsichtiger Fondsmanager mitgemacht. Wussten das Geithner und Summers nicht? Natürlich wussten sie es. Wer sollte aber die toxischen Derivate der Banken kaufen, wenn die Hedgefonds und Pensionsfonds mit Sicherheit nicht mitspielen würden? Die erschütternde Antwort lautet: die Banken selbst!

Das hatten sie wirklich im Sinn (und wie nicht anders zu erwarten, trat es auch ein): Nehmen wir wieder Bank *B*. Sie will unbedingt CDO *c* aus ihrer Bilanz heraushaben. Da kommt der Geithner-Summers-Plan daher. Bank *B* gründet sofort ihren eigenen Hedgefonds, *H'*, und verwendet dafür einen Teil des Geldes, den die Fed und das Finanzministerium ihr bereits bei einem früheren Rettungsversuch geliehen haben. *H'* beteiligt sich an dem Plan, hilft ein neues Konto einzurichten, *K'*, auf dem 100 Dollar liegen (7 Dollar von *H'*, weitere 7 Dollar vom Finanzministerium und von der Fed geliehene 86 Dollar), und bietet dann 100 Dollar für die eigene CDO. Auf diese Weise ist die Bank ein für allemal die toxische CDO im Wert von 100 Dollar losgeworden und musste dafür nur 7 Dollar aufwenden, die noch dazu vom Staat kamen![4]

Es war ein teuflischer Plan, der den Banken erlaubte, ungestraft symbolischen Mord zu begehen. Doch die Bedeutung des Geithner-Summers-Plan reicht weit über seine ethischen und fiskalischen Implikationen hinaus. Sein Vorläufer, der Paulson-Plan, war fraglos ein grober, aber ehrlicher Versuch gewesen, den Banken Geld zuzuschanzen, ohne groß Fragen zu stellen. Geithner und Summers versuchten etwas anderes: Sie wollten die Wall Street glauben machen, dass ihr geliebter Kasino-Kapitalismus wie der Phoenix aus der Asche erstehen konnte dank eines von der Regierung sanktionierten Plans zur Schaffung neuer Derivate – neuer Formen von privatem Geld, für das das öffentliche Geld des Steuerzahlers bürgte.

Im Kern ermöglichte die Regierung den treuesten und hässlichsten Helfern des Globalen Minotaurus ein machtvolles Comeback, *nachdem* das Untier in Ungnade gefallen war. Es war nur ein Schritt der Politiker von vielen auf einem Weg, der ironischerweise zu ihrer eigenen Entmachtung führte. Indem sie die bankrotten Banken stärkten, nahmen sie sich selbst jeden ernsthaften Spielraum, wirksam Politik zu gestalten. Sobald die Macht der Wall Street wiederhergestellt war, hatte die Politik keine Möglichkeit mehr, in die andauernde Krise einzugreifen.

Europas Version des Geithner-Summers-Plan

Europas Krise (um die es ausführlich im nächsten Kapitel geht) hat ihre eigenen Besonderheiten. Dennoch ist es instruktiv, wenn wir uns kurz anschauen, wie unglaublich fest die toxischen Derivate das Denken in den europäischen Institutionen im Griff hatten. Es ist faszinierend festzustellen, dass ausgerechnet der Kontinent, der angeblich voller Verachtung auf die CDOs aus Amerika blickte, in dem Augenblick, als man beschloss, den Mitgliedstaaten in fiskalischen Nöten (Irland, Portugal, Spanien) Darlehen zur Verfügung zu stellen, sich von den geschmähten CDOs inspirieren ließ.

Im Mai 2010 schuf die EU ein sogenanntes *Special Purpose Vehicle* (SPV). Diese Zweckgesellschaft sollte bei solventen Mitgliedern der Eurozone Geld einsammeln und an diejenigen ausleihen, die auf den Geldmärkten nichts mehr bekamen. Das sollte Ausfälle bei Staatsschulden vermeiden, die die Banken geschwächt hätten, weil sie eben diesen Staaten große Summen geliehen hatten.

Die Zweckgesellschaft, bald umbenannt in *European Financial Stability Facility* (EFSF, Europäische Finanzstabilisierungsfazilität, kurz »Euro-Rettungsschirm«), sollte ein temporärer Fonds sein. Doch als die Eurokrise sich verschärfte, wurde entschieden, die EFSF 2013 in eine permanente Institution namens *Europäischer Stabilitätsmechanismus* (ESM) umzuwandeln. Die Idee dabei war, dass die Eurozone 440 Milliarden Euro aufnehmen soll, um illiquiden und möglicherweise auch insolventen Mitgliedstaaten Geld leihen zu können.[5]

Zwei Eigenschaften machen den EFSF zu einem faszinierenden Beispiel für die »Bankrottokratie«. Erstens (diese Eigenschaft wird im nächsten Kapitel im Detail untersucht) sollen mit dem Geld des EFSF nicht Irland, Portugal und so weiter gerettet werden, sondern Europas Pleitebanken. Zweitens und in unserem Zusammenhang wichtiger soll sich der EFSF durch die Ausgabe toxischer Eurobonds Geld besorgen – Bonds, die genauso strukturiert sind wie zuvor die umherschwirrenden CDOs.

Erinnern wir uns, dass die Wall Street in den CDOs Scheiben unterschiedlicher Hypotheken (guter und ausfallgefährdeter) bündelte, jede Scheibe mit einem eigenen Zinssatz und spezifischen

Ausfallrisiko. Erinnern wir uns weiter, dass die Mischung toxisch (oder explosiv) war, denn wenn eine Scheibe in einer CDO ausfiel (weil zum Beispiel Jack seinen Kredit nicht mehr bedienen konnte), erhöhte dies das Ausfallrisiko der nächsten Scheibe (Jill konnte ihre Hypothek nicht mehr bedienen, weil die Gefahr, dass sie ihren Job verlieren würde, größer geworden war, nachdem Jack seinen Job und sein Haus verloren hatte).

So war es auch mit den EFSF-Bonds, die zum Beispiel ausgegeben wurden, damit man dem irischen Staat Geld leihen konnte, der sich im Dezember 2010 am Rand des Bankrotts befand, nachdem es ihm nicht gelungen war, genug Geld zusammenzubekommen, um seine Zahlungsverpflichtungen zu erfüllen und die Schulden seiner privaten Banken zurückzuzahlen. Der EFSF konnte die Darlehen für Irland am Geldmarkt aufnehmen, weil die übrigen fünfzehn Euroländer (Griechenland hatte im Mai 2010 bereits keinen Zugang mehr zum Geldmarkt) entsprechend ihrem BIP dafür bürgten. Die Gesamtsumme, die die Länder der Eurozone beschafften, wurde dann in kleine »Pakete« aufgeteilt, und jedes Paket enthielt eine Scheibe, für die Deutschland bürgte, eine, für die Frankreich bürgte, eine weitere, für die Portugal bürgte, und so weiter. Da jedes Land ein anderes Kreditrating hatte, waren die Zinssätze unterschiedlich. Schließlich wurden die »Pakete« als Bonds verkauft, überwiegend an asiatische Investoren und an europäische Banken (die quasi bankrott waren).

Malen wir uns einmal aus, was passieren könnte, wenn auch Portugal genau wie zuvor schon Griechenland und Irland kein Geld mehr auf dem Geldmarkt bekommt. Ein Grund, warum das passieren könnte (wenn es zu dem Zeitpunkt, da Sie diese Zeilen lesen, nicht schon passiert ist), ist die Tatsache, dass Portugal, das sowieso schon am Abgrund steht, zu hohen Zinssätzen Geld für Irland leihen musste! Spekulanten könnten auf die Idee kommen, Kreditausfallversicherungen zu kaufen, die ihnen Geld einbringen, wenn Portugal ausfällt, und der Kursanstieg dieser CDSs könnte die Zinsen, die Portugal für neue Darlehen zahlen muss, auf ein untragbares Niveau treiben. Und dann muss Portugal beim EFSF betteln!

Der EFSF muss daraufhin im Namen der verbliebenen Eurostaaten neue Schulden aufnehmen, um Portugal zu retten. Da Portugal aus der Gruppe der Retter ausgeschieden ist, bleiben nur noch vierzehn Länder, die für die EFSF-Bonds bürgen. Wie werden die Märkte reagieren? Sie werden sich sofort auf den nächsten »Abschusskandidaten« konzentrieren: das Land, das innerhalb des EFSF die höchsten Zinsen für das Geld bezahlen muss, das aufgenommen wird, damit man Griechenland, Irland und nun auch Portugal Kredit geben kann. Also werden die Zinsen für Spanien steigen, bis Madrid ebenfalls am Geldmarkt kein Geld mehr bekommt. Dann sind nur noch dreizehn Länder übrig, die Geld für den EFSF beschaffen können, und die Märkte werden das nächste Opfer ins Visier nehmen. Und so weiter, bis nur noch so wenige Länder im EFSF übrig sind, dass sie die Last der Schulden nicht mehr tragen können (selbst wenn sie es wollten).

Im nächsten Kapitel verwende ich das Bild einer Gruppe in Not geratener Bergsteiger, die mit einem einzigen Seil aneinandergebunden sind und nacheinander vom Berg stürzen, einer nach dem anderen, zuletzt auch der Stärkste von ihnen, weil er das Gewicht aller anderen nicht halten konnte. Aus diesem Blickwinkel betrachtet, hinterlässt die kurze Lebenszeit des ESFS einen verheerenden Eindruck. In seinen Bonds sind unterschiedliche Garantien (von den einzelnen Staaten) auf eine Weise miteinander verbunden, die beklagenswert undurchsichtig bleibt. Genau so sind 2008 die CDOs entstanden, behaftet mit zwei fatalen Fehlern.

Erstens war es mindestens leichtsinnig, die EFSF-Bonds genauso wie die CDOs zu strukturieren, die die Weltwirtschaft in solche Turbulenzen gestürzt haben. Eine direkte Auswirkung der Orientierung an der Struktur der CDOs ist, dass der EFSF sich 440 Milliarden Euro leihen muss, aber nur Darlehen im Wert von höchstens 250 Milliarden Euro vergeben kann. Die restlichen 190 Milliarden Euro liegen einfach da und verstauben! Und warum? Weil die Investoren wissen, dass die Bonds, die sie kaufen, toxisch sind, werden sie nur welche kaufen, wenn der EFSF reichlich Geld in der Hinterhand hält, um sie zu entschädigen, falls Portugal oder ein anderes Mitglied der Eurozone zahlungsunfähig werden sollte. Das ist, kurz gesagt, eine höchst ineffiziente Methode, Schulden zu vergemeinschaften.

Zweitens ist diese Art der politischen Intervention genau wie der Geithner-Summers-Plan in den Vereinigten Staaten nicht nur ein Freispruch für das *Prinzip* der CDOs (und damit auch ein Freispruch für ihre Schöpfer an der Wall Street), sondern – und das ist noch wichtiger – sie erlaubt Banken, Versicherungen, Hedgefonds und so weiter, neue Formen von privatem Geld zu schaffen. Als hätte es den Crash von 2008 nie gegeben! Wir haben bereits gesehen, wie in der Vereinigten Staaten der Geithner-Summers-Plan zu neuen Derivaten führte und damit neues privates Geld, für das gutes altes staatliches Geld bürgte, an die Wall Street spülte. In Europa sind ähnlich unheimliche Dinge passiert.

Als klar wurde, dass Interventionen im Stil des EFSF zur Rettung von Ländern wie Griechenland und Irland mit toxischen Eurobonds finanziert werden sollten (und da die Märkte nicht eine Sekunde daran glaubten, dass sie die Zahlungsprobleme der betroffenen Staaten wirklich lösen würden), ergriffen Banken und Hedgefonds mit beiden Händen die Chance, aus der Unsicherheit über die Zukunft des Euros mit Wetten Kapital zu schlagen. Und genau das taten sie: Sie wetteten in Form von Kreditausfallversicherungen gegen Bonds von Mitgliedstaaten der Eurozone (Griechenland, Irland, Spanien, Italien). Letztlich läuteten die toxischen Eurobonds des EFSF und die Schwemme frischer CDSs eine neue Runde in der Schöpfung von kurzlebigem privatem Geld ein. Und wenn der letzte Haufen privates Geld zu Asche geworden ist – was mit Sicherheit geschehen wird –, was wird dann aus Europa?

Die Hand beißen, die sie gerettet hat: Die hässlichsten Helfer lassen jede Scham fallen

Der Kern des Geithner-Summers-Plans sowohl in der ursprünglichen wie in der europäischen Version war die Rechtfertigung der Schöpfung von privatem Geld durch die Wall Street. Statt entschlossen zu erklären: »Nie wieder!«, haben unsere verantwortlichen Politiker den Banken signalisiert, dass alles weitergeht wie gehabt. Und es geht weiter wie gehabt, nur *mit staatlichem Geld.* Karl Marx hat einmal gesagt, dass die Geschichte sich als Farce wiederholt. Während die Wall Street vor 2008 aus eigenem Antrieb synthetische Finanzprodukte kreierte (und die Regierung manchmal ein Auge zudrückte), hat sie es nach dem Crash von 2008 mit massiven Hilfen der (amerikanischen und europäischen) Regierungen getan.

Kurz zusammengefasst: Bereits im Februar 2009 füllte die Regierung Obama die Segel der Wall Street, indem sie einen neuen Marktplatz für die alten Derivate (die lauter Hypothekenschulden armer Menschen enthielten) organisierte. Das Tauschmittel auf diesem neuen Marktplatz war eine Mischung aus alten (wieder flottgemachten) Derivaten und neuen (die nun nicht mehr aus den Hypotheken armer Leute bestanden, sondern aus den Steuern derjenigen, die sich der Besteuerung nicht entziehen konnten – oft genug dieselben armen Leute). Auf diese Weise bekamen die Banken viele toxische Anlagen aus den Büchern, während die Produktion von neuem toxischem privatem Geld einen neuen Schub erhielt. Eineinhalb Jahre später folgten die Europäer, die nicht nachstehen wollten, mit ihrem EFSF zur Schuldenübernahme und Bankenrettung – ihr Beitrag zu einer neuen Welle hoch toxischer Finanz »produkte«.

Sobald der größte Teil der toxischen CDOs aus den Bilanzen der Banken verschwunden war, nutzte die Wall Street einen Teil ihrer

Erlöse und einen Teil des Geldes aus mehreren staatlichen Rettungsaktionen, um den Regierungen ihr Geld zurückzuzahlen. Wenn ich sage, »die Regierungskredite zurückzahlen«, ist das natürlich eine grobe Übertreibung. Was sie zurückzahlten, war nur ein kleiner Teil dessen, was sie vom amerikanischen Finanzministerium und der Fed bekommen hatten. Der allergrößte Teil der Rettungspakete bestand in gigantischen, aber nicht in den Büchern auftauchenden Garantien. Und die wurden nie zurückgegeben. Auch die enormen Kosten des Geithner-Summers-Plans wurden nie zurückerstattet. Überdies erkannten die Banken nie den Wert der Aktien und anderen Anlagen an (es waren viele hundert Milliarden Dollar), die die Fed als Akt der Solidarität mit der Wall Street unter dem Tisch gekauft hatte (was man auch quantitative Lockerung nennt). Es ist eine ausgemachte Sache, dass all das nie wieder zurückgezahlt wird.

Kurz gesagt: Zuerst wurden die Banken (vom Steuerzahler) in die Lage versetzt, zu ihrer lukrativen Produktion von privatem toxischem Geld zurückzukehren, und dann zahlten sie der Regierung einen klitzekleinen Teil ihrer Schulden zurück – eine Summe, die gerade ausreichte, um neue Bonuszahlungen an ihre Manager zu rechtfertigen. Sobald die Boni wieder flossen und der Aktienmarkt sich wieder erholte, schwärmte die Presse vom Ende der Rezession. Die Wirtschaft wachse wieder, hörten wir. Die Presse, Kommentatoren, Ökonomen, Börsenexperten – praktisch alle – schienen einen kollektiven Seufzer der Erleichterung auszustoßen, dass es doch noch gelungen war, den Weltuntergang abzuwenden. Obwohl ernstzunehmende Stimmen zur Vorsicht mahnten und einige sich laut über eine »Double-dip-Rezession«, einen neuerlichen Rückfall in die Rezession nach einem kurzen Aufschwung, Gedanken machten, hieß es allenthalben, wir seien über den Berg. Doch die Arbeitslosigkeit ist so hoch wie zuvor, Zwangsversteigerungen und Zwangsverkäufe von Immobilien gehen unvermindert weiter, und die Reallöhne stagnieren immer noch.

In politischer Hinsicht haben unsere Regierungen schlichtweg vor den Pleitebanken kapituliert. Und wie üblich, wenn jemand vor einem finsteren Charakter kapituliert, bekommt er dafür keinen Dank. Der Geithner-Summers-Plan hat die Macht der Banken, den Staat zu erpressen, erhöht. Während die Regierung von Präsident Obama eifrig das Mantra der Wall Street übernahm, dass es keine richtigen Verstaatlichungen geben dürfe (das heißt das Scheinargument, die Rekapitalisierung der Banken durch temporäre Verstaatlichungen wie in Schweden 1993 würde das Vertrauen der Öffentlichkeit in das Finanzsystem zerstören und dadurch mehr Instabilität erzeugen, was wiederum die wirtschaftliche Erholung gefährde), schmiedeten die Banken bereits das nächste Komplott gegen die Regierung, fest entschlossen, ihre neue finanzielle Stärke zu nutzen, um Obamas politischen Gegnern in den Sattel zu helfen, die den Banken schamlos wenig Regulierung versprachen.

Diese Wendung erhielt zusätzliche Bedeutung, als der Oberste Gerichtshof im Januar 2010 mit fünf zu vier Stimmen den Tillman Act von 1907 aufhob. Präsident Roosevelt hatte das Gesetz auf den Weg gebracht, das Spenden von Unternehmen an politische Parteien verbot und so politische Einflussnahme verhindern sollte. An jenem verhängnisvollen Donnerstag im Januar entschieden die Richter, dass Verantwortliche von Unternehmen ohne Rücksprache mit wem auch immer einen Scheck für den Politiker ausstellen können, der ihnen das beste Geschäft verspricht, besonders hinsichtlich der Regulierung des Finanzsektors im Gefolge von 2008. Damit öffneten sich die Schleusen für das Geld von der Wall Street.

Präsident Obama reagierte clever auf diesen »Betrug«: Er bevollmächtigte Paul Volcker (inzwischen über achtzig und immer noch fit), einen gesetzlichen Rahmen für das künftige Handeln der Wall Street auszuarbeiten – und ihn so zu konzipieren, dass die staatlichen Institutionen wesentlich mehr Zugriff auf die Wall Street bekommen würden. In seiner neuen Eigenschaft als Leiter des President's Economic Recovery Advisory Board (PERAB,

Beratungsgremium des Präsidenten für wirtschaftliche Erholung) formulierte er die Volcker Rule, und die Regierung versprach, sie durch den Kongress zu bringen. Die Volcker Rule war eine Wiederbelebung des Glass-Steagall Act, den Larry Summers in den 1990er-Jahren aufgehoben hatte. Nach der Volcker Rule wäre es Banken verboten gewesen, mit Derivaten und anderen exotischen Finanzprodukten zu jonglieren. Volckers Grundgedanke war, dass Banken, die vom Staat abgesicherte Einlagenkonten führen, sich nicht am Börsenhandel und am Handel mit Derivaten beteiligen dürfen. Zwar wurde ein Versuch unternommen, die Volcker Rule zu verabschieden, aber letzten Endes setzte sich die Wall Street durch.

Die Konfrontation mit einem Mann, der ein früher Prophet des Globalen Minotaurus gewesen war und in den 1980er-Jahren das heranwachsende Untier mit aufziehen half (erinnern wir uns an Volckers Rolle, die wir in Kapitel 4 beschrieben haben), verursachte den Bankern von der Wall Street ein paar schlaflose Nächte. Aber die dauerten nicht lange. Im Januar 2011 verabschiedete sich Volcker und mit ihm das PERAB in den Ruhestand. Der kurze Augenblick, als die Wall Street so viel Schwäche zeigte, dass sie zu erheblichen Konzessionen gezwungen werden konnte, war vorbei. Der hässlichste Helfer des Minotaurus hatte sich emanzipiert. Die Frage lautet nun: Wie wird er ohne einen Globalen Minotaurus zurechtkommen? Darüber denken wir am Ende dieses Buchs nach.

Die Rückkehr des Räuberstaats, hohle Ökonomie und die bizarre Tragödie des Marktfundamentalismus

Marktfundamentalismus, sowohl als politische Idee wie als ökonomische Theorie, war schon immer ein Helfer des Minotaurus (siehe Kapitel 5, Toxische Theorie, 1. und 2. Teil). In gewisser Weise verhielt es sich damit nicht anders als mit dem Marxismus im Sowjetsystem: Man verstieß öfter gegen seine Lehren, als man sich daran hielt. In beiden Fällen dienten hochtrabende Ideale, dargelegt in faszinierenden ökonomischen Abhandlungen, niederen Zwecken: Sie sollten den Zugriff einer bestimmten gesellschaftlichen Gruppe auf Macht und Reichtum rechtfertigen.

Dass die Reichen und Mächtigen den Staatsapparat eroberten, war in Amerika vor 1929 ein gängiges Muster (siehe dazu Kapitel 2). Die Weltwirtschaftskrise von 1929 war die Nemesis, die die Geschichte auf eine Gesellschaft losgelassen hatte, die sich von einem Räuberstaat ausplündern ließ – einem Staat, den sich zuerst die Räuberbarone unter den Nagel gerissen hatten, dann die Unternehmensbosse und wenig später die Wall Street.[6]

Nachdem der New Deal und der Zweite Weltkrieg zu dem Globalen Plan führten, achtete man bei der sozio-ökonomischen Neuordnung auf eine ausgewogene Einbeziehung von Unternehmen, Regierung und Arbeitnehmern. Diese Ordnung hatte zwei Jahrzehnte Bestand – fast alle haben diese Jahre als das Goldene Zeitalter des Kapitalismus in Erinnerung.[7] Doch als der Globale Plan 1971 kollabierte und die amerikanische Wirtschaft wie auch die Weltwirtschaft absichtlich »desintegriert« wurden, um den Weg für den Globalen Minotaurus frei zu machen, brach die Nachkriegsordnung auseinander.

Das war kein Zufall. Wie wir gesehen haben, war ihr Ende eine Vorbedingung dafür, dass ausreichend Kapital in die Vereinigten Staaten floss, damit die doppelten Defizite immer weiter wachsen konnten. Die Implosion der Nachkriegsordnung war *unerlässlich*, damit der Globale Minotaurus seine Herrschaft antreten konnte. Und wer profitierte wirklich davon? Die Topverdiener, die Segmente der amerikanischen Gesellschaft, die in den Finanzinstituten oder ihrem Umkreis arbeiteten, die Industrie, die fossile Brennstoffe verarbeitete, die mit dem militärisch-industriellen Komplex verbundenen Branchen (hauptsächlich Elektronik,

Informationstechnologie, Luftfahrt und Maschinenbau). Nutznießer waren auch all die Glücklichen, die eine extrem ausbeuterische Firma wie Walmart besaßen. Ihnen spielte der Minotaurus in die Hände, und der Marktfundamentalismus war sein ideologischer Helfer.

Den Idealen, die dem Marktfundamentalismus zugrunde lagen, erging es genauso wie dem Marxismus in Moskau: Sie waren die ersten Opfer derjenigen, die mit ihrer Hilfe die Macht erobert hatten. Als Ronald Reagan 1981 ins Weiße Haus einzog, sprach er die Sprache der Angebotstheoretiker, redete von ausgeglichenen Haushalten, davon, dass die Zeit des »Big Government« vorbei sei (ironischerweise geht der Begriff »starke Regierung« ausgerechnet auf Marx zurück), und so weiter. Doch nachdem er ein paar Monate mit solchen politischen Programmen jongliert hatte und spätestens, als die Arbeitslosenzahlen 1981 in die Höhe schossen, vollzog Reagan eine Wende um 180 Grad (genau wie Lenin es mit seiner Neuen Ökonomischen Politik gemacht hatte, als er feststellte, dass die Vergesellschaftung von Fabriken nicht so gut funktionierte wie geplant). Statt den staatlichen Apparat zu verkleinern und den Haushalt auszugleichen, drückte der Präsident aufs Gaspedal. Die beiden Defizite dehnten sich massiv aus, als Folge seiner ungezügelten keynesianischen Interventionen ging die Arbeitslosigkeit zurück, und der Globale Minotaurus war auf dem Vormarsch.

Durch den Crash von 2008 veränderten sich drei Dinge. Erstens blieb der Minotaurus verwundet in seinem Labyrinth liegen; es ging ihm so schlecht, dass er nicht mehr ausreichend Überschussproduktion aus Europa, Japan, China und Südostasien aufnehmen konnte, um zu verhindern, dass die Wirtschaft in diesen Ländern ins Stocken geriet. Zweitens kollabierten die Finanzmärkte, und das private Geld, das sie geschaffen hatten, war weg – zu Staub zerfallen, den der Sturm der Krise weggefegt hatte. Drittens wurden die Politiker entweder ermutigt, die Helfer des Minotaurus in die

Schranken zu weisen, oder durch andere ersetzt, die das zu tun versprachen.

Von diesen drei Auswirkungen ist heute nur noch die erste zu spüren. In Amerika wie in Europa zauderten die Politiker, die dem gefallenen Minotaurus entgegentreten wollten. Während sie noch unschlüssig abwarteten, sprangen andere (weniger skrupulöse) Politiker in die Bresche. In einem ersten Schritt nahmen sie das frisch geprägte staatliche Geld, das in die Banken floss, um sie am Leben zu halten, und verwendeten es dazu, der Wall Street und den Banken weltweit zu ermöglichen, massenhaft neue Formen von toxischem privatem Geld zu produzieren. Sobald das Geschäft wieder so gut lief, dass die Banken ihre politische Macht zurückgewonnen hatten, erkannten die Politiker, die alles anders machen wollten, dass es zu spät war. Und da zuckten sie zurück und gaben lieber von vornherein die Schlacht verloren, als einen vergeblichen Kampf zu beginnen.

Epilog: Das Schlimmste aus beiden Welten

Was passiert, wenn der tyrannische Herrscher ausfällt und die Helfer einspringen? Das hängt von den Helfern ab. Leider regieren die Helfer, mit denen wir es zu tun haben, in einer Weise, die die schlimmsten Aspekte der Herrschaft des Globalen Minotaurus (Ungleichheit, Rüpelhaftigkeit und Instabilität) perpetuieren, ohne die wichtige Funktion zu erfüllen, die er erfüllt hat: dafür zu sorgen, dass genügend Nachfrage für die Überschussproduktion von Europa und Asien besteht, indem er die Kapitalüberschüsse der Welt recycelte.

Die Ungleichgewichte im Welthandel wuchsen zwar bis 2008 unaufhörlich, aber der Globale Minotaurus zog genügend Kapital aus der ganzen Welt an, um die Überschüsse anderer Länder zu recyceln und so zu erreichen, dass sie jedes Jahr wieder auftraten. Außerdem schuf die Wall Street auf der Grundlage dieser Zuflüsse ihr privates Geld, das anschließend die Welt mit gewaltiger Liquidität überschwemmte, was wiederum einen stetigen Zuwachs der angehäuften Überschüsse ermöglichte. Es mochte ein schwankendes und nicht nachhaltiges Modell sein, aber zumindest solange es bestand, hatte es eine gewisse Logik.

Heute kann der Minotaurus diese ausgleichende Funktion nicht mehr erfüllen. Die amerikanische Wirtschaft läuft weit unter ihren Möglichkeiten, die Arbeitslosigkeit schmälert die Nachfrage nach Waren, Immobilien und Dienstleistungen, und die Wall Street befindet sich dank der gekaperten Politiker zwar auf Erholungskurs, sieht sich aber nicht imstande, genügend von dem alten privaten Geld hervorzubringen, um einen neuerlichen Boom bei Konsum und Investitionen zu befeuern – und einen Boom brauchen Europa, Japan und sogar China *unbedingt*, damit sie auf einen nachhaltigen Wachstumspfad zurückkehren können.[8]

Wir werden, um es auf den Punkt zu bringen, von den Helfern des Minotaurus regiert, profitieren aber nicht mehr von den stabilisierenden Einflüssen des Untiers. Die Zeit vor 2008 mag vielleicht nicht nachhaltig gewesen sein, die Zeit nach 2008 aber ist voller Spannungen, die künftige Generationen mit Unruhe und Aufruhr in einem Ausmaß bedrohen, wie wir es uns heute noch gar nicht vorstellen können.

KAPITEL 8
DIE WELTWEITE HINTERLASSENSCHAFT DES MINOTAURUS: EINE SINKENDE SONNE, VERWUNDETE TIGER, EIN INSTABILES EUROPA UND EIN ANGSTVOLLER DRACHE

Die sinkende Sonne: Japans verlorene Jahrzehnte

Japans geradezu wundersames exportgetriebenes Wachstum in der Nachkriegszeit, das sich unter der wohlwollenden Schirmherrschaft der Vereinigten Staaten entwickelte, war eine der Säulen des Globalen Plans. Es hatte zwei Phasen: In den späten 1950er-Jahren exportierte Japan bereits Erzeugnisse der Leichtindustrie und importierte Erzeugnisse der Schwerindustrie aus den Vereinigten Staaten sowie Rohstoffe aus verschiedenen Ländern. Sehr schnell gelangte Japan zu entwickelteren Handelsstrukturen, exportierte Erzeugnisse der Schwerindustrie und importierte nur noch unbedingt nötige Rohstoffe.

Die japanischen Löhne stiegen in der Nachkriegszeit, aber nicht so schnell wie Wachstum und Produktivität. Die dadurch entstandenen Überschüsse lenkte die Regierung in Tokio in den Ausbau der Infrastruktur für den privaten Sektor (zum Beispiel Verkehr), in Forschung und Entwicklung, Ausbildung und so weiter, und in sehr viel geringerem Ausmaß auch in ein System der sozialen Sicherung für die Masse der Bevölkerung.

Die Produktion gründete auf massiven Investitionen, die eindrucksvolle Größeneffekte ermöglichten. Produziert wurde in hochgradig konzentrierten oligopolistischen Strukturen, den sogenannten *Keiretsu* (zum Beispiel Mitsui, Mitsubishi und Sumitomo). Die *Keiretsu* waren vertikale Konglomerate – hierarchische Organisationen mit eigenen Banken und Fabriken plus einem ausgeklügelten System von Subunternehmen, das aus unzähligen kleinen und mittleren Unternehmen oder *Chusho-Kigyo* bestand. Obwohl 80 Prozent der Beschäftigten bei kleinen und mittleren Unternehmen arbeiteten, war deren Produktivität ziemlich gering: Sie lag bei weniger als der Hälfte des Durchschnitts der größeren Firmen.

Das japanische Wirtschaftswunder beruhte auf dieser Kombination großer, miteinander verbundener Konglomerate, den vielen kleinen Unternehmen in ihrem Umkreis und einer Regierung, die sich um die Infrastruktur- und Kapitalbedürfnisse beider Unternehmensgruppen kümmerte. Aus dieser Perspektive ist leicht zu verstehen, warum Japan so sehr auf ausländische Nachfrage baute. Weil Investitionen und Produktion so wichtig waren, weil die Löhne der Produktivität hinterherhinkten und die Sozialausgaben sehr gering waren, verbrauchte die japanische Wirtschaft nur einen Bruchteil dessen, was sie produzierte. Deshalb war nach dem Ende des Globalen Plans der Globale Minotaurus so wichtig für das Land. Und deshalb steckt Japan heute, wo der Minotaurus blutend am Boden liegt, in so großen Schwierigkeiten.

Natürlich hat in Japan der lange Weg des Niedergangs bereits in den 1990er-Jahren begonnen. Kommentatoren richten auf der Suche, was schiefgegangen ist, ihre Scheinwerfer auf den Bankensektor. Als die Anhänger freier Märkte feststellten, dass die japanischen Banken weitgehend vom Staat kontrolliert werden, dachten sie, sie hätten die Lösung gefunden. Das Problem bei dieser Diagnose ist nur, dass die Abhängigkeit der Banken vom Staat keineswegs nur eine Belastung für die japanische Wirtschaft darstellt, sondern auch ein Grund für deren Erfolg ist. Tatsächlich ermöglichte die seit Langem bestehende Allianz von Regierung und Banken dem Staat Einfluss auf die Investitionen, mit dem Ergebnis, dass sich die »nationale Politik« der Industrialisierung in der Nachkriegszeit relativ leicht durchsetzen ließ. Ohne diesen engen Schulterschluss wäre das japanische Wirtschaftswunder nicht möglich gewesen. Er erlaubte der Regierung, die japanischen Firmen von den Finanzmärkten fernzuhalten; deren Aufgabe übernahm das Finanzministerium in Zusammenarbeit mit der Notenbank. Die Industrie wurde angewiesen, sich auf ihre Kernaufgabe zu konzentrieren (»Dinge« gut herzustellen), unterdessen waren die Regierung und jede mit einem *Keiretsu* verbundene Bank dafür verantwortlich, dass Geld in und um diese Konglomerate herum floss.

Zur Zeit des Globalen Plans sorgte die autoritäre *De-facto*-Herrschaft einer Partei (der nahezu unbesiegbaren Liberaldemokratischen Partei) unter der Vormundschaft der Vereinigten Staaten dafür, dass der japanische Staat von der Zivilgesellschaft halb losgelöst war. Die Politiker hatten einen wesentlichen Anteil an dem Drama, das sich abspielte, als der Globale Minotaurus nach 1971 den Globalen Plan ersetzte. Vor allem die sozialstaatliche Seite der japanischen Wirtschaft wurde als Reaktion auf die anfängliche Abwertung des Dollars grundlegend umgebaut. Die japanischen Politiker reagierten schnell auf den drohenden Kollaps der Exporte in die Vereinigten Staaten, und auf zweierlei Weise. Erstens fanden sie neue technologische Lösungen, um wettbewerbsfähig zu bleiben. Und zweitens exportierten sie Kapital in die Vereinigten Staaten in Form von ausländischen Direktinvestitionen, durch den Ankauf von amerikanischen Staatsanleihen und Investitionen an der New Yorker Börse. Kurzum, um seine oligopolistische Industrie am Laufen zu halten, entschied sich Japan, den Globalen Minotaurus zu füttern – genau wie die amerikanischen Verantwortlichen vorausgesehen hatten.

Die stillschweigende Vereinbarung zwischen den USA und Japan war einfach: Japan würde weiterhin seine Überschüsse aus dem Handel recyceln, indem es amerikanische Schulden aufkaufte und in Amerika investierte; im Gegenzug erhielt es dauerhaft privilegierten Zugang zum amerikanischen Binnenmarkt. Damit stand der japanischen Industrie die Nachfrage zur Verfügung, die aus der japanischen Gesellschaft nicht kam. Doch die Sache hatte einen Haken: Wenn man im Ausland Vermögenswerte kauft, produzieren sie irgendwann Einnahmen, und die müssen nach Hause transferiert werden. Japan lief also Gefahr, nicht länger Nettokapitalexporteur zu sein, sondern zu einer Rentier-Nation zu werden. Diese Aussicht stand im Widerspruch zur japanischen Wachstumsstrategie in der Zeit nach der Ölkrise, die sich auf Branchen mit hoher Wertschöpfung und wenig Energieverbrauch konzentrierte wie Elektronik, integrierte Schaltkreise, Computer und Mechatronik (Industrieroboter).

Am 22. September 1985 unterzeichneten die Vereinigten Staaten, Japan, die Bundesrepublik Deutschland, Frankreich und Großbritannien das Plaza-Abkommen. Erklärtes Ziel war eine Abwertung des Dollars, um das amerikanische Handelsbilanzdefizit (und im Weiteren auch das Haushaltsdefizit) zu reduzieren, oder anders ausgedrückt: den Globalen Minotaurus an die Kandare zu legen. Heute rufen viele Kommentatoren das Plaza- Abkommen als Vorbild für ein Abkommen in Erinnerung, das Amerika den Chinesen aufzwingen sollte, um die enormen chinesischen Überschüsse im Handel mit den Vereinigten Staaten abzubauen. Es stimmt zwar, dass man mit dem Plaza-Abkommen eine Abwertung des Dollars gegenüber dem Yen um über 50 Prozent (innerhalb von zwei Jahren nach der Unterzeichnung) erreichte, aber die Kommentatoren übersehen die wahre Absicht hinter dem Abkommen: Zumindest teilweise ging es darum, zu verhindern, dass Japan zu einer Rentier-Nation wurde, denn eine solche Entwicklung hätte sowohl Japans langfristige Pläne wie den Globalen Minotaurus gefährdet, der weiter der unangefochtene globale Rentier bleiben wollte.[1]

Der Kursanstieg des Yens nach 1985 bremste die japanische Wirtschaft stark. Für die Vereinigten Staaten wurden die japanischen Exporte teurer, und in dem Bemühen, die Investitionsquote zu erhalten, pumpte die japanische Zentralbank viel Geld in das *Keiretsu*-System. Die Folge war, dass sich der größte Überhang an Liquidität in der jüngsten Vergangenheit aufbaute. Eine Nebenfolge war massive Immobilienspekulation in Japan. Und als Anfang der 1990er-Jahre die Politik in Japan versuchte, die Luft aus der Spekulationsblase bei Immobilien abzulassen, indem sie die Zinsen ein wenig anhob, stürzten die Preise für Wohn- und Gewerbeimmobilien ab. Die Banken des Landes standen mit hohen Darlehen in ihren Büchern da, die niemand zurückzahlen konnte.

Oft wird gesagt, die japanische Regierung habe es versäumt, die Banken zu einer Lösung des Problems mit den faulen Krediten zu zwingen. Das stimmt zwar, geht aber an der Tatsache vorbei, dass die Banken durch die *Keiretsu*-Struktur eng mit einem komplizierten Netz von kleinen und großen Firmen verzahnt waren. Hätte der Staat den Banken erlaubt, ihre faulen Kredite abzuschreiben, wäre der Bankensektor des Landes gegen die Wand gefahren, und das wäre auch das Ende des japanischen Wirtschaftswunders gewesen. Stattdessen pumpte die japanische Zentralbank so viel Liquidität in die Banken, wie sie brauchten. Bedauerlicherweise verschwand der größte Teil davon in den schwarzen Löchern innerhalb der Banken (den notleidenden Krediten), ohne in nennenswertem Umfang neue Investitionen zu generieren.

Zum ersten Mal seit Mitte der 1930er-Jahre steckte eine hoch entwickelte kapitalistische Volkswirtschaft in einer rezessionären Liquiditätsfalle. Trotz aller Bemühungen der für die Geldpolitik Verantwortlichen, Investitionsanreize zu schaffen, indem sie die Zinsen auf beinahe null herabsetzten und Liquidität in die Banken pumpten, konnten die japanischen Zombie-Banken die erhofften Investitionen nicht zur Verfügung stellen. Die Regierung versuchte einen fiskalischen Anreiz nach dem anderen. Es wurden

Straßen und Brücken gebaut, zwischen den japanischen Inseln entstanden neue Eisenbahnlinien. Das sorgte zwar für Auslastung der Fabriken, aber die »Krankheit« ließ sich dadurch nicht überwinden.

Interessanterweise nutzte die japanische »Krankheit« vor 2008 dem Globalen Minotaurus. Die japanischen Zinsen von nahezu 0 Prozent beschleunigten die Wanderung des Kapitals von Tokio nach New York, wo es auf mehr Rendite hoffen konnte. Zu den bereits beträchtlichen Summen, die die japanische Regierung in amerikanische Staatsschulden investierte, und den ebenso hohen Summen, die japanische Unternehmen in Form von ausländischen Direktinvestitionen nach Amerika leiteten (indem sie zum Beispiel amerikanische Aktien kauften oder ganze Firmen, oder indem Sony, Toyota, Honda und so weiter Produktionsstätten in Amerika errichteten), kam nun ein dritter Kapitalstrom hinzu: die sogenannten *carry trades* von Spekulanten, die sich in Japan praktisch zu Nullzinsen Geld liehen und es dann nach Amerika transferierten, wo sie es zu viel höheren Zinssätzen verleihen konnten. Die *carry trades* vergrößerten die Geldzuflüsse für den Minotaurus erheblich und beschleunigten so die Entwicklung des Kasino-Kapitalismus, der paradoxerweise den Minotaurus zu Fall bringen sollte.

Und nicht nur die induzierte Krise in Japan trug zur raschen Expansion des Minotaurus bei. Der Kasino-Kapitalismus in Verbindung mit wiederholten Versuchen, die heimische Währung an den US-Dollar zu koppeln (der sogenannte *dollar peg*), führte zu einer langen Reihe von Finanzkrisen und schließlich zum Zusammenbruch der Realwirtschaft bei jedem Glied der Kette. Die Kette begann 1994 mit der Krise des mexikanischen Peso, weiter ging es nach Südostasien (mit dem Kollaps des thailändischen Baht, des südkoreanischen Won und der indonesischen Rupie), dann nach Russland und von dort wieder zurück nach Lateinamerika (Argentinien war ihr tragischstes Opfer). Bei allen Krisen stand am Anfang ein hoher Zustrom von billigem ausländischem Kapital, der Immobilienblasen entstehen ließ. Wenn die Blasen platzten, verwandelte die plötzliche Freisetzung von Kapital in Verbindung mit einem freundlichen Besuch der netten Leute vom IWF die betroffenen Volkswirtschaften in das wirtschaftliche Äquivalent von verbrannter Erde.

So ist es nur natürlich, dass diese Länder, als sie sich endlich aus der Asche erhoben hatten, an nichts anderes dachten als ans Sparen, damit sich ein solcher Albtraum nur ja nicht wiederholte. Und was geschah mit ihren Ersparnissen? Sie wanderten nach New York und befeuerten den anhaltenden Aufstieg des Minotaurus. Paradoxerweise bewies die Haltung »nie wieder«, die nach den ökonomischen Zusammenbrüchen in Lateinamerika und Südostasien herrschte, dass die peripheren Finanzkrisen, die zwischen 1994 und 2002 unterschiedliche Regionen des Globus heimgesucht hatten, die Hauptprobe für den Crash von 2008 gewesen waren.

Nach 2008 und nach der erzwungenen Abdankung des Globalen Minotaurus stellten die Vereinigten Staaten und Europa zu ihrem Entsetzen fest, dass die japanische Liquiditätsfalle auf sie übergegriffen hatte. An dem Punkt waren all die Vorwürfe europäischer und japanischer Kommentatoren an die Adresse der japanischen Regierung, dass sie nicht entschieden genug gegen ihre Zombie-Banken vorgegangen sei, auf einmal vergessen, und Europa und Amerika wandten genau die gleichen Rezepte an wie Japan in seinen verlorenen Jahrzehnten. Plötzlich gab es im gesamten weiten Westen Zombie-Banken. Und während die japanischen Zombie-Banken weiterhin politisch schwach blieben, haben die amerikanischen und europäischen Zombie-Banken in der neuen sozioökonomischen Konstellation, der *Bankrottokratie,* wie ich sie nenne, das Sagen.

Verwundete Tiger: Japan, Amerika und die Krise in Südostasien

Seit der fortgeschrittene Kapitalismus im Gefolge des Koreakriegs und vor allem des Vietnamkriegs in Südostasien Fuß fassen konnte, spielte Japan die Rolle des regionalen Hegemons (siehe Kapitel 3). Japan stellte den südostasiatischen Tigerstaaten die erforderliche Technologie zur Verfügung und zündete die Wachstumsrakete. Doch es wäre falsch zu sagen, Japan hätte für Südostasien die gleiche Rolle gespielt wie die Vereinigten Staaten für Deutschland und Japan zur Zeit des Globalen Plans und des Globalen Minotaurus. Der Unterschied ist, dass Japan gegenüber Südostasien keine substanziellen Handelsbilanzüberschüsse hatte (wie die Vereinigten Staaten zur Zeit des Globalen Plans gegenüber Europa und Japan) und auch keine Periode durchlief, in der es die südostasiatischen Handelsbilanzüberschüsse absorbierte (wie Amerika die europäischen und japanischen Überschüsse zur Zeit des Globalen Minotaurus). Stattdessen hatte Südostasien die ganze Zeit ein strukturelles, langfristiges Handelsbilanzdefizit gegenüber Japan und musste sein Wachstum auf den Nettoerlösen aus dem Export nach Amerika und Europa aufbauen.

In den besten Jahren des Globalen Minotaurus, vor allem in dem Jahrzehnt von 1985 bis 1995, verlagerte Japan parallel zum Rückgang des Dollarkurses seine ausländischen Direktinvestitionen nach Asien. Innerhalb weniger Jahre breiteten die japanischen *Keiretsu* ihre Flügel über Südkorea, Malaysia, Indonesien und Taiwan aus, indem sie Investitionsgüter exportierten, die man sowohl für die Produktion wie für Infrastrukturprojekte brauchte. Diese Entwicklung war immer eine der Absichten hinter dem Plaza-Abkommen von 1985 gewesen, eine zumindest partielle Entschädigung dafür, dass Japan sich den amerikanischen Anweisungen gebeugt hatte. Die amerikanische Regierung, der IWF, die Weltbank

– sämtliche Exponenten des fortgeschrittenen westlichen Kapitalismus – setzten die südostasiatischen Regierungen unter Druck und drängten auf eine vollständige Liberalisierung ihrer Kapitalmärkte. Die Idee dahinter war ganz einfach: Japanische Investitionen in Südostasien sollten erleichtert werden, aber auch der Griff der Wall Street nach dieser Region der Welt und ihre Möglichkeiten, dort Gewinne zu machen (denn das hohe Wachstum dort bedeutete höhere Renditen als im Westen).

Südostasien brach unter dem Druck zusammen. Ausländisches Kapital strömte herein, trieb die Aktien- und Immobilienpreise nach oben und sorgte dafür, dass die Handelsbilanzdefizite dieser Länder gegenüber Japan stiegen. Und weil die Japaner immer noch nicht genügend Nachfrage für ihre eigene Produktion hatten, wurde der Druck, Exportmärkte für südostasiatische Waren *außerhalb Japans* zu finden, immer größer. An dem Punkt eilten wieder einmal die Vereinigten Staaten zu Hilfe. Denn anders als Japan (das praktisch alles produzieren konnte mit Ausnahme ausreichender Nachfrage für seine wunderbar schimmernden Produkte) hatte Amerika unter den Blicken des Minotaurus die Kunst erlernt, enorme Nachfrage für die Waren anderer Länder zu erzeugen. So wurden die Vereinigten Staaten zu *dem* Exportmarkt für die gesamte Region einschließlich Japan, während Südkorea und Taiwan überwiegend Waren aus Japan importierten. Dieser Prozess schuf vielleicht erstmals in der Geschichte den japanischen *Lebensraum*, der den geistigen Vätern des Globalen Plans Ende der 1940er-Jahre vorschwebte, aber durch den unerwarteten Sieg des Vorsitzenden Mao in China nicht zustande gekommen war.

Nach dem Plaza-Abkommen ergoss sich die Flut japanischer Liquidität und ausländischer Investitionen rasch über Südostasien. Die Kapitalzuflüsse in die Tigerstaaten kamen zu den steigenden Einnahmen aus Nettoexporten in die Vereinigten Staaten noch hinzu. Bald verursachten sie eine Immobilienblase. Gegen Ende der 1990er-Jahre platzte die Blase, und das ausländische Kapital verschwand schneller, als es hereingekommen war, was die betroffenen Länder in einen Albtraum stürzte. Baustellen wurden aufgegeben, Währungen überhastet abgewertet, Investitionen versiegten, die Arbeitslosigkeit verstärkte soziale Spannungen, die Armut nahm wieder zu und, am schlimmsten von allem, der IWF wurde zu Hilfe gerufen. Seine Kredite waren an politische Maßnahmen geknüpft, die in unproduktiven Ländern mit einem korrupten Staatsdienst ihre Berechtigung hatten. Aber für die Tigerstaaten waren sie denkbar ungeeignet, denn deren Probleme rührten nicht von zu hohen Sozialausgaben und Korruption her, sondern von überdehnten Finanzinstituten und einer Liquiditätskrise.

Nach der schrecklichen Phase einer vollkommen unnötigen Austeritätspolitik auf Geheiß der Fundamentalisten vom IWF erholten sich die südostasiatischen Tiger allmählich wieder – teils aufgrund der immer noch strotzenden Gesundheit des Minotaurus, teils wegen massiver Abwertungen der lokalen Währungen. Ihre Regierungen gingen aus der Krise der späten 1990er-Jahre mit einem eisernen Vorsatz hervor: Nie wieder würden sie den IWF zu Hilfe rufen. Nie wieder würden sie der Wall Street und gleichgesinnten ausländischen Bankern erlauben, ihre hart erkämpften Fortschritte zunichtezumachen.

Von dem Tag an achteten die südostasiatischen Länder darauf, Dollarreserven für schlechte Zeiten zurückzulegen. Diese Reserven flossen dann mit dem für New York bestimmten Kapital-Tsunami zusammen, der den Minotaurus lebendig, unverschämt und letztlich beherrschend erhielt.

Nach dem Crash von 2008 gewann der Yen wieder erheblich an Stärke – ein weiterer Schlag für Japans Pläne, durch Exporte zu wachsen. Die Tigerstaaten hingegen hatten ihre Währungen weiter an den Dollar gekoppelt. Es ist eine Binsenweisheit, dass in Zeiten einer Krise das Kapital auf der Suche nach sicheren Häfen in die größten Volkswirtschaften strömt, und deshalb stiegen 2008 sowohl der Dollar als auch der Yen. Aber das beantwortet nicht die Frage, warum der Yen im Verhältnis zum Dollar (und damit im Verhältnis zu den südostasiatischen Währungen) so schnell stieg. Die Erklärung lautet: Weil die Zinsen in Europa und Amerika in einem wilden Wettlauf mit den Zinsen in Japan gegen null tendierten, gab es für japanisches Privatkapital keinen Grund mehr, im Ausland zu bleiben. Der massive Rückfluss von japanischem Kapital (zumindest des Teils, der nicht bei dem Crash »verbrannt« war) trieb den Yen nach oben und brachte die japanische Industrie gegenüber den Vereinigten Staaten und gegenüber Südostasien in Nachteil.

Die langfristige Wirkung der Heimkehr der japanischen Ersparnisse ist von globaler Bedeutung. Auf der einen Seite hat sie durch die Aufwertung des Yens Japans Stagnation verfestigt. Auf der anderen Seite hat das Ende der *carry trades* mit Yen einen weltweiten Zinsanstieg bewirkt ausgerechnet zu einer Zeit, da die Weltwirtschaft mit mächtigen Rezessionskräften ringt. Der tragische Tsunami vom 11. März 2011 wird den Zustrom von Kapital nach Japan noch verstärken, gleichzeitig ging die Wirtschaftstätigkeit dadurch kurzfristig zurück und wird mittelfristig stark wachsen (wenn der Wiederaufbau richtig in Gang kommt). Unterdessen ist inmitten dieser beunruhigenden Volatilität der anhaltende Rückfluss von japanischem Kapital der wahre Grund, warum China dem Ansinnen des Westens widersteht, seine Währung voll konvertibel zu machen und die Bindung an den US-Dollar zu lösen: Der Drache hat seine Lektion aus den bitteren Erfahrungen der Tiger gelernt.

Für Südostasien ist der einzige Silberstreif beim Crash von 2008, dass Südostasien im Verhältnis zu Japan stärker geworden ist, obwohl die Nachfrage nach seinen Exporten immer noch instabil ist. Der Kampf Südostasiens um weitere Nettoexporte in den Rest der Welt wird sehr hart werden, vor allem weil es unter dem langen Schatten des Großen Drachens im Norden agieren muss.

Fassen wir zusammen: Die Achillesferse des japanischen Kapitalismus war, dass Japan es im Gegensatz zu den Vereinigten Staaten nie geschafft hat, eine hegemoniale Position im Verhältnis zu Südostasien einzunehmen. Während Südkorea, Taiwan, Malaysia, Singapur und so weiter sich bei Technologie und Investitionsgütern an Japan wandten, konnten sie bei der Nachfrage nicht mit Japan rechnen. Die ganze Region blieb an den Globalen Minotaurus und seine Launen gekettet. China wuchs vor diesem Hintergrund zur Supermacht heran. Es ist entschlossen, sich weder von der japanischen Krankheit anstecken zu lassen noch in eine Falle zu gehen, die der ähnlich ist, in die die südostasiatischen Tiger Ende der 1990er-Jahre gerieten.

Deutschlands Europa

Nun sollten wir uns der zweiten Säule des Globalen Plans zuwenden, Deutschland und seinem wechselvollen Schicksal im Zeitalter des Minotaurus und darüber hinaus. Zwischen Deutschland und Japan besteht ein großer Unterschied. Deutschland konnte bei dem Versuch, sein eigenes exportgestütztes Wachstum vor dem Dollarverfall seit 1971 zu schützen, auf etwas bauen, was Japan fehlte: Zugang zu seinem eigenen *Lebensraum*. Die Vereinigten Staaten hatten hart daran gearbeitet, einen solchen für Deutschland zu schaffen – den europäischen Gemeinsamen Markt, heute die Europäische Union. Den deutschen Exporten in den Rest von Europa fiel weiterhin die Rolle zu, die die amerikanischen Architekten des Globalen Plans ihnen zugewiesen hatten: Sie sollten die Stärke der D-Mark sichern und gleichzeitig von zentraler Bedeutung für die industrielle Entwicklung im Rest von Europa sein. Tatsächlich exportierte Deutschland nicht nur Volkswagen und Kühlschränke, sondern auch Investitionsgüter, die für praktisch jeden Aspekt des Produktionsprozesses in Europa wichtig waren.

Trotzdem war Deutschland nicht die Lokomotive Europas. Seit

1973 beruhte das Entwicklungsmodell von Kontinentaleuropa auf der kombinierten Wirkung einer starken Investitionsgüterindustrie, vernetzt durch Deutschlands globale Konzerne. Doch die Nachfrage, die Konzerne am Laufen hält, war in Deutschland immer knapper als in den Nachbarländern, in die sie ihre Geschäftstätigkeit ausgedehnt hatten. Wie Japan zeigte sich auch Deutschland hervorragend in der Lage, die begehrtesten und innovativsten Industrieprodukte herzustellen. Und es erwies sich genauso unfähig wie Japan, im eigenen Land die erforderliche Nachfrage dafür zu erzeugen. Aber im Gegensatz zu Japan hatte Deutschland den Vorteil des europäischen Umfelds oder seines Lebensraums, die einen Gutteil der Nachfrage für seine Industrieprodukte lieferte und dafür sorgte, dass Deutschland nicht so abhängig (wie Japan) vom Globalen Minotaurus wurde.

Viel Tinte ist in den letzten Jahren über Europas grundsätzliche Heterogenität geflossen. Aber wie könnte es anders sein? Besteht denn Deutschland selbst aus gleich entwickelten und gleich dynamischen Ländern? Natürlich nicht. Vereinfacht gesagt, gehörten zur EU vor der Erweiterung drei Arten von Volkswirtschaften: Länder, die beständig Überschüsse produzierten (Deutschland, die Niederlande, der flämische Teil von Belgien, Österreich und die skandinavischen Länder); Länder mit einem chronischen Defizit (Italien, Griechenland, Spanien und Portugal) und Frankreich, das eine eigene Kategorie bildet.[2] Dass Frankreich aus der Reihe tanzt, hat damit zu tun, dass es zwar einerseits nie den Anschluss an die Überschussländer geschafft hat, andererseits aber zwei große Vorteile besitzt: seine politischen Institutionen, die (vielleicht dank der napoleonischen Vergangenheit) in Europa dem amerikanischem Vorbild eines politisch effizienten Staatsdienstes am nächsten kommen; und einen großen Bankensektor, der weiter entwickelt ist als in den meisten Überschussländern. Aufgrund des Gewichts seiner Banken spielt Frankreich bei der Erleichterung der Waren- und Kapitalströme innerhalb Europas eine zentrale Rolle.

Von 1985 an hatte der Drang des Globalen Minotaurus, das amerikanische Handelsbilanzdefizit zu vergrößern, erhebliche Verbesserungen der deutschen Handelsbilanz zur Folge. Das färbte auf das übrige Europa ab; auch Europas kollektive Handelsbilanz drehte ins Plus. In diesem Umfeld wurden die Stimmen, die eine gemeinsame Währung wollten, lauter. Jede Gruppe hatte ihre eigenen Gründe, einen Währungszusammenschluss anzustreben.

Ab den 1970er-Jahren war Deutschland darauf bedacht, seine Position in Europa als Nettoexporteur von Konsum- und Investitionsgütern und als Nettoimporteur von aggregierter Nachfrage zu stärken. Der Schlüssel zum Erfolg war, seine Wachstumsrate unter der des übrigen Europa zu halten und gleichzeitig sehr viel mehr zu investieren als seine Nachbarn. Das Ziel dabei war einfach: Man wollte immer mehr Überschüsse innerhalb des europäischen Lebensraums ansammeln, um den Minotaurus jenseits des Atlantiks zu füttern, was wiederum die Chancen für die eigenen Exporte in die Vereinigten Staaten und später China vergrößerte.

Der Haken an der deutschen Strategie war die drohende Möglichkeit, andere Länder könnten ihre Währungen abwerten. Italien (und andere) setzten Abwertungen erfolgreich dazu ein, ihre Handelsbilanzdefizite gegenüber Deutschland zu begrenzen. Aus deutscher Perspektive war es ideal, wenn Berlin seine geliebte D-Mark behielt und trotzdem ein europäischer Währungsmechanismus geschaffen wurde, der dafür sorgte, dass die Währungsschwankungen innerhalb gewisser Grenzen blieben. Dieser Mechanismus wurde als *Europäischer Wechselkursmechanismus* (WKM) bekannt, ein kurzlebiges Arrangement, das nach einem massiven spekulativen Angriff Anfang der 1990er-Jahre kollabierte. Da biss Deutschland in den sauren Apfel und stimmte einer gemeinsamen Währung zu: einer dauerhaften Währungsunion, die Spekulanten davon abbringen sollte, auf Häufigkeit und Ausschlag von Währungsschwankungen zu wetten.

Die übrigen Europäer hatten ihre eigenen Gründe, eine gemeinsame Währung zu wollen. Die Eliten in den Defizitländern hatten schlicht und einfach genug von den immer neuen Abwertungen. Die Tatsache, dass der Wert ihrer Bankkonten und ihrer schönen Ferienvillen in D-Mark plötzlich und unerwartet fiel, behagte ihnen nicht. Und weil die arbeitende Schicht nicht länger zusehen wollte, wie die Inflation ihnen einen Teil ihrer hart erkämpften Lohnzuwächse wegfraß, war es für die Eliten in Griechenland und Italien leicht, sie vom Traum einer gemeinsamen Währung zu überzeugen. Natürlich mussten sie einen hohen Preis bezahlen. Um die Inflation unter die 3-Prozent-Grenze zu drücken, die Voraussetzung dafür, dass ein Land bei der gemeinsamen Währung mitmachen durfte, mussten die Defizitländer die produktiven Sektoren ihrer eigenen Wirtschaft stark bremsen. Der Ausfall bei den Lohnzuwächsen wurde jedoch durch einen Anstieg bei der Kreditvergabe abgemildert, denn Kredite wurden billiger, weil die Zinsen sanken. Genau wie in den Vereinigten Staaten in den 1970er- und 1980er-Jahren, als die Arbeitnehmer als Gegenleistung für glänzende Kreditkarten niedrigere Reallöhne akzeptieren mussten, waren die Unterprivilegierten in den europäischen Defizitländern gezwungen, höhere Schulden zu machen.

Doch den Schlüssel zum Projekt Euro hatte niemand anderer in der Hand als Europas glorreicher Außenseiter Frankreich. Die französische Elite hatte drei Gründe, warum sie eine Verbindung zwischen Franc und D-Mark wollte. Erstens würde das die Verhandlungsposition der Elite gegenüber den mächtigen französischen Gewerkschaften stärken, blieben doch die Lohnanstiege, die die deutschen Gewerkschaften jenseits des Rheins mit den Arbeitgebern und der Bundesregierung aushandelten, maßvoll. Zweitens würde eine gemeinsame Währung den bereits wichtigen Bankensektor weiter stärken. Und drittens würde es den politischen Eliten eine Chance eröffnen, in Europa in dem einzigen Bereich eine Vormachtstellung einzunehmen, in dem Frankreich gegenüber

Deutschland die Nase vorn hatte: beim Aufbau transnationaler politischer Institutionen.

Der D-Mark neue Kleider

Die Einführung des Euros hatte hartnäckige Stagnation in den Defizitländern plus Frankreich zur Folge. Deutschland und die anderen Überschussländer der Eurozone steigerten ihre Überschüsse weiter. Das ermöglichte den deutschen Unternehmen, ihre Geschäftstätigkeit zu internationalisieren und in die Vereinigten Staaten, China und Osteuropa auszudehnen. Auf diese Weise wurden Deutschland und die anderen Überschussländer das europäische Gegenstück zum Globalen Minotaurus – sein *Simulacrum.*[3] Während der Minotaurus Nachfrage für den Rest der Welt erzeugte, saugte das Simulacrum die Nachfrage aus dem Rest von Europa heraus. Deutschland rettete seine globale Dynamik, indem es die Stagnation in seinen europäischen Hinterhof exportierte.

Als Ganzes machte die Eurozone gute Fortschritte. Die Einkommen stiegen, aber unter der Oberfläche begann in der französischen Industrie und in den Defizitländern eine Rezession zu schwelen. Das war der Preis, den die Nachzügler und das ehrgeizige Frankreich dafür zahlen mussten, dass sie ihre Währungen an die D-Mark koppelten. Und was hatten sie davon? Billigere Kredite und einen von Schulden getriebenen Konsum.

Vor dem Crash von 2008 schlug sich der Neid der Europäer auf den Minotaurus (siehe den Anfang von Kapitel 5) in langen Abhandlungen über das schleppende Wachstum in Kontinentaleuropa und die Überlegenheit des anglo-keltischen Modells nieder. Tatsächlich hatten die müden europäischen Wachstumsraten, die in den letzten vier Jahrzehnten kontinuierlich zurückgingen, nichts mit unflexiblen Arbeitsmärkten, einem sklerotischen Finanzsystem oder übermäßigen sozialen Wohltaten zu tun. Sie zeigten lediglich an, dass der Großteil Europas der Magie der deutschen Überschüsse erlag. Der einzige Lichtblick für Europas Defizitländer waren in den glücklichen Tagen des Globalen Minotaurus die Nettoexporte in die Vereinigten Staaten. Aber mit dem Crash von 2008 war es auch damit vorbei.[4]

Seine institutionelle Einkleidung bekam das Simulacrum mit dem berühmten Maastricht-Vertrag, der die Regeln für die Mitgliedschaft in der Eurozone festlegte. Demnach darf das *Haushaltdefizit* nicht über 3 Prozent des BIP liegen, die *Schuldenquote* (das Verhältnis von Schulden und BIP) nicht über 60 Prozent steigen, die *geldpolitischen Entscheidungen* soll die »unabhängige«, auf Inflationsbekämpfung verpflichtete EZB treffen und umsetzen, und schließlich wurde noch vereinbart, dass es *keine Transferunion* geben würde (oder keine »Bailouts«, wie man nach 2008 sagte). Letzteres bedeutete, dass Mitgliedstaaten keine Hilfe von den Institutionen der Eurozone (der EZB, der Eurogruppe und so weiter) oder von anderen Mitgliedern erwarten durften, wenn sie in finanzielle Turbulenzen gerieten.

Der Öffentlichkeit und den Eliten in Europa verkaufte man den Maastricht-Vertrag als vernünftige Vorkehrung, um den Euro vor *Trittbrettfahrern* zu schützen. Am häufigsten bemühte man die Metapher des gemeinsamen Bankkontos, von dem jeder Kontoinhaber Geld abheben kann, unabhängig davon, wie viel er oder sie eingezahlt hat, und ohne vorherige Absprache mit den anderen Kontoinhabern. Ein solches Konto wäre bald leer, hieß es. Auf die Eurozone übertragen, hätte man es mit einem Mitglied zu tun, das mit seinem verschwenderischen Finanzgebaren die Glaubwürdigkeit und den Wert des Euros untergraben würde.

Zwar braucht jede Währungsunion einen solchen Mechanismus, der Trittbrettfahrerei verhindert, aber er ist sicher nicht ausreichend. Etwas fehlte. Hatte man dieses »Etwas« zufällig vergessen, oder verband man eine heimliche Absicht damit? Ich glaube, dass

Letzteres zutrifft. Tatsächlich stand die gleiche Absicht hinter Harry Dexter Whites Opposition gegen Keynes' Vorschlag einer Internationalen Clearing-Union in Bretton Woods 1944 (siehe Kapitel 3). Genau wie die Amerikaner zur Zeit des Globalen Plans auf ihren hohen Überschüssen beharrten, verlangte Deutschland, der Maastricht-Vertrag dürfe keinen expliziten Mechanismus zum Überschussrecycling beinhalten. Und warum? Sie wollten die Eurozone als Instrument nutzen, um die »Verpflichtung« der Defizitstaaten (plus Frankreich), Deutschland eine effektive Nettonachfrage zur Verfügung zu stellen, in Stein zu meißeln.

Der große Unterschied zwischen der weltweiten amerikanischen Hegemonie und der deutschen Dominanz innerhalb der EU war, dass die Vereinigten Staaten sehr genau wussten, wie wichtig das Recycling der Überschüsse war. Ihr einziger Einwand gegen Keynes bestand darin, dass sie keine formelle Institutionalisierung des Recyclingmechanismus wollten. So machten sie es sich zur Zeit des Globalen Plans zur Gewohnheit, Deutschland und Japan mit großzügigen Finanzspritzen zu unterstützen. Und als der Globale Plan einen schmählichen Tod starb, recycelte sein Nachfolger, der Globale Minotaurus, mit Vergnügen; allerdings kehrte er die Kapital- und Handelsströme zum Vorteil der Wall Street um. Solange dieses ökumenische Untier herrschte, hielt die fehlerhafte Architektur der Eurozone stand.

Als der Crash von 2008 den Minotaurus verwundete, brach der Euro zusammen. Griechenland war das schwächste Glied der Eurozone, aber das Problem lag in der Konstruktion verankert, insbesondere im Fehlen eines Mechanismus für den Überschusstransfer. Aber bevor ich dazu mehr sage, sollten wir ein paar Schritte zurücktreten und uns den Augenblick ansehen, als die beiden Deutschlands eins wurden.

EUROPAS FLUCHT **8.1**

Es ist verführerisch, die zentrale Metapher dieses Buchs auszuweiten und noch den Mythos um *Europa* einzubeziehen. Nach derselben Mythologie, die uns den Minotaurus schenkte, war Europa eine schöne phönizische Prinzessin, in die Zeus sich verliebte. Er verwandelte sich in einen weißen Stier, lockte sie, auf seinen Rücken zu steigen, und bevor sie herunterspringen konnte, stürzte er sich ins Ägäische Meer und trug sie nach Kreta. König Minos war die Frucht ihrer Vereinigung. Damit ist Europa die Stiefgroßmutter des Minotaurus (siehe den Mythos von der Geburt des Minotaurus in Kapitel 1).

Ein weiterer Kniff dieser Geschichte ist, dass Zeus Europa eine Reihe von Geschenken machte, bevor er zu seiner Gemahlin, der Göttin Hera, zurückkehrte. Ein Geschenk war Lailaps, ein Jagdhund, der seine Beute immer fängt. (Ein weiteres war ein Speer, der nie sein Ziel verfehlt.) Einige Generationen später tauchte Lailaps in der Meute auf, die den teumessischen Fuchs jagte – einen Menschenfresser, der nach dem Willen der Götter niemals gefangen werden sollte. Der endlose Kampf zwischen Lailaps und dem Fuchs belastete Zeus so sehr, dass er beschloss, beide Tiere zu Stein werden zu lassen und an den Nachthimmel zu schleudern. Wenn die europäischen Politiker sich die Köpfe zerbrechen, wie sie den Euro stabilisieren können, gefällt ihnen vielleicht diese Metapher für unmögliche Aufgaben.

Die deutsche Wiedervereinigung und ihre globale Bedeutung

Der fortschreitende Zerfall der Sowjetunion, der Ende der 1980er-Jahre unerwartet begann, führte bald zum Einsturz der Berliner Mauer. Der damalige Bundeskanzler Helmut Kohl ergriff die Gelegenheit zur Wiedervereinigung. Nach allgemeiner Auffassung sind die hohen Kosten der Wiedervereinigung für die wirtschaftlichen Probleme Deutschlands und die Stagnation in den 1990er-Jahren verantwortlich. Ich teile diese Auffassung nicht.

Zwar ist es richtig, dass die Wiedervereinigung die öffentlichen Finanzen in Deutschland sehr strapaziert hat (in einer Größenordnung von rund 1,3 Billionen Euro) und Deutschland sogar dazu brachte, gegen die Maastricht-Kriterien zu verstoßen, auf die es so großen Wert gelegt hatte. Aber die Wiedervereinigung schwächte auch die Verhandlungsmacht der Gewerkschaften in Deutschland. Was die Ölkrise, Walmart und aggressive Unternehmenspolitik in den 1970er-Jahren in Amerika bewirkt hatten, brachte die Wiedervereinigung in den 1990er-Jahren in Deutschland. Man muss auch festhalten, dass Ostdeutschland nicht der einzige Teil des ehemaligen Sowjetreichs war, dessen Kollaps das deutsche Kapital stärkte. Von Polen bis zur Slowakei und von Ungarn bis zur Ukraine fanden die deutschen Unternehmen spottbillige Arbeitskräfte.

Allgemeiner gesagt, bestand Deutschlands Antwort auf die Kostenexplosion der Wiedervereinigung darin, den Weg der *kompetitiven Lohndeflation* fortzusetzen. Während die Vorbereitungen für die Eurozone liefen, setzte Deutschland dank der Wiedervereinigung erheblich niedrigere Löhne (im Vergleich zu den Löhnen in anderen Ländern der Eurozone) durch. Beinahe in dem Versuch, die heimische Strategie des Globalen Minotaurus zu kopieren, verfolgte das deutsche Simulacrum den Weg, die Lohnzuwächse deutlich unterhalb des Produktivitätszuwachses zu halten. Als der Euro dann da und Deutschland vor Abwertungen anderer Länder wie Italien geschützt war, die sich dadurch Wettbewerbsvorteile verschafft hatten, profitierte es dauerhaft von den niedrigen Löhnen.

Außerdem hatte das deutsche System der Lohnverhandlungen, das auf einer korporatistischen und neomerkantilistischen Entente zwischen dem deutschen Kapital und den deutschen Gewerkschaften beruhte, zur Folge, dass das Kapital stärker als im übrigen Europa von der Lücke zwischen Produktivitätszuwachs und

Lohnzuwächsen profitierte. Das geringe Wachstum stärkte die Wettbewerbsfähigkeit der deutschen Exporte dank Reallohndeflation und kräftigen Investitionen. Nach 2004, als der Höhenflug des Globalen Minotaurus begann, hob auch der deutsche Handelsbilanzüberschuss ab, die Kapitalakkumulation nahm zu, die Arbeitslosigkeit sank, und die Gewinne deutscher Unternehmen stiegen um 37 Prozent.

Doch obwohl die Lage für die deutschen Eliten ziemlich rosig aussah, braute sich im Bankensektor Unheil zusammen – ein hässliches Virus breitete sich aus, das das Simulacrum absichtlich vom Minotaurus selbst übernommen hatte. Und als es 2008 in New York und London zum Crash kam, brach das Virus aus.[5] Es war der Beginn der existenziellen Krise des Euros.

Erst Geschichte, dann Farce: Europas Bankenrettung

Obwohl die Europäer sich zunächst brüsteten, der Crash von 2008 sei eine anglo-keltische Krise und ihre Banken hätten sich nicht mit dem Kasino-Kapitalismus eingelassen, dem Äquivalent zum Goldrausch, kam die Wahrheit bald ans Licht. Die deutschen Banken standen mit einer durchschnittlichen *leverage ratio* (Verschuldung) von 52 Dollar für jeden Dollar Eigenkapital da – schlimmer als an der Wall Street und in der Londoner City. Selbst die konservativsten und schwerfälligsten staatlichen Banken, die Landesbanken, erwiesen sich als Fässer ohne Boden für den deutschen Steuerzahler. Ähnlich sah es in Frankreich aus; dort mussten die Banken einräumen, dass sie mindestens 33 Milliarden Euro in toxischen Papieren angelegt hatten. Zu dieser düsteren Summe müssen wir noch das Engagement der europäischen Banken in den verschuldeten Ländern der Eurozone[6] hinzurechnen (849 Milliarden Euro), in Osteuropa (über 150 Milliarden Euro), in Lateinamerika (über 300 Milliarden Euro) und in faulen isländischen Krediten (rund 70 Milliarden Euro).

Die EZB, die Europäische Kommission (die »Regierung« der EU) und die Mitgliedstaaten sprangen den Banken eilends bei, wie die amerikanische Regierung der Wall Street beigesprungen war. Allerdings gab es zwei große Unterschiede. Erstens kann man den Euro nicht mit dem Dollar vergleichen: Weil der Dollar weiterhin die Reservewährung der Welt ist, können die Fed und das US-Finanzministerium Blankoschecks ausstellen in dem festen Wissen, dass dies für den Wert des Dollars keine Folgen hat, zumindest nicht mittelfristig. Die Zahlen des IWF zeigen in der Tat, dass der Dollar-Anteil an den weltweiten Reserven Ende 2009 bei 62 Prozent lag und sich seither als Reaktion auf die europäische Schuldenkrise nach 2010 erhöht hat.

Der zweite Unterschied hängt mit der problematischen Architektur der Eurozone zusammen: Die Mitgliedstaaten sind durch eine gemeinsame Währung aneinandergekettet, aber ihre Staatsschulden sind strikt getrennt; die Bankenaufsicht liegt ausschließlich in der Verantwortung der einzelnen Mitglieder; und es gibt keinen Mechanismus für das Überschussrecycling, der verhindert, dass sich strukturelle Bruchlinien entwickeln. Einfach gesagt: Stellen Sie sich vor, was passiert wäre, wenn 2008 jeder Staat in der »Dollarzone« (zum Beispiel Kalifornien oder Nevada) seine eigenen Banken hätte retten müssen und bei seinen Defiziten keine Hilfe aus Washington bekommen hätte!

Innerhalb dieses problematischen institutionellen Rahmens kämpften die EZB und die Europäische Kommission darum, die Bankenkrise zu begrenzen. 2008 und 2009 »sozialisierten« sie die Verluste der Banken und machten Schulden der öffentlichen Hand daraus. Unterdessen schlitterte die Wirtschaft in Europa wie erwartet in die Rezession. In einem Jahr (2008/2009) ging das deutsche BIP um 5 Prozent zurück, das französische um 2,6 Prozent, das niederländische um 4 Prozent, das schwedische um 5,2 Prozent, das irische um 7,1 Prozent, das finnische um 7,8 Prozent, das dänische um 4,9 Prozent und das spanische um 3,5 Prozent.

Da kam auf einmal den Hedgefonds und Banken eine Erleuchtung. Warum sollten sie nicht einen Teil der Staatsgelder, die sie erhalten hatten, dafür verwenden, darauf zu *wetten,* dass früher oder später der Druck auf die öffentlichen Finanzen (einerseits durch die Rezession, die die Steuereinnahmen belastete, und andererseits durch den starken Anstieg der öffentlichen Verschuldung, für die die Banken mit verantwortlich waren) so groß werden würde, dass einer oder mehrere Staaten der Eurozone insolvent würden?

Je länger sie darüber nachdachten, desto fröhlicher wurden sie. Die Tatsache, dass die Mitgliedschaft in der Eurozone die am höchsten verschuldeten Länder (Griechenland und andere) daran hinderte, ihre Währungen abzuwerten (was bedeutete, dass sie die Hauptlast der Kombination von Schulden und Rezession tragen mussten), veranlasste die Banker, ihre Augen auf diese Länder zu richten. Und so begannen sie zu wetten, erst mit kleinen Summen, dass das schwächste Glied in der Kette, Griechenland, Insolvenz anmelden würde. Weil die berühmten Buchmacher in London mit Wetten über mehrere Milliarden Pfund überfordert waren, wandten sich die Banken und Hedgefonds den vertrauten CDSs zu, den Versicherungspolicen, bei denen man Geld bekommt, wenn ein anderer bankrott geht (siehe die Beschreibung des Mechanismus in Kapitel 6).

Natürlich spitzte sich in dem Maß, wie der Handel mit dieser neuesten Form von privatem Geld wuchs, die Krise zu. Das hatte zwei Gründe. Erstens trieb die Verteuerung der CDSs auf Griechenland und Irland die Zinsen in die Höhe, die Athen und Dublin zahlen mussten, um sich Geld zu leihen, und das brachte sie noch tiefer in die roten Zahlen (und näher an den Staatsbankrott). Zweitens fehlte das Geld, das für den Kauf von CDSs aufgewendet wurde, den Unternehmen, die Darlehen für produktive Investitionen brauchten, und den Staaten, die ihre wachsende Verschuldung einzudämmen versuchten.

Kurzum, die europäische Form der Bankenrettung gab dem Finanzsektor Gelegenheit, wieder neues privates Geld zu drucken. Genau wie das private Geld, das die Wall Street vor 2008 geschaffen hatte, flüchtig war und irgendwann zerfallen musste, musste auch der Vormarsch des neuen privaten Gelds mit mathematischer Präzision in einem neuerlichen Zusammenbruch enden. Diesmal war es die *Schuldenkrise der Eurostaaten* (oder Staatsschuldenkrise im Euroraum); die ersten Anzeichen zeigten sich Anfang 2010 im griechischen Athen.

Griechenlands Schuldenlast

Im Oktober 2009 teilte die frisch gewählte sozialistische Regierung Griechenlands mit, das tatsächliche Defizit des Landes betrage über 12 Prozent des BIP (statt der angenommenen 6,5 Prozent, die die Maastricht-Grenze bereits um mehr als das Doppelte überschritten hätten). Beinahe sofort explodierten die Preise der CDSs, mit denen auf eine Pleite Griechenlands spekuliert wurde, und ebenso explodierten die Zinsen, die der griechische Staat für Kredite zahlen musste, um seine Schuldenlast in Höhe von 300 Milliarden Euro zu refinanzieren. Im Januar 2010 war klar, dass die griechische Regierung ohne institutionelle Hilfe den Staatsbankrott würde erklären müssen.

Die griechische Regierung suchte zunächst informell Unterstützung in der Eurozone. Die deutsche Kanzlerin Angela Merkel sprach ihr berühmtes Nein hoch drei: nein zur Rettung von Griechenland, nein zu Zinserleichterungen, nein zum griechischen Staatsbankrott. Das dreifache Nein war einzigartig in der Geschichte der öffentlichen (und auch privaten) Finanzen. Stellen Sie sich vor, am 15. September 2008 hätte Finanzminister Paulson zu Lehman Brothers gesagt: »Nein, ich werde Sie nicht retten« (das sagte er); »nein, ich werde nicht dafür sorgen, dass Sie Kredite zu sehr niedrigen Zinsen bekommen« (was er wahrscheinlich ebenfalls sagte), und »nein, Sie können nicht Bankrott anmelden« (was er *niemals* gesagt hätte). Das letzte Nein ist undenkbar. Und doch bekam die griechische Regierung genau das zu hören. Es überstieg das Vorstellungsvermögen der deutschen Regierung, Griechenland zu helfen, aber auch, dass Griechenland bankrott gehen könnte, wo es doch so hohe Schulden bei französischen und deutschen Banken hatte (jeweils rund 75 Milliarden bzw. rund 53 Milliarden Euro).

Fünf quälende Monate lang musste der griechische Staat sich zu Wucherzinsen Geld leihen und rutschte immer tiefer in die Zahlungsunfähigkeit, während er behauptete, er könne dem Sturm standhalten. Kanzlerin Merkel schien entschlossen, Griechenland bis zum letzten Augenblick der Gewalt der Elemente zu überlassen. Dieser Augenblick kam Anfang Mai 2010, als die weltweiten Anleihemärkte in eine Situation gerieten, die sehr an die Kreditklemme von 2008 erinnerte. Die griechische Schuldenkrise hatte Investoren in die Panik getrieben; sie kauften *gar keine* Bonds mehr aus Angst vor dem gleichen Dominoeffekt bei Zahlungsausfällen wie 2008. Am 2. Mai 2010 kamen die Eurostaaten, die EZB und der IWF überein, Griechenland ein Darlehen in Höhe von 110 Milliarden Euro zu gewähren zu einem Zinssatz, der so hoch war, dass man ziemlich sicher davon ausgehen konnte, dass das Land diesen neuen Kredit genauso wenig würde zurückzahlen können wie seine alten.

Verständlicherweise glaubten die Investoren nicht, dass man eine tief in der Rezession versunkene Volkswirtschaft auf wundersame Weise wieder flottmachen konnte, wenn man der insolventen Regierung neue, teure Kredite andiente, und wetteten weiter auf den Staatsbankrott Griechenlands (und anderer angeschlagener Staaten in der Eurozone). Ein paar Tage später kündigte die EU darum die Gründung des Rettungsschirms EFSF an (European

Financial Stability Facility, seine toxische Struktur wird in Kapitel 7 diskutiert), gedacht als Kriegskasse, ausgestattet mit jederzeit abrufbaren 750 Milliarden Euro, nur für den Fall, dass ein anderes Mitglied der Eurozone Hilfe bei der Rückzahlung seiner Staatsschulden benötigen sollte.

Die Märkte beruhigten sich für ein paar Tage, dann nahmen sie den EFSF genauer unter die Lupe und befanden, dass er nur eine Übergangslösung war. Die Eurokrise ging unvermindert heftig weiter. Denn die teuren neuen Kredite konnten den Abstieg der Defizitstaaten in den Bankrott nicht aufhalten, und sie änderten ganz sicher nichts an der fehlerhaften Konstruktion, dem gefährlichen Simulacrum, dessen zerstörerisches Potenzial in dem Augenblick freigesetzt wurde, als der Crash von 2008 den Globalen Minotaurus wegfegte.

Wenn ich recht habe und die Eurokrise ein Systemversagen ist, das als Bankenkrise begann, dann ist die Medizin, die Europa verabreicht, schlimmer als die Krankheit. Es ist, als würde man einen schlechten Schwimmer ins Meer hinausschicken, um einen Badenden zu retten, der zu ertrinken droht: Letztlich wird man zusehen, wie zwei schlechte Schwimmer sich verzweifelt aneinander klammern und gemeinsam rasch untergehen.

Die beiden Schwimmer sind natürlich die Defizitstaaten der Eurozone und das europäische Bankensystem. Die Banken wurden mit beinahe wertlosen Schuldpapieren überhäuft, ausgegeben von Staaten wie Griechenland und Irland. Sie sind schwarze Löcher, in die die EZB unablässig Ozeane von Liquidität hineinpumpt, und von dieser Liquidität gelangt natürlich nur ein kleines Rinnsal in Form von zusätzlichen Krediten zu den Unternehmen. Unterdessen weigern sich die EZB, die Überschussländer und der IWF standhaft, über die Bankenkrise zu sprechen, und konzentrieren all ihre Energien ausschließlich darauf, den Defizitstaaten neue Sparprogramme aufzuzwingen. In einem unendlichen Kreislauf verschärfen die Sparprogramme die Rezession in den Defizitstaaten weiter, und das verstärkt die bereits schweren Zweifel der Banker, ob sie jemals ihr Geld von Griechenland, Irland und so weiter zurückbekommen. Auf diese Weise reproduziert die Krise sich selbst.

Taumelnde Bergsteiger und die Eurokrise

Der Dominoeffekt – ein Defizitland reißt das nächste mit zu Boden, bis niemand mehr steht – ist eine häufig bemühte Metapher zur Beschreibung der Krise in der Eurozone. Ich denke, es gibt eine bessere: eine Gruppe verzweifelter Bergsteiger, die am Rand einer steilen Klippe hocken, miteinander verbunden durch ein einziges Seil. Einige sind gut in Form, andere nicht so fit, aber alle hängen in erzwungener Solidarität aneinander. Auf einmal bebt die Erde (der Crash von 2008), und eine aus der Gruppe (nennen wir sie Helena) kommt ins Rutschen; nur das Seil, das alle verbindet, hemmt ihren Fall. Der nächstschwächere (oder »marginale«) Bergsteiger stemmt sich gegen das Gewicht des gefallenen Mitglieds, das da in der Luft hängt, während lose Felsbrocken rechts und links von ihr zu Boden stürzen, und kämpft darum, sich zu halten. Irgendwann muss auch er, nennen wir ihn Paddy, loslassen. Damit wird die Last für die verbliebenen Bergsteiger noch schwerer, und das nächste Gruppenmitglied »am Rand« droht zu stürzen, was für die verbleibenden »Retter« einen weiteren scharfen Ruck am Seil bedeutet.

Genau so ist man mit der Eurokrise umgegangen. Wir haben (in Kapitel 7) die Struktur des EFSF mit den toxischen CDOs der Wall Street verglichen. Wenn immer mehr Länder vom Anleihemarkt flüchten und Schutz beim EFSF suchen, sieht sich das nächste »randständige« Land mit höheren Zinssätzen konfrontiert, und die Last für die Durchschnittsländer steigt ebenfalls. Das ist eine höllische Dynamik. Es ist, als beobachte man einen tragischen Unfall in Zeitlupe. Nur ist die Realität der Eurokrise viel schlimmer. Denn es kommt noch ein Aspekt hinzu, bei dem der Vergleich mit den Bergsteigern nicht mehr funktioniert: die Bankenkrise, die sich mit jedem »Wechsel« eines Landes auf die »Empfängerseite« des EFSF verschärft.

Denn wie die Tragödie auf der Klippe wird auch das Drama bei den Banken schlimmer. Die Haushaltslöcher wachsen, die Sparpolitik ängstigt die Banken, weil die Volkswirtschaften der Defizitländer weiter schrumpfen, und in einem *Circulus vitiosus* schiebt dieses doppelte Drama das nächste »randständige« Land von der Klippe.

Am erstaunlichsten dabei ist, dass Europa diese Krise in ein paar Wochen lösen könnte. Wie? Und wenn ich recht haben sollte: Warum zögert Europa?

Warum zögert Europa, wenn sich die Krise doch schnell und einfach lösen ließe?

Ich beginne mit einer Erklärung, wie die beiden Krisen, denen sich die Eurozone gegenübersieht – die Krise der verschuldeten Staaten und die Krise des Bankensektors –, rasch gelöst werden könnten. Die bisherigen Bemühungen sind gescheitert, weil Europa nicht darauf geachtet hat, wie die Schuldenkrise und die Bankenkrise sich gegenseitig verstärken, und zugleich die tieferen Ursachen der Krise ignoriert hat: das Fehlen eines Mechanismus für das Recycling von Überschüssen innerhalb der Eurozone. Hier drei einfache Vorschläge, wie man wirksam Abhilfe schaffen könnte.

Im ersten Schritt würde die EZB die Fortsetzung ihrer großzügigen Bankenhilfe davon abhängig machen, dass die Banken einen erheblichen Teil der Schulden, die die Defizitländer bei ihnen haben, abschreiben.[7] (Die EZB ist in einer guten Verhandlungsposition, das durchzusetzen, weil sie die praktisch insolventen Banken Europas konstant liquide hält.)

Im zweiten Schritt würde die EZB mit sofortiger Wirkung *allen* Mitgliedstaaten einen Teil ihrer öffentlichen Schulden abnehmen, und zwar bis zur Schuldenobergrenze nach den Defizitkriterien des Maastricht-Vertrags (das heißt maximal 60 Prozent des BIP). Der Transfer würde über Anleihen der EZB abgewickelt, für die *allein die EZB haftet* statt der anderen Mitglieder der Eurozone. Die Mitgliedstaaten bedienen weiter ihre Schulden, aber zumindest für den Teil, der mit dem Maastricht-Vertrag vereinbar ist, zahlen sie die niedrigeren Zinsen der EZB-Bonds.

Schließlich bringt der dritte Schritt eine weitere ehrwürdige EU-Institution ins Spiel, die Europäische Investitionsbank (EIB). Die EIB kann doppelt so viel in lukrative Projekte investieren wie die Weltbank. Leider wird sie viel zu wenig in Anspruch genommen, denn nach den bestehenden Regeln müssen die Mitgliedstaaten mit einem Teil der Investition in Vorleistung gehen. In Anbetracht des schrecklichen Zustands, in dem die Defizitländer der Eurozone sich befinden, können sie das nicht. Aber wenn man den Mitgliedstaaten gestatten würde, ihren Beitrag zu den von der EIB finanzierten Investitionsprojekten über Anleihen zu finanzieren, die zu diesem Zweck von der EZB ausgegeben werden (siehe oben Schritt zwei), könnte die EIB zu dem Mechanismus für das Überschussrecycling werden, der in der Eurozone bisher fehlt. Ihre Rolle wäre es dann, mithilfe der EZB Überschüsse von europäischen und außereuropäischen Überschussländern zu leihen und in den europäischen Defizitregionen zu investieren.

Fassen wir zusammen: Mit den ersten beiden Schritten könnte man die Schuldenkrise überwinden, und der dritte würde die Eurozone dadurch stützen, dass er das fehlende Glied brächte – den Mechanismus, den sie nie hatte und dessen Fehlen die Eurokrise als Reaktion auf den Crash von 2008 auslöste.

Wenn ich nun mit all dem recht habe, warum greift Europa diesen Vorschlag oder einen ähnlichen dann nicht auf? Die Antwort ist auf den vorangehenden Seiten zu finden, aber vielleicht sollte sie hier noch einmal ausgeführt werden. Wenn die Eurokrise schnell und einfach gelöst würde, würde Deutschland (und mit Deutschland die anderen Überschussländer der Eurozone) seine enorme Verhandlungsmacht einbüßen, die eine schwelende Krise der deutschen Regierung gegenüber Frankreich und den Defizitländern verleiht.

Um das Gleiche noch einmal mit anderen Worten zu sagen: Die Überschussländer haben derzeit einen Fuß in der Eurozone und einen Fuß außerhalb. Auf der einen Seite haben sie die übrige Eurozone durch die gemeinsame Währung an sich gekettet und sichern sich damit hohe Überschüsse innerhalb der Eurozone. Auf der anderen Seite wissen sie, dass die anhaltende Krise die Defizitländer unverhältnismäßig hart trifft, und solange die Überschussländer die Option haben, aus der Eurozone auszusteigen, ist ihre Verhandlungsmacht in den europäischen Gremien gewaltig. Wenn zum Beispiel die deutsche Kanzlerin möchte, dass ein Thema von der Agenda abgesetzt wird, regt sich kein Widerstand. Würde jedoch die Krise morgen mit einer Regelung enden, die die Überschussländer daran hinderte, jemals aus der Eurozone auszutreten, wäre die deutsche Kanzlerin nur eine von fast zwei Dutzend Regierungschefs an einem großen Tisch.

Und betrachten Sie nun, wie der zweite Schritt meines Lösungsvorschlags für die Eurokrise Deutschland hindern würde, jemals die Eurozone zu verlassen: Sobald die EZB, eine gemeinsame Institution, hohe Schulden übernimmt (indem sie eigene Anleihen ausgibt), wird es unmöglich, die gemeinsamen Schulden einzelnen Mitgliedsländern zuzurechnen.[8] Und dann kann niemand mehr rausgehen. Außerdem würde das deutsche Simulacrum demontiert, wenn man den dritten Schritt ergreifen und einen Mechanismus für das Überschussrecycling installieren würde.

Es sieht ganz danach aus, als wäre die Eurokrise vom ökonomischen Standpunkt völlig unnötig, diente aber dem Zweck, innerhalb Europas die Rolle zu erhalten, die Deutschland während der Herrschaft des Globalen Minotaurus für sich selbst geschaffen hat. Und nun ist der Minotaurus »kaputt«, Europa steckt in der Krise, und Deutschland verschließt die Augen vor der Wahrheit.

Der chinesische Drache schwingt sich empor und verfällt dann in Angst

Am 4. Dezember 2010 veröffentlichte Wikileaks eine Botschaftsdepesche, die ein Gespräch zwischen der amerikanischen Außenministerin Hillary Clinton und dem australischen Premierminister Kevin Rudd (irgendwann um den 28. März 2009) zum Gegenstand hatte. Darin hieß es: »Die Außenministerin wies weiter auf die mit dem wirtschaftlichen Aufstieg Chinas verbundenen Herausforderungen hin und fragte: ›Wie kann man den eigenen Banker unter Druck setzen?‹«

Der Leser wird vielleicht – und verständlicherweise – monieren, dass in diesem Buch beharrlich ein Thema ausgeklammert wurde: Während es den Anspruch erhebt, von der Zukunft der Weltwirtschaft zu handeln, war von China wenig die Rede. Zweifellos ist der hemdsärmelige Vormarsch eines Landes, das in der Geschichte einmal eine große Macht war, eine der großen Storys unserer Zeit. China wird die Zukunft so prägen, wie die Vereinigten Staaten das 20. Jahrhundert geprägt haben. Daran zweifle ich nicht. Trotzdem können wir weder den Aufstieg Chinas noch seinen weiteren Einfluss erfassen ohne eine solide Vorstellung von der Welt, wie sie der Globale Minotaurus gestaltet hat. Denn wenn wir es recht bedenken, ist der aufsteigende Drache zum einen in einer vom Minotaurus beherrschten Welt aufgewachsen und reift außerdem in den instabilen Verhältnissen heran, die nach dem Ende des Minotaurus herrschen.

Deng Xiaoping orientierte sich bei seinem neuen Kurs für China an Japan und den südostasiatischen Tigerstaaten. Das Leitprinzip hinter dem chinesischen Wachstumsplan war eine duale Ökonomie mit Sonderwirtschaftszonen – vielen kleinen Singapurs und Hongkongs in China, Inseln kapitalistischer Unternehmenstätigkeit in einem Meer des unbegrenzten Angebots an Arbeitskräften. Das Zentrum würde unterdessen (streng nach japanischem Vorbild) die Investitionen lenken, aber auch direkt mit westlichen und japanischen multinationalen Konzernen über Technologietransfer und ausländische Direktinvestitionen verhandeln. Die globale Position Chinas würde der von Südostasien ähneln: Es würde in den Vereinigten Staaten und Europa Nachfrage für sein exportgetriebenes Wachstum suchen.

Wir können mit Überzeugung sagen, dass China seinen Elan dem Globalen Minotaurus verdankt. Amerikanische, europäische und japanische multinationale Konzerne spielten eine entscheidende Rolle, weil sie in China Werke eröffneten und die niedrigen Kosten dort nutzten, um in den Rest der Welt zu exportieren, insbesondere in die Vereinigten Staaten. Gleichzeitig halfen billige chinesische Importe nach Amerika Unternehmen wie Walmart, die Preise auf unglaublich niedrige Niveaus zu drücken, was wiederum die Steigerungen bei Löhnen und Energiepreisen in den USA minimierte, ein Schlüsselerfordernis (wie wir in Kapitel 4 gesehen haben) für den kontinuierlichen Zufluss von Kapital in die Vereinigten Staaten, der den Minotaurus glücklich und zufrieden erhielt.

Während China seine ersten Gehversuche machte und zu einem bevorzugten Ernährer des Minotaurus wurde, achteten die chinesischen Politiker genau darauf, welche politischen Entscheidungen der USA womöglich Einfluss auf Chinas Wachstumspfad haben konnten. Vor allem lernten sie wichtige Lektionen aus dem

Plaza-Abkommen von 1985 (das, wie wir gesehen haben, Japan zu einer unhaltbaren Position verdammte) und aus der Südostasienkrise 1998, die dadurch entstand, dass Amerika die Tigerstaaten erfolgreich drängte, die finanzielle Regulierung aufzugeben und ihre Finanzmärkte den Launen der Wall Street, der Londoner City und der europäischen Banken zu überlassen.

Eine heute weithin akzeptierte Hypothese lautet, dass die Chinesen sich eben aufgrund dieser Erfahrungen dem erstickenden Druck der Vereinigten Staaten widersetzten, ihre Währung (den *Renminbi* oder RMB) aufzuwerten. Anscheinend drängten die Vereinigten Staaten nach dem Crash von 2008 sehr auf eine Aufwertung des RMB, aus denselben Gründen, aus denen sie in den 1980er-Jahren Japan zur Unterzeichnung des Plaza-Abkommens gedrängt hatten. Nach allgemeiner Auffassung versucht die US-Regierung in ihrem dringlichen Bemühen, etwas gegen die lahmende heimische Nachfrage zu unternehmen, was alle Regierungen versuchen, wenn eine Rezession droht: Nachfrage im Ausland mobilisieren, üblicherweise durch eine Abwertung der Währung (oder, was gleichbedeutend ist, indem man die Ausländer zu einer Aufwertung bewegt). Doch wieder glaube ich nicht, dass die Standarderklärung die ganze Wahrheit ist.

Während amerikanische Firmen, die den Schwerpunkt ihrer Geschäftstätigkeit in Amerika haben, in erster Linie eine Aufwertung des RMB wollen (aus den oben genannten Gründen), ist ganz und gar nicht klar, dass die angeblichen Währungskriege zwischen China und den Vereinigten Staaten von der Art sind, wie wir sie gerade beschrieben haben. Es gibt zwei Gründe, um bei diesem Thema skeptisch zu sein. Erstens ist keineswegs ausgemacht, dass die politisch Verantwortlichen in Amerika wirklich vom Ende des Minotaurus überzeugt sind und wissen, dass die Strategie, das doppelte Defizit der USA immer weiter zu vergrößern (oder zumindest nicht zu verkleinern), aufgegeben werden muss. Zweitens würde eine Aufwertung des RMB einige der größten, am besten aufgestellten und dynamischsten amerikanischen Konzerne hart treffen. Denn sie haben bereits einen großen Teil ihrer Produktion in China angesiedelt und exportieren von dort in den Rest der Welt. Eine Aufwertung des RMB würde ihre Gewinnspannen schmälern. Jedes iPad, jeder Computer von HP und sogar amerikanische Autos (viele mit Teilen, die in China produziert wurden) müssten teurer werden. Während die US-Regierung in China auf eine Aufwertung des RMB hinarbeitet, drohen zahllose multinationale Konzerne aus westlichen Staaten mit einem Rückzug aus China (und Standortverlagerung nach Indien oder sogar Afrika) für den Fall, dass der Kurs des RMB gegenüber dem Dollar deutlich steigt.

Abgesehen von der Verflechtung zwischen China und den USA hat Chinas erstaunliches Wachstum bei den übrigen aufstrebenden Ländern unauslöschliche Spuren hinterlassen. Einige sind im Wettbewerb untergegangen, andere wurden aus ihrer Abhängigkeit vom Westen und seinen multinationalen Konzernen befreit. Mexiko hat als eines der ersten Länder unter Chinas Aufstieg gelitten. Weil es sich entschieden hatte, viel Energie in das Projekt zu stecken, ein Niedriglohnproduzent an der Peripherie der Vereinigten Staaten zu werden (und zusammen mit den Vereinigten Staaten und Kanada Mitglied in der Nordamerikanischen Freihandelszone NAFTA), war Chinas Aufstieg ein Albtraum für die mexikanischen Produzenten. Doch für andere Länder – von Australien (das seine großen Vorräte an Bodenschätzen von chinesischen Firmen ausbeuten lässt) bis Argentinien und von Brasilien bis Angola (das 2007 mehr finanzielle Mittel in Form von Direktinvestitionen vor allem in seine Ölindustrie erhielt, als der IWF der ganzen Welt geliehen hatte) – war er ein Geschenk des Himmels.

Lateinamerika ist wahrscheinlich der Kontinent, den Chinas Aufstieg zum Hauptternährer des Globalen Minotaurus für immer verändert hat. Argentinien und Brasilien verwandelten ihre Felder in Produktionseinheiten, die 1,3 Milliarden chinesische Konsumenten mit Nahrungsmitteln versorgen, und gruben ihr Land um bei der Suche nach Erzen für Chinas hungrige Fabriken. Billige chinesische Arbeitskräfte und der Zugang zu den westlichen Märkten (dank Chinas Mitgliedschaft in der Welthandelsorganisation) erlauben chinesischen Herstellern, ihre mexikanischen und lateinamerikanischen Konkurrenten in Branchen mit geringer Wertschöpfung wie Schuh-, Spielzeug- und Textilproduktion zu unterbieten. Diese zweigleisige Strategie hat zur Folge, dass Lateinamerika seine Industrie verliert und auf den Stand eines Rohstoffproduzenten zurückfällt.

Die Entwicklungen betreffen die ganze Welt. Denn wenn Brasilien und Argentinien sich nach Asien wenden – womit sie bereits begonnen haben –, geben sie vielleicht ihre langjährigen Bemühungen auf, in die Nahrungsmittelmärkte der Vereinigten Staaten und Europas einzudringen, von denen sie durch strenge protektionistische Maßnahmen zum Schutz amerikanischer, deutscher und französischer Bauern ferngehalten wurden. Die Verschiebung der lateinamerikanischen Handelsmuster wirkt sich bereits auf die Orientierung einer ganzen Region aus, die bis vor Kurzem als der Hinterhof Amerikas galt.

Die lateinamerikanischen Regierungen haben sich entschieden, nichts dagegen zu unternehmen, dass ihre Länder zu Chinas Rohstoffproduzenten werden. Vielleicht gefällt ihnen die Deindustrialisierung nicht besonders, aber sie ist immer noch besser als die Aussicht auf eine weitere Krise ähnlich der von 1998 bis 2002 und einen weiteren Besuch des IWF, der ihrer Bevölkerung noch mehr ans Leder will.

Um noch einmal auf die oben zitierte Bemerkung von Außenministerin Clinton zurückzukommen: Es ist klar, was sie meinte, als sie China als Amerikas Banker bezeichnete. Wie wir in Grafik 8.1 sehen, verlassen sich die Vereinigten Staaten seit 2000 bei der Finanzierung ihres Haushaltsdefizits nicht mehr auf Europa und Japan, sondern auf China. Aber was genau wollte sie damit ausdrücken, als sie davon sprach, man müsse China »unter Druck setzen«? Meinte sie wieder Druck auf Beijing, seine Währung aufzuwerten? Und war der Grund der behauptete Wunsch, das amerikanische Handelsbilanzdefizit gegenüber China zu verringern?

Vielleicht. Doch eher noch drängender ist der Grund, die Gewinne der amerikanischen multinationalen Konzerne zu retten, die ab den 1980er-Jahren Produktionsstätten in Ländern wie Mexiko und Brasilien errichteten und nun durch den harten Wettbewerb mit China unter Druck geraten.[9]

Amerikas Problem angesichts des gewaltigen chinesischen Wachstums besteht darin, dass der Crash von 2008 den Minotaurus daran gehindert hat, die Chinesen auf seine Linie zu bringen. Bis dahin waren die Chinesen mit ihren Handelsbilanzüberschüssen auf den Minotaurus angewiesen und deshalb gezwungen, sie in den Vereinigten Staaten zu reinvestieren, entweder durch den Kauf von US-Staatsschulden oder durch Investitionen im privaten Sektor. Da der Minotaurus nicht länger in der Lage ist, in annähernd demselben Umfang wie vor 2008 die immer größeren Mengen chinesischer Waren zu absorbieren (zumal sich China inzwischen auf die Produktion großer Hightech-Projekte wie superschnelle Eisenbahnen verlagert hat), muss China nicht automatisch sein ganzes Kapital nach New York schicken.

Damit hat China nur noch einen Grund, massiv in amerikanische Vermögenswerte zu investieren: die Tatsache, dass es bereits viel dort investiert hat und nicht möchte, dass der akkumulierte Lohn für die harte Arbeit seiner Menschen an Wert verliert, wenn die Vereinigten Staaten in eine Staatsschuldenkrise rutschen. Zugleich und allen öffentlichen Erklärungen zum Trotz fehlt der US-Regierung der Rückhalt eines großen Teils der amerikanischen Unternehmen für das Projekt, eine dem Plaza-Abkommen vergleichbare Vereinbarung über die Aufwertung des RMB gegenüber dem Dollar durchzusetzen. Weil die Vereinigten Staaten ihre Defizite nicht ausweiten können (wie es möglich war, als der Minotau-

Grafik 8.1 zeigt die Situation in vier verschiedenen Jahren und gliedert den Besitz amerikanischer Vermögenswerte (öffentlicher und privater), die von nicht in den USA beheimateten staatlichen oder staatlich kontrollierten Finanzinstituten gehalten werden, auf. Es ist offensichtlich, dass seit 2003 die ehemaligen amerikanischen Protegés Europa und Japan als finanzielle Unterstützer Amerikas stark an Bedeutung verlieren. Gleichzeitig geht der Anteil des chinesischen Staates durch die Decke. Insofern waren die jüngsten Nöte des Minotaurus eine ernsthafte Bedrohung für die US-Vermögenswerte, die China bereits besitzt.

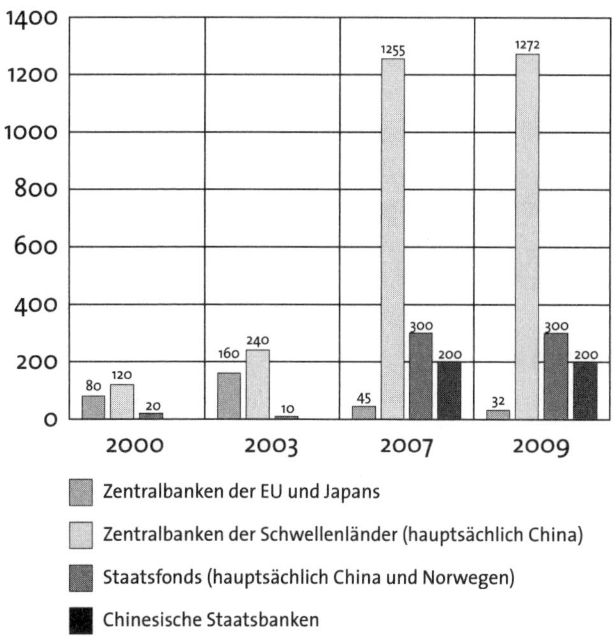

Grafik 8.1: Zuwachs bei amerikanischen Vermögenswerten im Besitz ausländischer staatlicher Institutionen (in Milliarden Dollar)

rus vor jugendlicher Kraft strotzte) und weil sie sich gegenüber China nicht so durchsetzen können wie 1985 gegenüber Japan, sind sie ratlos, wie sie mit China umgehen sollen.

Auch China ist in der Klemme, weil es ohne den kraftstrotzenden Minotaurus nicht genügend Nachfrage für seine Industrie mobilisieren kann, und hat schließlich auf erstaunliche Weise reagiert. Zum Beispiel hat die brasilianische Zentralbank enthüllt, dass die chinesischen Direktinvestitionen im Land, die 2009 nur 300 Millionen Dollar betrugen, 2010 auf 17 Milliarden Dollar geklettert sind. Warum? Was hat China vor?

Wie jeder weiß, verdienen Brasilien, Argentinien und andere seit einiger Zeit viel Geld durch chinesische Käufe von Eisenerz, Sojabohnen, Öl, Fleisch und so weiter. Aber als der Globale Minotaurus 2008 schwer verwundet war und diese Volkswirtschaften dank ihrer Rohstoffexporte nach China weiter wuchsen, schossen die Kurse ihrer Währungen gegenüber dem Dollar in die Höhe. Das hatte drei unmittelbare Folgen.

Erstens lockten Lateinamerikas hohe Wachstumsraten neue *carry trades* an, diesmal aus den Vereinigten Staaten, deren Wachstumsrate und Zinssätze bei null herumdümpelten; das motivierte natürlich zur Kapitalflucht aus Amerika.

Zweitens wurden Brasilien und Argentinien von neuen Industrieimporten aus China überflutet, als deren Preise fielen, weil die lokalen Währungen gegenüber dem Dollar stärker wurden (und durch die Dollarbindung auch gegenüber dem RMB).

Drittens erhöhte China, um diesen Kreislauf fortzusetzen, seine Investitionen in Lateinamerika. Und diese dritte Entwicklung ist von einiger Bedeutung. Bis vor kurzer Zeit investierte China in Afrika und andernorts in Vorhaben, die letztlich dem Ziel dienten, die Rohstoffversorgung für seine heimische Industrie zu sichern. Mit den neuen Investitionen in Ländern wie Brasilien scheint China eine neue Strategie zu verfolgen, die auf so etwas wie einen eigenen chinesischen Globalen Plan hinausläuft! Es lenkt einen Teil seiner Kapitalflüsse ins Ausland, und zwar in andere Länder als die Vereinigten Staaten, in dem Bemühen, dort, also andernorts, die Nachfrage nach chinesischen Waren zu stimulieren.

Die tiefere Bedeutung von Chinas Verhältnis zum Rest der Schwellenländer erschließt sich durch Indizien, wie China mit dem Problem umgehen wird, dass der Sturz des Minotaurus 2008 eine klaffende Lücke in der Nachfrage nach chinesischen Exporten hinterlassen hat. Klar ist, dass China, die Vereinigten Staaten und die anderen Schwellenländer von nun an zu dritt ein Angsthase-Spiel (wer ausweicht, hat verloren) betreiben werden. Da kein dominierender Spieler in Sicht ist und keiner ein eindeutiges Ziel hat, scheinen die Aussichten für einen neuen effizienten (formellen oder informellen) globalen Mechanismus zum Überschussrecycling gering und weit entfernt. Das heißt, dass das Erbe, das der Minotaurus der Weltwirtschaft hinterlässt, eher trostlos ist.

Epilog: Zwischen der Bankrottokratie des Westens und der fragilen Stärke des Ostens

Nach der Stimmung in den Zentren der Macht zu urteilen, erleben die Länder, die wir üblicherweise als »Dritte Welt« bezeichneten, gerade eine ziemliche Krise. Die »Schwellenländer« wachsen auf Kosten Europas und der Vereinigten Staaten, den zwei traditionellen Zentren des Kapitalismus, die nun leider das neue sozioökonomische System der »Bankrottokratie« hervorgebracht haben.

Der Sturz des Globalen Minotaurus im Jahr 2008 hat die Perspektive einer weltweiten Neuordnung eröffnet. Aber noch ist der Minotaurus da und droht, Amok zu laufen. Er mag zwar verwundet sein, vielleicht auch tödlich, aber die Welt trägt immer noch seinen Stempel. Als er verwundet zu Boden sank und der Beinahe-Zusammenbruch der Wall Street ihm die letzte Energie aussaugte, versäumten die einstigen Protegés der Vereinigten Staaten, die Gelegenheit zu ergreifen.

Europa schlitterte in eine selbstgemachte Krise – und die bedroht inzwischen sechzig Jahre europäischer Integration. Südostasien stellte fest, dass es nun mehr denn je von einem mächtigen Nachbarn abhing, nur diesmal nicht von Japan, sondern von China. Japan selbst, das lange vor dem Kollaps des Minotaurus seine eigene Rezession erlebte, scheint sich mit der Stagnation abgefunden zu haben.

Von allen wirtschaftlichen Machtzentren außerhalb der USA ist nur China dynamisch genug, um nach dem Thron des Minotaurus zu greifen. Aber China weiß, dass es diese prominente Rolle noch nicht ausfüllen kann, weil es nicht einmal für seine eigene Produktion genügend Nachfrage erzeugen kann. Seine jüngsten Bemühungen, insbesondere im Verhältnis zu Lateinamerika seinen eigenen Globalen Plan auf die Beine zu stellen, hat zu Irritationen bei seinen potenziellen Protegés (zum Beispiel Brasilien) geführt und uns daran erinnert, dass Amerikas Globaler Plan nur deshalb ohne nennenswerten Widerstand durchging, weil zu der Zeit, als er ersonnen und umgesetzt wurde, der Rest der Welt in Trümmern lag.

Manche sind der Auffassung, dass China nur abwarten muss in der Gewissheit, dass es am Ende siegen wird. Die chinesische Führung ist sich dessen nicht so sicher. Sie weiß genau, wie knapp die Nachfrage in der Post-Minotaurus-Ära ist. Sie weiß, dass Deutschland, Japan und China sich für ihr Überleben voll und ganz auf aggressive, weiter wachsende Überschüsse verlassen. Aber dazu braucht man auch jemanden, der diese Überschüsse absorbiert und dafür Defizite in Kauf nimmt.

Bisher war das der Globale Minotaurus. Jetzt ist er weg, und anscheinend gibt es keinen Ersatz. Um Zeit zu gewinnen, stimuliert die chinesische Regierung ihre eigene wachsende Volkswirtschaft und schützt sie vor Aufwertungen, in der Hoffnung, dass das starke Wachstum anhalten werde. Aber es gibt Zeichen an der

Wand, und sie sehen nicht gut aus. Einerseits sinkt die Konsumquote (der Anteil des Konsums am BIP) – ein sicheres Zeichen, dass der heimische Markt nicht genug Nachfrage für Chinas gigantische Fabriken zur Verfügung stellen kann. Andererseits führen die Finanzspritzen zu Immobilienblasen. Wenn man sich nicht um sie kümmert, können sie platzen und katastrophale Unruhen im Land auslösen. Aber wie lässt man die Luft aus einer Blase, ohne das Wachstum abzuwürgen? Das war die Billionen-Dollar-Frage, die Alan Greenspan nicht beantworten konnte. Wir wissen nicht, ob der chinesische Staat sie beantworten kann.

KAPITEL 9
EINE ZUKUNFT OHNE MINOTAURUS?

Die Akteure der Geschichte

Wir sind jetzt ein Reich, und wenn wir handeln, schaffen wir unsere eigene Realität. Und während Sie die Realität studieren – bedachtsam wie immer –, werden wir wieder handeln, andere neue Realitäten schaffen, die Sie dann ebenfalls wieder studieren können, und so werden sich die Dinge ordnen. Wir sind die Akteure der Geschichte … und Ihnen, Ihnen allen, bleibt nichts weiter übrig, als zu studieren, was wir tun.[1]

Mit diesen Worten hat ein hochrangiger amerikanischer Politiker den Kern dessen benannt, was Amerikas großartige Kühnheit nach dem Zweiten Weltkrieg ausmachte. Nicht nur einmal, sondern zweimal zerschmetterten die Vereinigten Staaten die bestehenden Realitäten und formten neue daraus. Beim ersten Mal hatten sie keine andere Wahl. Der Zweite Weltkrieg hatte Amerika in die Rolle des Realitätsformers wider Willen gebracht. Und Amerika reagierte brillant, mit einem Globalen Plan, der dem globalen Kapitalismus einen Höhepunkt bescherte. Als dann der Globale Plan sein Verfallsdatum erreicht hatte, verschwendeten die Vereinigten Staaten keine Zeit damit, zu zögern oder die bestehende Realität zu »studieren«.

Stattdessen machten sie sich daran, die zerfallende Realität vollends zu zerstören und eine große, weltweite Krise zu verursachen, damit aus ihr eine neue, hyperdynamische Realität hervorgehen konnte: der Globale Minotaurus. Zum zweiten Mal in seiner Geschichte formte Amerika die Welt neu, weniger nach seinem eigenen Bild, sondern in einer Art und Weise, die eine schleichende Schwäche in majestätische Hegemonie verwandelte.

Der Schlüssel zum Erfolg Amerikas war die Erkenntnis, dass ein Mechanismus zum Recycling der globalen Überschüsse unerlässlich ist. Hegemonie ist etwas anderes als Dominanz oder plumpe Ausbeutung, insofern der echte Hegemon versteht, dass er seine Macht nicht festigt, wenn er seine Untergebenen weiter auspresst, sondern indem er in ihre Fähigkeiten, Überschüsse zu erzeugen, investiert. Damit der Hegemon seinen Untergebenen etwas wegnehmen kann, muss er die Kunst beherrschen, ihnen im Gegenzug etwas zu geben. Um seine Macht zu erhalten, muss er seine Überschüsse vergrößern, und damit das gelingt, muss er erhebliche Anteile der Überschüsse an seine Untergebenen zurückleiten.

Durch die beiden unterschiedlichen weltweiten Nachkriegsrealitäten hindurch, die Amerika ganz allein geschaffen hat, achtete es sehr darauf, wirksame Recyclingmechanismen zu etablieren, über die es totale Kontrolle zu haben glaubte. In der Ära des Globalen Plans ging Amerika davon aus, dass es die Überschüsse verteilen würde. Seine Hegemonie drehte sich dementsprechend darum, große Teile seines Überschusskapitals (das es durch seine Handelsbilanzüberschüsse angehäuft hatte) nach Japan und Europa zu lenken. Wie beabsichtigt, profitierte Amerika von diesem Recycling, weil die Japaner und Europäer die Transfers dazu nutzten, Waren und Dienstleistungen zu kaufen, die von den USA produziert oder kontrolliert wurden.

Als die Vereinigten Staaten dann unversehens mit einem beträchtlichen Handelsbilanz- und Haushaltsdefizit dastanden, taten sie den nächsten Schritt. Sie verursachten ein globales Erdbeben als Vorspiel für das Zeitalter des Globalen Minotaurus – meine Allegorie für einen gewaltigen Recyclingmechanismus, der die globalen Handels- und Kapitalströme umkehrte. Künftig musste Amerika Industriezentren im Ausland mit hinreichender Nachfrage nach ihrer Produktion versorgen, im Austausch gegen rund 80 Prozent ihrer Kapitalflüsse. Dass dieser gewaltsame Übergang mindestens ein Jahrzehnt schrecklicher Erschütterungen, Schuldenkrisen, eklatanter Instabilität und globaler Stagflation bedeutete, war in den Augen der amerikanischen Eliten ein vernünftiger Preis: Kosten für den Übergang, die die Akteure unserer Geschichte – die cleveren Verantwortlichen der aufeinanderfolgenden amerikanischen Regierungen – der sozialen Ökonomie weltweit und den Arbeitnehmerfamilien in Amerika in Rechnung stellten.

Selbstbeschränkung und die Gefahren des Erfolgs

Selbstbeschränkung ist, wie die Philosophen wissen, eine seltene und verblüffende Tugend. Sie hat die Eigenschaft, abzunehmen, je mächtiger wir werden. Insofern ist es ähnlich wie beim Verhältnis von Vertrauen und Erfolg: Je fester die Bande des Vertrauens zwischen uns sind, desto größer ist unser kollektiver und individueller Erfolg. Aber Erfolg erzeugt Gier, und Gier löst Vertrauen auf. Genauso verhält es sich mit der Selbstbeschränkung: Es kann zu Erfolg verhelfen, sie zu besitzen, aber der Erfolg ist dann eine große Gefahr für die Selbstbeschränkung.

Dieser paradoxe Zusammenhang zwischen Erfolg und Selbstbeschränkung zeigte sich darin, dass er beide globale »Realitäten«, die die Vereinigten Staaten nach dem Zweiten Weltkrieg geschaffen hatten, auflöste. Beim ersten Mal fiel die US-Regierung dem Paradox zum Opfer, beim zweiten Mal die Privatwirtschaft in Amerika, insbesondere der Finanzsektor. Um zu erkennen, wie diese beiden Opfer den Klauen des Erfolgs entrissen wurden, sollten wir zwei Fragen betrachten; die eine betrifft die Krise von 1971, die andere die von 2008.

Was brachte den Globalen Plan ins Straucheln, sodass er den festen Boden verlor und 1971 kollabierte? Die Antwort lautet: die Unfähigkeit der amerikanischen Regierung, Selbstbeschränkung zu üben angesichts der Möglichkeit, ihr ursprüngliches *exorbitantes Privileg* auszunutzen – dass sie als Hüterin der Reservewährung der Welt in der Lage war, nach Belieben global verfügbares Geld zu drucken.

Und was fügte dem Globalen Minotaurus 2008 schwere Wunden zu? Wieder die mangelnde Selbstbeschränkung Amerikas. Nur versagte diesmal nicht die amerikanische Regierung (obwohl man argumentieren kann, dass es unter den Augen der amerikanischen Regierung passierte), sondern der private Sektor allgemein und der Bankensektor im Besonderen. Der amerikanische Finanzsektor scheiterte spektakulär daran, Selbstbeschränkung angesichts der Möglichkeit zu üben, von seinem neuen exorbitanten Privileg zu profitieren – dass er als Hüter des globalen Finanzkapitalismus nach Belieben *globales privates Geld* in Umlauf bringen konnte.

Kann der Minotaurus überleben?

Nein, ich glaube es nicht. Der Crash von 2008 hat die amerikanische Wirtschaft so viel Substanz gekostet und von den in New York beheimateten Institutionen des Finanzkapitalismus so viel Energie abgezogen, dass sie ihre Anziehungskraft für ausländisches Kapital nicht wiedererlangen werden. Mag sein, dass die Wall Street sich wieder ganz erholt hat und dass die Banken, die einmal zu groß zum Scheitern waren, inzwischen noch größer sind (zumindest relativ gesehen), aber die Kapitalisierung der Wall Street ist inzwischen zu gering, um den Tsunami ausländischen Kapitals anzuziehen, der den Minotaurus gesund und munter erhielt. Überdies haben wir es seit 2008/2009 in den Vereinigten Staaten und Europa mit einem neuen System zu tun – ich habe es *Bankrottokratie* genannt –, das zu introvertiert und nicht attraktiv genug ist, um als »Zugpferd« für neue Kapitalzuflüsse zu wirken. Nein, der Globale Minotaurus befindet sich heute in derselben Verfassung wie der Globale Plan nach 1971: Er ist in allmählicher, aber irreversibler Auflösung begriffen.

Der Stand des globalen Spiels

Trotz des willkommenen Aufstiegs der »Schwellenländer« leben wir immer noch in einer vom Westen dominierten Welt. Die Welt ist post-minotaurisch, das heißt, unsere Lebensweise wird von den überlebenden Helfern des Globalen Minotaurus beherrscht: von der Wall Street und von Walmart, vom provinziellen deutschen Merkantilismus, von der absurden Behauptung der Europäischen Union, eine Währungsunion könne ohne einen Mechanismus zum Überschussrecycling funktionieren, von der wachsenden Ungleichheit innerhalb der Vereinigten Staaten, Europas, Chinas und so weiter. Eine Welt ohne Minotaurus, die von den Helfern des Minotaurus regiert wird, ist unlogisch, absurd.

Das beste Beispiel für die Absurdität ist die Art und Weise, wie in der öffentlichen Debatte die sogenannten *globalen Ungleichgewichte* behandelt werden: die systematisch wachsenden Außenhandelsüberschüsse einiger Länder (Deutschland und China sind gute Beispiele) und die spiegelbildlich wachsenden Defizite anderer Länder.[2] Alle Kommentatoren stimmen mittlerweile darin überein, dass die wachsenden globalen Ungleichgewichte etwas Schreckliches sind. Man könnte deshalb annehmen, dass es erlaubt sein sollte, sich vorzustellen, eine Reduzierung der globalen Ungleichgewichte wäre erwünscht. Doch leider ist das Gegenteil der Fall.

Nach 2008 ging das amerikanische Handelsbilanzdefizit wegen der tiefen Rezession in Amerika zurück. Die weltweiten Ungleichgewichte verminderten sich also. Doch gleichzeitig brach die Nachfrage nach Exporten aus China und Deutschland ein, und das führte zu der Krise, die den Rest der Welt erfasste. Und so befinden wir uns in der bizarren Situation, dass wir globale Ungleichgewichte beseitigen wollen und zugleich leiden, wenn sie abnehmen.

Das Paradox löst sich auf, sobald wir versuchen, diese Gegebenheiten aus dem Blickwinkel der Parabel vom Globalen Minotaurus zu betrachten: Ein schreckliches Untier hat gleichwohl eine instabile Welt stabilisiert, indem es die durch das Verschwinden des GMÜR 1971 entstandene Lücke füllte. Und jetzt ist das Untier weg, und unsere Welt befindet sich im Zustand permanenter Instabilität, chronischer Unsicherheit und einer möglicherweise lange anhaltenden Depression.

Der fehlende Mechanismus

Große Hoffnung ruht auf China, wie überall deutlich wird. Kann der chinesische Drache den Minotaurus als stabilisierende Kraft ablösen? Wieder bin ich gezwungen (durch die vorangehende Analyse umso mehr), mit Nein zu antworten – obwohl ich unerschütterlich an die unendlichen kreativen Fähigkeiten Chinas glaube. Der Grund für mein Nein ist einfach: Der globale Kapitalismus kann nicht auf der Basis von mehr Investitionen, besseren Geräten, schnelleren Bahnstrecken, klügeren Innovationen oder schärferem Wettbewerb stabilisiert werden. Die Stabilität des globalen und auch regionalen Kapitalismus verlangt einen GMÜR – und einen solchen Mechanismus können Märkte, egal, wie globalisiert und frei sie sind und wie gut sie funktionieren, nicht liefern.

Kann China diesen fehlenden GMÜR beisteuern? Ich sehe

nicht, wie das geschehen sollte, zumindest nicht in diesem Stadium der Entwicklung. Zweifellos ist sich die chinesische Führung vollkommen bewusst, dass die aktuelle internationale Finanzarchitektur nichts taugt. Li Ruogu, der Chef der chinesischen EximBank, einer großen internationalen Investmentbank, sagte 2008: »Die Finanzkrise ... hat uns klar gezeigt, wie unvernünftig das gegenwärtige internationale Währungssystem ist.« Jiang Yong, ein Vertreter der China Institutes of Contemporary International Relations (eines großen außenpolitischen Thinktanks), wird noch deutlicher: Der amerikanischen Dominanz im Währungssystem ein Ende zu setzen sei »genauso wichtig, wie dass das neue China Atommacht wird«.[3]

Ein GMÜR kann jedoch nicht mit Wunschdenken ins Leben gerufen werden. China wird ohne jeden Zweifel alles daran setzen und hart und mit Erfolg daran arbeiten, eine chinesische Version der Globalisierung hervorzubringen – eine, bei der Beijing im Mittelpunkt eines riesigen Netzes von Handels- und Investitionsbeziehungen mit Indien, Afrika und Lateinamerika steht, an dem aber auch multinationale Unternehmen aus Europa, Amerika und Japan beteiligt sind. China wird versuchen, amerikanische, europäische und japanische Politiker auszubooten, und es wird außerdem seine eigene Währung, den RMB, als wichtigstes Tauschmittel innerhalb solcher Netzwerke propagieren. Doch nichts von all dem lässt für sich allein darauf hoffen, dass ein effizienter GMÜR entsteht, der die Weltökonomie stabilisieren kann.

Und was nun?

Wenn nicht bald ein Recyclingmechanismus auftaucht, sollten wir besser nicht über die Zukunft nachdenken. Auf der einen Seite haben wir den Westen, der in den giftigen Netzen der erlahmenden

Handlanger der Minotaurus gefangen ist und sich den Herausforderungen der Welt nach 2008 nicht gewachsen zeigt, der stagniert, sich immer weiter von der Realität entfernt, nicht in der Lage ist, ihre Gegebenheiten mit seinen Fähigkeiten in Einklang zu bringen oder neue »Realitäten« zu schaffen. Auf der anderen Seite haben wir die Schwellenländer, in denen die Menschen darauf brennen, Zwänge zu überwinden, neue »Realitäten« hervorzubringen, bestehende Grenzen hinauszuschieben. Eine solche Welt der zwei Geschwindigkeiten ist sehr leicht entflammbar, denn der Zusammenprall zwischen denen, die ökonomisch nach vorn streben, und den anderen, die stagnieren, aber immer noch ein virtuelles Monopol über die militärische Macht, die Reservewährung der Welt und die transnationalen Institutionen des Planeten (den UN-Sicherheitsrat, die NATO, den IWF und die Weltbank) besitzen, ist vorprogrammiert.

Wenn nun aber ein Recyclingmechanismus die *Conditio sine qua non* für eine stabile globalisierte soziale Ökonomie ist und wenn wir ohne einen solchen Mechanismus Gefahr laufen, in einen Zustand der radikalen Unsicherheit wie vor dem Zweiten Weltkrieg zurückzufallen (verstärkt noch um die Risiken durch die modernen Massenvernichtungsmittel), gibt es dann eine bessere Alternative für die Zukunft?

Ein schönes Szenario könnte eine große Koalition der Schwellenländer sein, die *de facto* einen GMÜR auf der Basis geplanter Investitionen und von Handelsaustausch untereinander schaffen würden. Zum Beispiel könnte man sich vorstellen, dass China nicht länger Brasilien auf die Zehen treten und brasilianische Produktionsanlagen ohne die Zustimmung brasilianischer Verantwortlicher kaufen würde, sondern dass es ein System gäbe, in dem Chinas Investitionen auf der Grundlage eines Abkommens mit der brasilianischen Regierung kanalisiert würden, das Kapitalflüsse nach Brasilien und zugleich den Verkauf brasilianischer Primärgüter an China und den Transfer chinesischer Technologie nach

Brasilien beinhaltet. Solche Vereinbarungen zwischen Brasilien, China, Argentinien, Indien, der Türkei und ausgewählten afrikanischen Ländern könnten als Recyclingmechanismus dienen, der ein stabiles Wachstum fördern würde. Das Sahnehäubchen dabei wäre, dass die westlichen Bankrottokratien dann allein auf weiter Flur dastünden.

Ein zweites, noch schöneres Szenario könnte so aussehen, dass der Westen eine Erleuchtung hat und schließlich doch noch John Maynard Keynes' Vorschlag einer Internationalen Clearing-Union aufgreift – den Vorschlag, den Amerika bei der Konferenz von Bretton Woods 1944 abgelehnt hat. Ist das weit hergeholt? Ganz sicher. Aber der Crash von 2008 hat einige intelligente Köpfe zum Nachdenken gebracht. In einem bemerkenswerten Radiointerview (so bemerkenswert, dass ich bereits zweimal daraus zitiert habe) gewährte der mittlerweile in Ungnade gefallene Dominique Strauss-Kahn einen Einblick, wie sehr die Krise von 2008 die Mächtigen beeindruckt hat. Als er noch an der Spitze des IWF stand und über seine mögliche Kandidatur für das Amt des französischen Staatspräsidenten spekuliert wurde, sagte er auf die Frage nach einer möglichen Umgestaltung der Weltwirtschaft:

> Niemals in der Vergangenheit war eine Institution wie der IWF so nötig wie heute … Keynes hat vor sechzig Jahren bereits vorausgesehen, was gebraucht wurde, aber damals war es noch zu früh. Heute ist die Zeit reif, es zu tun. Und ich denke, wir sind bereit, es zu tun.[4]

Werden wir »es tun«? Ist das eine Verpflichtung, die Strauss-Kahns schmähliches politisches Ende überleben könnte? Und wenn es so ist, werden wir »es« im Kontext bestehender Institutionen wie des IWF »tun« – das heißt, Relikten des längst begrabenen Globalen Plans? Die Antwort hängt wieder einmal ganz und gar von den Vereinigten Staaten ab. Wenn die politisch Verantwortlichen in Amerika begreifen, was die endgültige Abdankung des Globalen Minotaurus tatsächlich bedeutet, und wenn die Schreckensvision einer permanent von Stagnation bedrohten Weltwirtschaft sie aufrüttelt, dann besteht eine Chance auf eine Zukunft, die sich als rational und stabil erweisen wird und die wenigstens einer Spur von Hoffnung in sich trägt, dass unsere jüngste Krise ihr kreatives Potenzial freisetzen darf. Vielleicht wird der Tod unseres Minotaurus Jahrhunderte später die Dichter und Mythenbildner inspirieren, sein Ende als Beginn eines neuen, authentischen Humanismus zu schildern.

Anmerkungen

Kapitel 1

1. Am Montag, dem 19. Oktober 1987, erlitten die Aktienmärkte weltweit den größten Tagesverlust in ihrer Geschichte.
2. Greenspan sprach am 23. Oktober 2008 vor dem Kongressausschuss für Kontrolle und Regierungsreform, dessen Vorsitzender damals der demokratische Senator Henry Waxman war.
3. Die Pakete hatten den geheimnisvollen Namen Collateralized Debt Obligations, CDOs (verbriefte Schuldverschreibungen).
4. Ich konzentriere mich auf CDOs, weil sie die häufigste Form der sogenannten strukturierten Finanzprodukte waren. Daneben gab es natürlich noch viele andere Arten von toxischen Papieren.
5. US Treasury Bills sind Schuldverschreibungen, die vom amerikanischen Finanzministerium ausgegeben werden. Sie gelten weithin als die sicherste Form von Schuldpapieren, weil die amerikanische Regierung dafür bürgt. Aus diesem Grund haben sie in der Regel mit die niedrigsten Zinssätze am Markt.
6. Banken sind gesetzlich verpflichtet, ihre Kreditvergabe auf einen bestimmten Prozentsatz der Einlagen zu beschränken, damit sie immer genug Geld in ihren Tresoren haben, falls ein Darlehen ausfällt und/oder mehr als die übliche Zahl von Kontoinhabern ihr Geld zurückhaben will. Aber wenn die Banken mit dem Geld ihrer Kontoinhaber CDOs kauften, wurde dieses Geld so behandelt, als wäre es in der Bank verblieben, mit anderen Worten: als hätte die Bank die CDOs nie gekauft!
7. Das erklärt, warum an jenem verhängnisvollen Tag im September 2008 Lehman Brothers mit Bergen von CDOs in den Büchern ertappt wurde.
8. In dem Bemühen, eine Wiederholung der Weltwirtschaftskrise von 1929 zu verhindern, verfügte das Gesetz eine Trennung zwischen a) normalen Geschäftsbanken, die Einlagen von Männern und Frauen verwalteten, und b) Investmentbanken, die mit Aktien, Futures, Rohstoffen usw. spekulieren, aber keine Einlagekonten führen durften. Den normalen Banken wurde verwehrt, mit dem Geld anderer Leute zu zocken; den Investmentbanken hingegen war es freigestellt, auf einem Ozean voller Risiken zu segeln oder unterzugehen.
9. Die Märkte brauchten ein paar Monate, um sich von dem Schock wieder zu erholen, der so groß war, dass viele schon mit einer zweiten Weltwirtschaftskrise gerechnet hatten.
10. 1991, nach dem Einbruch am Immobilienmarkt; Ende der 1990er-Jahre nach

einer Reihe von Krisen (dem Zusammenbruch von LTCM nach der Währungskrise in Russland; der Krise in Ostasien); 2001, als die Dotcom-Blase platzte; und schließlich im selben Jahr bei der Panik am Aktienmarkt nach den Anschlägen vom 11. September.

11. Diese Worte schrieb Karl Marx 1844 im dritten seiner sogenannten *Pariser Manuskripte* mit dem Titel »Privateigentum und Arbeit« (Ausgabe Berlin 1987, S. 77).

Kapitel 2

1. Siehe Jared Diamond, *Arm und Reich. Die Schicksale menschlicher Gesellschaften,* Frankfurt am Main 1998, Teil II.
2. Condorcet, *Entwurf einer historischen Darstellung des menschlichen Geistes,* Frankfurt am Main 1963, S. 79.
3. Ibn Khaldun, *Die Muqaddima. Betrachtungen zur Weltgeschichte,* München 2011.
4. John Maynard Keynes, *Allgemeine Theorie der Beschäftigung, des Zinses und des Geldes,* 10. verbesserte Aufl., Berlin 2006, S. 135.
5. Einen guten Überblick über solche Zusammenbrüche geben Carmen Reinhart und Kenneth Rogoff, *This Time Is Different: Eight centuries of financial folly,* Princeton 2009.
6. Wenn sich all Ihre Musik, Filme, Apps, Adressen usw. auf iTunes befinden und mit einem Apple-Produkt (iPod, iPhone, iPad usw.) leicht zugänglich sind, sind die Opportunitätskosten beim Kauf eines Produkts von Nokia oder Sony hoch (selbst dann, wenn das entsprechende Gerät dieser Hersteller besser ist) – Sie verbringen buchstäblich Stunden damit, das neue Gerät anzupassen. Deshalb verlieh iTunes Apple immense Monopolmacht, vergleichbar der, die Edison und Westinghouse sich jeweils verschaffen wollten.
7. John Steinbeck, *Früchte des Zorns,* 17. Aufl., München 2008, Kap. 25.
8. John Maynard Keynes, *Allgemeine Theorie,* a. a. O., S. 133.
9. Karl Marx, *Das Kapital. Kritik der politischen Ökonomie. Zweiter Band,* Marx/Engels Gesamtausgabe (MEGA), Bd. II/13, Berlin 2008, S. 54.
10. Erinnern wir uns an das Stück, das Christopher Marlowe am Ende des 16. Jahrhunderts verfasst hat: Darin unterschreibt Dr. Faustus mit seinem Blut den berühmten Pakt, in dem er Mephistopheles als Gegenleistung für irdisches Glück in vierundzwanzig Jahren seinen Leib und seine Seele überantwortet.

Kapitel 3

1. White war ein glühender New-Deal-Anhänger und erklärter Keynesianer. Er hatte in Harvard in Ökonomie promoviert und war Staatssekretär von Fi-

nanzminister Henry Morgenthau. Als überzeugter Internationalist wirkte er an der Gründung des IWF mit und wurde auch dessen Direktor. 1947 trat er nach Vorwürfen, er habe für die Sowjets spioniert, abrupt zurück. Er starb im Jahr darauf an Herzversagen.

2. John Maynard Keynes, *The Collected Writings of John Maynard Keynes*, Bd. 26, *Activities 1941–1946. Shaping the past-war world. Bretton Woods and Reparations*, London 1980, S. 101.
3. Um genauer zu sein: Die Internationale Bank für Wiederaufbau und Entwicklung (IBRD) war die Vorläuferin der Weltbank. Heute gehört zur Weltbank auch die Internationale Entwicklungsorganisation (International Development Association, IDA).
4. Er sagte wörtlich: »Jetzt ist die Zeit, es zu tun, und ich denke, wir sind bereit, es zu tun.« Interview »Inside the IMF«, BBC Radio 4, 17. Januar 2011.
5. White sprach das unmissverständlich aus: »In dem Punkt waren wir unnachgiebig. Wir haben die Haltung eines unbedingten Nein eingenommen.«
6. Es gilt festzuhalten, dass gegen Kriegsende alle schwer getroffenen Länder Europas gegenüber den Vereinigten Staaten stark verschuldet waren und große Mengen Gold nach Amerika transferierten. Dieser Umstand trug mit zur Entschlossenheit der USA bei, den Dollar zum Dreh- und Angelpunkt des Systems von Bretton Woods zu machen.
7. Von dem Zeitpunkt an klammerten sich die folgenden britischen Regierungen an einen Strohhalm: die »besondere Beziehung«, die Großbritannien zum kleineren Ausführungsorgan der amerikanischen Politik machte als Gegenleistung dafür, dass britische multinationale Konzerne privilegierten Zugang zum US-Markt erhielten und die City of London zur Wall Street.
8. Interessanterweise erlebte Marjolin seine prägenden Jahre vor dem Krieg als Rockefeller-Stipendiat in Harvard. Dort gehörte er einem Lesekreis an, in dem man Keynes' *Allgemeine Theorie* studierte. Die beiden anderen Teilnehmer waren John Kenneth Galbraith (1908–2006) und Paul Samuelson (1915–2009). Galbraith war im Krieg Roosevelts »Preiszar«: Er legte die Preise für alle wichtigen Rohstoffe fest. Samuelson erhielt 1970 den Wirtschaftsnobelpreis. Er gilt als der Ökonom, der den Amerikanern Keynes nahebrachte (allerdings in einer übermäßig vereinfachten, ich würde sogar sagen toxischen, Form).
9. In einem Radiointerview wies der Linguistik-Professor und politische Aktivist Noam Chomsky vor einigen Jahren auf einen interessanten Aspekt des Marshallplans hin – einen Aspekt, der die Vereinigten Staaten, Frankreich und die Niederlande mit dem europäischen Imperialismus in Asien in Verbindung bringt: Ein großer Teil der Marshallplanhilfe an Frankreich floss in die Rekolonisierung Indochinas, ein Vorspiel zum Vietnamkrieg, der so katastrophale Folgen für alle Beteiligten und auch für den Globalen Plan haben sollte. Die Niederlande sind ein weiteres Beispiel. Sie setzten die Gelder aus dem Marshallplan dafür ein, Indonesien zurückzuerobern, eine ehemalige

niederländische Kolonie, die es geschafft hatte, sich gegen Ende des Krieges von Japan zu befreien. Die Amerikaner waren ziemlich verärgert über die Niederländer, stützten sich aber 1950 sehr auf ihre Hilfe und drängten sie, Truppen nach Korea zu schicken (als eine Art Wiedergutmachung dafür, dass sie die Marshallplanhilfe für ihre kolonialen Illusionen missbraucht hatten).

10. Zum Beispiel vollzog Amerika 1946 einen drastischen Kurswechsel in Griechenland und schmiedete eine Allianz mit griechischen Nazi-Kollaborateuren gegen die Linke. Ungefähr zur selben Zeit schloss Amerika auf der Iberischen Halbinsel Frieden mit den Regimes von Franco und Salazar. Kurz darauf stellte es sich entschieden gegen Freiheitsbewegungen in Afrika, Indochina und sogar Zypern – bis dahin hatte Amerika sich neutral verhalten, wenn nicht sogar Sympathie bekundet.

Kapitel 4

1. Rund 2,3 Millionen Tote, 3,5 Millionen schwer Verwundete und 14,5 Millionen Flüchtlinge.
2. Diese Schätzungen stammen von Professor Robert Eisner von der Northwestern University, ehemaliger Präsident der American Economic Association, der sich als Ökonom mit dem New Deal befasst hat.
3. V. H. Oppenheim, »Why oil prices go up: The past: we pushed them«, *Foreign Policy* 25 (1976–1977), S. 32f.
4. Siehe das Interview mit Scheich Yaki Yamani im Royal Institute of International Affairs, veröffentlicht am 14. Januar 2001 im *Observer.* Scheich Yamani war der dienstälteste saudi-arabische Ölminister (1962–1986).
5. Paul Volcker, »An economy on thin ice«, *Washington Post,* 10. April 2005.
6. In Rumänien konnte beispielsweise jahrelang in den Häusern nicht richtig geheizt werden, sogar in den kältesten Wintermonaten.

Kapitel 5

1. Das Beispiel basiert auf einer Idee von John Lancaster. Siehe seinen Aufsatz aus dem Jahr 2009 »It's finished«, *London Review of Books* 31 (10).
2. Obwohl das mehr ist als der Mindestlohn in den Vereinigten Staaten, bedeutet es, dass die Walmart-Arbeiter dauerhaft unterhalb der Armutsgrenze leben und Anspruch auf staatliche Essensmarken haben.
3. Der größte Zivilprozess in den Vereinigten Staaten drehte sich um den Vorwurf, Walmart bezahle seinen 1,5 Millionen weiblichen Beschäftigten zu wenig und hindere sie am Aufstieg.
4. New Economics Foundation, *Growth Isn't Working: The unbalanced distribution of benefits and costs from economic growth,* London 2006.
5. Hohe Zinsen, die erfolgreichen Bemühungen der amerikanischen Unter-

nehmen, die Arbeitskosten zu drücken, und der rückläufige Lebensstandard des durchschnittlichen amerikanischen Arbeiters.

6. Obwohl die Wahrheit eher anders war, wie wir bereits im vorangehenden Kapitel erläutert haben: Hinter den Kulissen hatte die amerikanische Regierung nichts gegen den Anstieg der Ölpreise einzuwenden gehabt.
7. Im vorangehenden Kapitel haben wir ausgeführt, wie brutal sich der Globale Minotaurus gegenüber dem Durchschnittsamerikaner verhielt. Man kann mit Fug und Recht sagen, dass dank seines Erfolgs nie zuvor so wenige Amerikaner so viel besaßen und so viele so wenig zum Leben hatten. Siehe James Galbraith, *Created Unequal: The crisis in American pay*, New York 1989.
8. Es ging um Spekulation: Die Aktien sollten so billig verkauft werden, dass sie massiv überzeichnet und darum knapp waren. Als die TSB verkauft wurde, gehörte sie nicht einmal der britischen Regierung, sondern vielmehr ihren Konteninhabern. Der Staat musste das Gesetz beugen, um sie zu privatisieren. In manchen Fällen wie bei British Petroleum gehörten auch Regierungsberater zu den Zeichnern, und die Katastrophe nach einem Börsenkrach vor dem Börsengang wurde von der Regierung abgewendet, indem sie die Preise der Aktien garantierte.
9. Erinnern wir uns an die drei Theorien, die in Kapitel 1 diskutiert wurden: die Effizientmarkthypothese, die rationale Erwartungshypothese und die Theorie realer Konjunkturzyklen.
10. In Rahmen dieses Buchs ist es nicht möglich, das in allen Einzelheiten zu belegen. Interessierte Leser finden mehr dazu in Y. Varoufakis, J. Halevi, N. Theocarakis, *Modern Political Economics: Making sense of the post-2008 world*, London und New York 2011.
11. Technischer ausgedrückt: Die Formeln, nach denen die CDOs zusammengestellt wurden, unterstellten, dass der Korrelationskoeffizient der Ausfallwahrscheinlichkeiten der verschiedenen Tranchen oder Scheiben konstant, klein und zu beziffern war.
12. Zweifel an der Konstanz des Korrelationskoeffizienten (siehe vorangehende Fußnote) hätten sie ihre Jobs gekostet, vor allem weil ihre Vorgesetzten die Formel nicht wirklich verstanden, aber ihrer Anwendung hohe Bonuszahlungen verdankten.
13. Siehe George Soros, *Das Ende der Finanzmärkte – und deren Zukunft. Die heutige Finanzkrise und was sie bedeutet*, München 2008, S. 113. Soros stellt richtig fest: »Der Glauben, dass Märkte zum Gleichgewicht tendieren, ist direkt für die gegenwärtigen Turbulenzen verantwortlich; er hat die Regulierungsbehörden dazu ermutigt, sich ihrer Verantwortung zu entziehen und bei der Korrektur der eigenen Exzesse auf den Marktmechanismus zu bauen.«
14. Paul Volcker, »An economy on thin ice«, *Washington Post*, 10. April 2005.
15. Rede in New York am 12. Mai 2002 zum Thema »Weltdenken, Ungleichgewicht und der Dollar«.

Kapitel 6

1. Der Begriff »Liquiditätsfalle« geht auf Keynes zurück, der einen Fehler in der konventionellen ökonomischen Theorie entdeckte, die besagt, dass eine Rezession sich selbst heilt, weil die Zinsen fallen und die Investitionen daraufhin automatisch anziehen. Keynes wies darauf hin (siehe Kapitel 2), dass die Zinsen nicht weiter fallen können, wenn sie bei null angekommen sind. Weil aber die Preise in der Rezession weiter fallen, steigt der reale Zinssatz (der Zinssatz, den wir zahlen, minus die Inflationsrate), während er nach der Theorie fallen sollte. Das Ergebnis: Die Rezession verschärft sich.
2. Tim Geithner war Präsident Obamas erste Wahl für das Amt des Finanzministers. Zuvor hatte er bereits unter Präsident Clintons Finanzminister Larry Summers als Staatssekretär im Finanzministerium gearbeitet. Larry Summers kehrte nach der Wahl von Präsident Obama nach Washington zurück (die Bush-Jahre hatte er als Präsident der Universität Harvard verbracht) und wurde Direktor des Nationalen Wirtschaftsrats des Präsidenten.
3. John Maynard Keynes, »The world economic outlook«, *The Atlantic Monthly* 149, S. 521–526.
4. Vandana Shiva, eine indische Physikerin und Umweltschützerin, die die Research Foundation on Science, Technology and Ecology leitet, gibt eine triftige Erklärung für die Nahrungsmittelkrisen in den Entwicklungsländern kurz vor dem Crash 2008. Siehe Vandana Shiva, *Erd-Demokratie. Alternativen zur neoliberalen Globalisierung*, Zürich 2006.
5. Die quantitative Lockerung wird manchmal als eine Form des Gelddruckens bezeichnet. Das ist aber nicht ganz richtig. Die Fed erwirbt von Banken und anderen Institutionen alle Arten von Wertpapieren (US-Staatsanleihen und Unternehmensanleihen). Sie tut das, indem sie diesen Institutionen Überziehungskredite einräumt, die sie für Ausleihungen an andere in Anspruch nehmen können. Aber wenn die Institutionen kein Geld an andere verleihen (weil sie niemanden finden, der sich Geld leihen will), ist das Ergebnis null. Darum sage ich, die quantitative Lockerung ist ein *Versuch,* Geld zu schöpfen. Es ist die Tragödie der Fed, dass sie Geld zu drucken *versucht,* aber keinen Erfolg damit hat.
6. In Europa sind die Politiker geradezu schreckensstarr vor den Bankern, obwohl sie jeden Tag und mit Milliardensummen im Monat deren Haut retten.
7. Die Kommission wurde als Teil des Fraud Enforcement and Recovery Act (Public Law 111-21) eingerichtet, der im Mai 2009 vom Kongress abgesegnet und von Präsident Obama unterzeichnet wurde.
8. *Ptochos* ist das griechische Wort für »Armer, Bettler«, im Neugriechischen heißt es auch »bankrott«. *Trapeza* ist das griechische Wort für Bank. Es bedeutet ursprünglich »Tisch«; der Bedeutungswandel hat damit zu tun, dass in den Stadtstaaten des antiken Griechenland Tausch- und Kreditgeschäfte

auf der *Agora* (dem Marktplatz) abgewickelt wurden und die Beteiligten dabei an langen Tischen saßen.

Kapitel 7

1. Der Beitrag des US-Finanzministeriums in Höhe von 5 Dollar käme tatsächlich von einer Institution namens Troubled Asset Relief Program (TARP), und die 50 Dollar der Fed kämen von der Federal Deposit Insurance Corporation (FDIC), gegründet von den New-Deal-Politikern (als Teil des Glass-Steagall Act aus dem Jahr 1933), um die Einlagen von Sparern im Fall einer Bankenpleite abzusichern. Der Geithner-Summers-Plan sah 150 Milliarden Dollar für TARP vor, 820 Milliarden für die Einlagensicherung, und erwartete, dass der private Sektor (Hedgefonds und Pensionsfonds) 30 Milliarden Dollar beisteuern würde.
2. Im guten Fall beläuft sich der Nettoerlös von *H* auf 10 Dollar, im schlechten Fall verliert *H* 5 Dollar. Der »Abstand« zwischen den beiden Zahlen beträgt 15 Dollar. Sollte *H* dabei mitmachen? Eine einfache Rechnung zeigt, dass *H* nur gewinnt, wenn die Wahrscheinlichkeit, dass der gute Fall eintritt, höher ist als der mögliche Verlust (5 Dollar geteilt durch den »Abstand« – das heißt 5 geteilt durch 15 oder ein Drittel).
3. Henry Kissinger soll einmal gesagt haben, man hätte Summers einen Posten im Weißen Haus geben sollen »mit dem Auftrag, schlechte Ideen abzuknallen oder in Ordnung zu bringen«.
4. Wenn *H' c* durch ein Wunder für über 100 Dollar verkaufen kann, erzielt sie noch einen Extragewinn.
5. Der Plan sah so aus, dass die EU aus eigenen Haushaltsmitteln 60 Milliarden Euro beisteuert und der IWF weitere 250 Milliarden Euro, sodass sich das Gesamtpaket auf 750 Milliarden Euro belief.
6. Zum Konzept eines neoliberalen Raubtierstaates siehe James Galbraith, *Der geplünderte Staat oder was gegen den freien Markt spricht*, Zürich 2010.
7. Obwohl es für die Schwarzen und andere Minderheiten beleidigend wäre, die 1950er- und 1960er-Jahre als »Goldenes Zeitalter« zu bezeichnen, trifft doch zu, dass das stabile Wachstum dieser Jahre dazu beitrug, dass die Bürgerrechtsbewegung gerade zu dieser Zeit entstand und ihre Stimme erhob.
8. Der Leser mag vielleicht einwenden, dass China gut funktioniert. Im nächsten Kapitel werde ich zeigen, dass dem nicht so ist. Das chinesische Wachstum beruht auf nicht nachhaltigen Stimuli, die keine langfristige Nachfrage erzeugen können, wie sie für anhaltendes Wachstum erforderlich wäre.

Kapitel 8

1. Des Weiteren sollte das Plaza-Abkommen dem erklärten Ziel der Vereinigten Staaten dienen, ihren multinationalen Konzernen eine größere Rolle auf dem globalen Markt für elektronische Produkte zu verschaffen, den Japan und Deutschland zu dominieren drohten.
2. Ich lasse Großbritannien bei dieser Klassifizierung beiseite. Nach der Deindustrialisierung unter der Regierung Thatcher stand zwischen Großbritannien und den europäischen Nachzüglern nur die City of London in ihrer Funktion als Drehscheibe der Finanzwelt. Irland bleibt ebenfalls ausgeklammert, weil es zur Zeit eine Krise erlebt, die seinen Status grundlegend verändern könnte.
3. Der französische Philosoph Gilles Deleuze definiert ein Simulacrum oder Trugbild als »System, in dem sich das Differente mittels der Differenz selbst auf das Differente bezieht«. Siehe Gilles Deleuze, *Differenz und Wiederholung*, München 1997, S. 346.
4. Und zwar zu einer Zeit, als die europäischen Defizitstaaten und Frankreich auch mit wachsenden Defiziten in Asien kalkulieren mussten.
5. Die IKB-Bank und ihr Hauptgesellschafter, die KfW-Bank, waren die ersten Opfer von Wall-Street-Tricksereien, die 2008 explodierten. Umgehend baten sie die deutsche Regierung um Hilfe. Die Rechnung belief sich auf 1,5 Milliarden Euro, und das war nur die Spitze des Eisbergs. Ohne dass das deutsche Volk (und ebenso die Mehrzahl der deutschen Politiker) es wusste, hatte der Globale Minotaurus das deutsche Kapital mit dem Virus des Kasino-Kapitalismus infiziert. Als die Krankheit dann ausbrach, musste der deutsche Steuerzahler eine gewaltige Rechnung schultern.
6. Griechenland, Irland, Portugal, Spanien, Italien und Belgien.
7. Technisch könnte man das erreichen, indem man die Anleihen von Defizitstaaten im Besitz europäischer Banken gegen neue mit einem viel niedrigeren Nominalwert eintauscht.
8. Nehmen wir zum Beispiel einmal an, Kalifornien wollte aus den Vereinigten Staaten von Amerika austreten. Wie könnte man entscheiden, wie viel von den amerikanischen Staatsschulden auf Kalifornien entfällt, sodass der Goldene Staat seinen Anteil bezahlen und in Ehren gehen kann? Es ließe sich einfach nicht errechnen. Ähnlich verhielte es sich mit Deutschland nach der Ausgabe gemeinsamer Eurobonds: Der Rückzug aus der Eurozone würde dadurch sehr kompliziert.
9. In einem Interview mit einem australischen Radiosender sagte der mexikanische Wirtschaftswissenschaftler Rogelio de la O 2009: »Selbst starke Unternehmen, die Tochtergesellschaften internationaler Firmen sind, sind sehr, sehr enttäuscht darüber, wie ihre Umsätze gefallen und ihre Gewinnmargen eingebrochen sind. Der China-Effekt ist wirklich überwältigend.«

Kapitel 9

1. Diese Worte zitiert Ron Suskind in einem Beitrag für das *New York Times Magazine* vom Oktober 2004. Obwohl nicht klar wird, von wem sie stammen, glauben viele, Karl Rove, ein hochrangiger Berater von Präsident George W. Bush, habe sie im Sommer 2002 gesagt.
2. Als mein Kollege Joseph Halevi und ich 2003 einen Artikel veröffentlichten (und darin erstmals die Metapher vom Globalen Minotaurus verwendeten), in dem wir uns auf die wachsenden »globalen Ungleichgewichte« der Vereinigten Staaten – das heißt ihr doppeltes Defizit – konzentrierten, ignorierte man unsere Argumentation. Seit der Minotaurus durch den Crash von 2008 zu Boden gestreckt wurde, erkennen alle an, dass die globalen Ungleichgewichte ein Problem darstellen – sowohl auf internationaler Ebene (Chinas Überschuss gegenüber den Vereinigten Staaten und Europa) wie innerhalb Europas (Deutschlands Überschuss gegenüber dem Rest der Eurozone).
3. Zitiert von Geoff Dyer, David Pilling und Henry Sender in der *Financial Times*, 17. Januar 2011.
4. »Inside the IMF«, BBC Radio 4, 17. Januar 2011.

Empfohlene Lektüre

Viele Argumente aus diesem Buch werden ausführlicher und wissenschaftlicher in einem Buch erklärt, das ich als Co-Autor mitverfasst habe. Manche Leser interessieren sich vielleicht für die lange, umfassende Bibliografie im Anhang, aber seien Sie gewarnt: Es ist ein dichtes, akademisches Buch, ganz sicher keine Strandlektüre:

- Y. Varoufakis, J. Halevi und N. Theocarakis, *Modern Political Economics: Making sense of the post-2008 world*, London 2008.

Wer mehr über die Abstammung des Globalen Minotaurus erfahren möchte, kann einen Aufsatz zu Rate ziehen, den Joseph Halevi und ich zu diesem Thema veröffentlicht haben:

- J. Halevi und Y. Varoufakis, »The Global Minotaur«, *Monthly Review* 55 (Juli–August 2003), S. 56–74.

Zu diesem Artikel gab es eine Reihe von Fragen und Antworten, die wir später veröffentlicht haben:

- J. Halevi und Y. Varoufakis, »Questions and answers on the Global Minotaur«, *Monthly Review* 55 (Dezember 2003), S. 26–32.

Wenn Sie sich etwas ganz anderem und entschieden Erfreulicherem zuwenden wollen, empfehle ich Ihnen nachdrücklich zwei Bücher, die Sie zum Lächeln und Lachen bringen und dank ihrer geschliffenen Sprache und fantasievollen Verbindungen zwischen Finanz- und Alltagswelt generell Ihre Laune heben werden. Es ist kein Zufall, dass sie von zwei großartigen Romanautoren stammen. Es sind:

- Margaret Atwood, *Payback. Schulden und die Schattenseite des Wohlstands,* Berlin 2008.
- John Lanchester, *Whoops! Why everyone owes everyone and no one can pay,* London 2010.

Und da ich schon literarische Werke über die Krise empfehle, kann ich der Versuchung nicht widerstehen zu raten, dass jeder Leser, der *Die Früchte des Zorns* noch nicht kennt, die Lektüre nachholen sollte. Kein anderes Buch, vor allem keines von einem Ökonomen, vermittelt besser, was eine Krise mit den Menschen macht – was es wirklich bedeutet, zum Spielball der unkontrollierten Kräfte einer Rezession zu werden. Deshalb die folgende Empfehlung:

- John Steinbeck, *Früchte des Zorns,* 17. Aufl., München 2008 (erstmals veröffentlicht 1939).

Zwei Bücher geben eine hervorragende Einführung in die Zeit vor dem Crash von 2008:

- J. Galbraith, *Created Unequal: The crisis in American pay,* New York 2008.
- J. Galbraith, *Der geplünderte Staat oder was gegen den freien Markt spricht,* Zürich 2010.

Schließlich noch zwei Bücher über den Crash von 2008: Aus der Fülle der Werke, die ich hätte empfehlen können, habe ich eines von einem bekannten Marxisten ausgewählt und eines von einem bekannten Finanzier. Es ist erstaunlich, wie sehr sie in ihren Argumenten übereinstimmen – ein sicheres Zeichen, dass in Krisenzeiten die Logik Menschen mit unterschiedlichem ideologischem Hintergrund einander näher bringt (zumindest wenn sie begierig nach der Wahrheit sind und insofern gefasst auf den Schock des sich entfaltenden Dramas). Es sind:

- Rick Wolff, *Capitalism Hits the Fan: The global economic meltdown and what to do about it,* Northampton/Mass. 2010.
- George Soros, *Das Ende der Finanzmärkte – und deren Zukunft. Die heutige Finanzkrise und was sie bedeutet,* München 2008.

Auswahlbibliografie

Atwood, M., *Payback. Schulden und die Schattenseite des Wohlstands,* Berlin 2008.

Bernanke, B., *Essays on the Great Depression,* Princeton 2004.

Condorcet (Marie Jean Antoine Nicolas Caritat), *Entwurf einer historischen Darstellung der Fortschritte des menschlichen Geistes,* Frankfurt am Main 1963.

Deleuze, G., *Differenz und Wiederholung,* München 1997.

Diamond, J., *Arm und Reich. Die Schicksale menschlicher Gesellschaften,* Frankfurt am Main 1998.

Eliot, T. S., *Little Gidding,* London 1942.

Evans-Pritchard, E. E., *Hexerei, Orakel und Magie bei den Zande,* gekürzte Ausgabe, Frankfurt am Main 1988.

Evans-Pritchard, E. E., *The Nuer. A description of the modes of livelihood and political institutions of a Nilotic people,* Oxford 1940.

Forsberg, A., *America and the Japanese Miracle. The Cold War context of Japan's post-war economic revival, 1950–1960,* Chapel Hill und London 2000.

Galbraith, J., *Created Unequal. The crisis in American pay,* New York 1998.

Galbraith, J., *Der geplünderte Staat oder was gegen den freien Markt spricht,* Zürich 2010.

Greenspan, A., »We need a better cushion against risk«, *Financial Times,* 26. März 2009.

Halevi, J. und Varoufakis, Y., »The Global Minotaur«, *Monthly Review* 55 (Juli–August 2003), S. 56–74.

Halevi, J. und Varoufakis, Y., »Questions and answers on the Global Minotaur«, *Monthly Review* 55 (Dezember 2003), S. 26–32.

Hobsbawm, E., *Industrie und Empire. Britische Wirtschaftsgeschichte seit 1750,* 2 Bde., Frankfurt am Main 1969.

Ibn Khaldun, *Die Muqaddima. Betrachtungen zur Weltgeschichte,* München 2011.

Keynes, J. M., *Krieg und Frieden. Die wirtschaftlichen Folgen des Vertrags von Versailles,* Berlin 2006.

Keynes, J. M., »The world's economic outlook«, *The Atlantic Monthly* 149 (Mai 1932), S. 521–526.

Keynes, J. M., *Allgemeine Theorie der Beschäftigung, des Zinses und des Geldes,* 10. verbesserte Aufl., Berlin 2006.

Keynes, J. M., *The Collected Writings of John Maynard Keynes,* Bd. 25, *Activities 1940–1944. Shaping the post-war world. The clearing union,* London 1980.

Keynes, J. M., *The Collected Writings of John Maynard Keynes,* Bd. 26, *Activities 1941–1946. Shaping the post-war world. Bretton Woods and Reparations,* London 1980.

Kissinger, H., *Jahre der Erneuerung. Erinnerungen,* München 1999.

Kunz, D., *Butter and Guns. America's Cold War economic diplomacy,* New York 1997.
Lanchester, J., »The price of pickles«, *London Review of Books* 28 (2006), Nr. 12, S. 3–6.
Lanchester, J., »It's finished«, *London Review of Books* 31 (2009), Nr. 10, S. 3–13.
Lanchester, J., »Bankocracy«, *London Review of Books* 31 (2009), Nr. 21, S. 35f.
Lanchester, J., *Whoops! Why everyone owes everyone and no one can pay,* London 2010.
Luxemburg, R., *Die Akkumulation des Kapitals. Ein Beitrag zur ökonomischen Erklärung des Imperialismus,* Berlin 1913.
MacCulloch, D., *Die Reformation. 1490–1700,* München 2008.
Marx, K., *Das Kapital. Kritik der politischen Ökonomie. Zweiter Band,* Marx/Engels Gesamtausgabe (MEGA), Bd. II/13, Berlin 2008.
Marx, K., *Pariser Manuskripte. Ökonomisch-philosophische Manuskripte aus dem Jahr 1844,* Berlin 1987.
McDonald, L. und Robinson, P., *A Colossal Failure of Common Sense. The inside story of the collapse of Lehman Brothers,* London 2009.
Minsky, H., *Stabilizing an Unstable Economy,* New York 2008.
Parker, D., *The Official History of Privatisation,* Bd. 1: *The Formative Years 1970–1987,* London 2009.
Reinhart, C. und Rogoff, K., *This Time Is Different: Eight centuries of financial folly,* Princeton 2009.
Schumpeter, J., *Kapitalismus, Sozialismus und Demokratie,* Bern 1946.
Soros, G., *Das Ende der Finanzmärkte – und deren Zukunft. Die heutige Finanzkrise und was sie bedeutet,* München 2008.
Steinbeck, J., *Die Früchte des Zorns,* 17. Aufl., München 2008.
Varoufakis, Y., Halevi, J. und Theocarakis, N., *Modern Political Economics. Making sense of the post-2008 world,* London und New York 2011.
Volcker, P. A., »The political economy of the dollar«, *FRBNY Quaterly Review* (Winter 1978/1979), S. 1–12.
Wachowski, L. und Wachowski, A., »The Matrix, numbered shooting script«, 29. März 1998, verfügbar unter www.dailyscript.com/scripts/the_matrix.pdf.
Wolff, R., *Capitalism Hits the Fan. The global economic meltdown and what to do about it,* Northampton/Mass. 2010.
Zinn, H., *Eine Geschichte des amerikanischen Volkes,* 9 Bde., Berlin 2006.
Žižek, S., *Parallaxe,* Frankfurt am Main 2006.

Grafiken, Tabellen und Kästen

Grafiken

2.1 US-Volkseinkommen
3.1 Reales BIP pro Kopf in der Ära des Globalen Plans
4.1 Stagnierende Löhne, wachsende Produktivität
4.2 Index der durchschnittlichen Realgewinne in den Vereinigten Staaten
4.3 Der Globale Minotaurus in zwei Diagrammen
4.4 Folgen des Globalen Minotaurus für die Wettbewerbsposition der USA
5.1 Korrelation zwischen dem Anstieg der mittleren Hauspreise und dem Zuwachs bei den Konsumausgaben, 2002–2007
8.1 Zuwachs bei amerikanischen Vermögenswerten im Besitz ausländischer staatlicher Institutionen

Tabellen

3.1 Prozentuale Veränderung des Anteils am Welt-BIP
4.1 Durchschnittliche jährliche Veränderung der Lohnstückkosten

Kästen

1.1 Der kretische Minotaurus
2.1 Krisen vor 1929
2.2 Wenn die Vernunft vor der Erwartung kapituliert
3.1 Mechanismen zum Überschussrecycling. Das *sine qua non* des Kapitalismus
3.2 Die Architekten des Globalen Plans
5.1 Wer waren die Helfer?
5.2 Wunschdenken – Wie Fusionen und Akquisitionen fiktive Werte schufen
5.3 Walmart: Eine Firma nach dem Geschmack des Minotaurus
5.4 Der Trickle-up-Effekt
6.1 Kreditausfallversicherungen (CDS)
7.1 Misserfolg zahlt sich aus
8.1 Europas Flucht
8.2 Amerikas Banker

Abkürzungen

AIG	American Insurance Group
BIP	Bruttoinlandsprodukt
CDO	Collateralized Debt Obligation
CDS	Credit Default Swap (Kreditausfallversicherung)
CEO	Chief Executive Officer
EGKS	Europäische Gemeinschaft für Kohle und Stahl
EFSF	Europäische Finanzstabilisierungsfazilität
EMH	Effizienzmarkthypothese
EU	Europäische Union
EZB	Europäische Zentralbank
FDIC	Federal Deposit Insurance Corporation
GMÜR	Globaler Mechanismus zum Überschussrecycling
IBRD	Internationale Bank für Wiederaufbau und Entwicklung
ICU	International Clearing Union
IWF	Internationaler Währungsfonds
LTCM	Long-Term Capital Management (ein Hedgefonds)
NAFTA	North American Free Trade Agreement (Nordamerikanische Freihandelszone)
NATO	North Atlantic Treaty Organization (Nordatlantikvertrag)
OECD	Organisation for Economic Coperation Development (Organisation für wirtschaftliche Zusammenarbeit und Entwicklung)
OPEC	Organisation of the Petroleum Exporting Countries (Organisation erdölexportierender Länder)
PERAB	President's Economic Recovery Advisory Board (Beratungsgremium des Präsidenten für wirtschaftliche Erholung)
RBCT	Real Business Cycle Theory (Theorie realer Konjunkturzyklen)
RBS	Royal Bank of Scotland
REH	Rationale Erwartungshypothese
RMB	Renminbi, chinesische Währung
SPV	Special Purpose Vehicle (Zweckgesellschaft)
TARP	Trouble Asset Relief Program (Programm zur Stabilisierung des Finanzsektors)

Register

ABN-Amro; 146
Acheson, Dean; 92
Adenauer, Konrad; 95
Afghanistan; 131, 162
Afrika; 101, 252, 256, 266
AIG (American Insurance Group); 181, 183, 184, 190
Akins, James; 121
Amerika, siehe Vereinigte Staaten
Anglo Irish Bank; 190
anglo-keltisches Modell; 23ff., 36, 145, 234
AOL-Time Warner; 145
Arbeitslosigkeit; 26, 50, 51, 57, 83, 85, 120, 129, 158, 182, 191, 196, 212, 218, 228, 239
Argentinien; 57, 80, 194, 224, 252f., 256, 268
Asabiyyah; 48f.
Asien, siehe auch Südostasien; 24, 89, 100f., 178, 216f., 224ff., 250f., 253
Australien; 7, 156f., 195, 252

Bank of America; 171, 183, 188f.
Bank of Canada; 178
Bank of England; 57, 178, 186ff.
Barclays Bank; 182f.
Barings Bank; 57
Bear Stearns; 19, 177, 181, 183
Befreiungsbewegungen; 101, 132
Belgien; 96, 101, 146, 185, 231
Bernanke, Ben; 177, 196
Big Bang; 23, 167
Blake, William; 44
BNP-Paribas; 177
Bradford und Bingley; 184
Brasilien; 190, 194, 252ff., 256, 258, 267ff.
Bretton Woods; 77ff., 84, 90, 92, 113, 117ff., 124, 128, 134, 236, 268
Buffett, Warren; 19
Bush, George W.; 153, 179, 182, 184, 187f.
Byrnes, James; 92

Carter, Jimmy; 21, 123f.
CDO (Collateralized Debt Obligation); 17ff., 158ff., 164, 171, 177ff., 188, 195, 198, 201ff., 245
CDS (Credit Default Swap); 179ff., 183, 185, 208, 210, 241f.
Chiang Kai-shek; 98
Chicago, Börse; 147
China; 13, 35, 80, 98, 115, 131f., 140, 142, 173f., 189f., 194, 216, 218, 227, 229f., 232, 234, 249ff., 264ff.
Chrysler; 143, 145, 191
CIA (Central Intelligence Agency); 90
Citigroup; 178f., 187, 189
City of London (Finanzzentrum); 23, 145f., 166f., 173
Clinton, Hillary; 249
Condorcet, Marquis de (Marie Jean Antoine Nicolas Caritat); 43f., 47, 73
Connally, John; 118
Crash von 1907; 57f.
Crash von 1929; 54ff., 60ff., 136
Crash von 2008; 7, 12, 15f., 19, 22ff., 28f., 31ff., 47, 80, 126, 141ff., 149, 156, 164, 171, 175ff., 191f., 194ff., 210f., 216, 225, 228f., 234ff., 239, 244f., 247, 251, 254, 263, 268

Daimler-Chrysler; 145

Darling, Alistair; 191
de Gaulle, Charles; 97
Debenhams; 146
Defizit; 35f., 39, 80, 85f., 121ff., 125, 134, 146, 173, 196, 199, 231, 236, 242, 251
Deng Xiaoping; 115, 250
Deregulierung; 167, 173, 202
Derivate; 30, 141, 147, 158, 160, 193, 205ff., 211
Deutschland; 35, 80, 88ff., 101, 104f., 108, 110f., 114, 122, 125, 127, 136, 142, 157, 173, 189, 197, 199, 208, 222, 226, 230ff., 238f., 248f., 258, 264f.
Dexia-Bank; 185
D-Mark; 81, 95, 100, 119, 230, 232ff.
Dotcom-Blase; 12, 16
Dritte Welt; 102, 154, 194, 257

Edison, Thomas; 54
EFSF (Europäischer Rettungsschirm); 207ff., 243ff.
EGKS (Europäische Gemeinschaft für Kohle und Stahl); 96f., 99
EIB (Europäische Investitionsbank); 247
Eisenhower, Dwight D.; 105
EMH (Effizienzmarkthypothese); 27f.
EU (Europäische Union); 94, 207, 225, 231, 236, 240, 243
Eurobonds; 207, 210
Europa (Mythos); 237
Europäischer Wechselkursmechanismus; 232
Eurozone; 60, 81, 83, 187, 196f., 207f., 210, 234ff., 238, 240ff.
EZB (Europäische Zentralbank); 26, 178f., 186ff., 235, 240, 243ff.

Fannie Mae; 182, 198
Fed (amerikanische Notenbank); 13, 18, 22, 26, 57, 123, 161, 178f., 181, 184ff., 190, 196, 201, 203ff., 212, 240
Fiat; 191
Ford, Henry; 54
Forrestal, James; 92
Fortis; 184
Frankreich; 95ff., 101, 109ff., 116, 185, 188, 208, 222, 231, 233f., 236, 239, 248
Französische Revolution; 43
Freddie Mac; 182, 198

G7-Staaten; 117, 190
G20-Staaten; 60, 190, 195
Galbraith, John Kenneth; 94
GATT (General Agreement on Tariffs and Trade); 99
Geithner, Timothy; 190, 202, 205f.
Geithner-Summers-Plan; 201, 203ff., 210, 213
Gemeinsamer Markt (Europa); 96, 230
General Motors (GM); 84, 87, 103, 113, 134f., 142, 160, 189, 191, 265ff.
Giscard d'Estaing, Valéry; 116
Glass-Steagall Act (1933); 21, 214
Globaler Plan; 72ff., 76ff., 113ff., 123f., 126, 132, 134f., 163, 172f., 176, 215, 219ff., 226f., 230, 236, 256, 258, 260f., 263f.
Globalisierung; 23, 42, 152, 266
GMÜR (Globaler Mechanismus zum Überschussrecycling); 81, 84, 87, 103, 113, 134ff., 173, 236, 240, 247f., 257, 264ff.
Goldstandard; 60f., 84, 117
Goodwin, Richard; 49
Greenspan, Alan; 13, 21, 177, 259
Greenwald, Robert; 154
Griechenland; 81, 91, 160, 199, 208ff., 231, 233, 236, 241ff.
Großbritannien; 12, 15, 24, 57, 61, 78, 80, 89f., 99, 110f., 116, 130, 139, 156f., 165ff. 173, 181ff., 186f., 189ff., 222

Haushaltsdefizit; 35, 85, 135f., 191, 222, 261
HBOS; 184, 187
Heath, Edward; 117f.
Hedgefonds; 12, 25f., 159, 177, 202f., 210, 241
Ho Chi Minh; 115
Homeownership Preservation Foundation; 193
Hoover, Herbert; 59
Hypo Real Estate; 186

Ibn Khaldun; 48f.
IBRD (Internationale Bank für Wiederaufbau und Entwicklung); 78
ICU (International Clearing Union); 80, 86, 104, 113
ILO (International Labour Organisation); 190
Immobilienpreise; 156f., 166f., 227
Indien; 82, 101, 140, 190, 194f., 252, 266, 268
Indochina; 101
Indonesien; 101, 120, 122, 226
Industrialisierung; 41, 109, 112, 221
Iran; 162
Irland; 24, 139, 156f., 160, 181f., 185f., 190, 199, 207ff., 241, 244f.
Irwin, John; 121
Island; 19, 54, 184, 187
IWF (Internationaler Währungsfonds); 78, 133, 154, 181, 186f., 190f., 195, 225f., 228, 240, 243f., 252f., 267f.

Japan; 35, 78, 87ff., 98f., 101f., 104f., 108ff., 114f., 119, 122, 125, 127, 130f., 135ff., 140, 142, 157, 173, 178, 189, 216, 218ff., 229ff., 236, 250f., 253, 255f., 258, 261, 266
Jiang Yong; 266
Johnson, Lyndon B.; 106, 115
JPMorgan; 181, 184

Kalter Krieg; 91, 92, 94, 102ff., 109
Kasino-Kapitalismus; 146, 173, 195, 206, 224, 239
Keiretsu (Japan); 220f., 226
Kennan, George; 92
Kennedy, John F.; 106
Keynes, John Maynard; 52f., 65, 78ff., 84ff., 103f., 107, 113, 134, 188, 192, 194, 216, 236, 268
Kim Il Sung; 99
Kissinger, Henry; 117, 121, 131, 135
Kohl, Helmut; 237
Kommunismus; 34, 132
Korea, siehe Nordkorea, Südkorea
Koreakrieg; 99, 108, 114
Kreditklemme; 177, 179, 181, 243

Labour Party; 89
Landesbanken; 239
Lateinamerika; 12, 224f., 239, 252f., 256, 258, 266
Lehman Brothers; 19, 181, 183, 242
Leverage; 148, 239
Li Ruogu; 266
LIBOR (London Interbank Offered Rate); 178
Liquiditätsfalle; 188, 223, 225
Lloyds TSB; 184, 187
London School of Economics; 14, 87
LTCM (Long-Term Capital Management); 12, 25
Luxemburg; 96, 146, 185

Maastricht-Vertrag; 235f., 247
MacArthur, Douglas; 90
Malaysia; 109, 114, 226, 230
Mao Zedong; 98
Maresca, John; 131
Marjolin, Robert; 94
Marshall, George; 93
Marshallplan; 92ff., 98f., 109
Marx, Karl; 29ff., 33, 49, 66, 211, 215f.

Marxismus; 215f.
Matrix (Film); 29, 67ff.
MBIA; 179, 181
McCarthy, Joseph; 94
Merkel, Angela; 189, 242f.
Merrill Lynch; 179, 183, 188
Merton, Robert; 24
Mexiko; 252, 254
MIK (militärisch-industrieller Komplex); 83, 103, 105, 215
Minotaurus (Mythos); 36, 38, 237
Minsky, Hyman; 53

NAFTA (Nordamerikanische Freihandelszone); 252
Naher Osten; 89, 162
Nationaler Sicherheitsrat; 117, 131
NATO (Organisation des Nordatlantikvertrags); 97, 267
Neoliberalismus; 21, 33
New Century Financial; 177
New Deal; 61f., 74, 83, 92f., 106, 215
New Yorker Börse; 57, 188
Niederlande; 96, 101, 146, 186, 231
Nietzsche, Friedrich; 31
Nixon, Richard; 117ff.
Nordkorea; 98
Northern Rock; 178, 181

Obama, Barack; 13, 149, 189f., 196, 202, 211, 213
OECD (Organisation für wirtschaftliche Zusammenarbeit in Europa); 94
OPEC (Organisation erdölproduzierender Staaten); 120f., 127
Ölpreis; 120ff., 127f.
Osteuropa; 234, 239
Paulson, Henry; 182ff., 189, 201, 206, 242
Paulson-Plan; 184, 206
Penn Bank; 57
PERAB (President's Economic Advisory Board); 213f.
Plaza-Abkommen; 222, 226f., 251, 254
Pompidou, Georges; 117
Privatisierungen; 167, 173

quantitative Lockerung; 196, 212

Ramschhypotheken; 141, 159, 164, 177ff.
Ratingagenturen; 17, 19f., 33, 159
RBCT (Theorie der realen Konjunkturzyklen); 27f.
RBS (Royal Bank of Scotland); 16, 146, 181f., 187
Reagan, Ronald; 21, 123, 135, 162, 165, 167f., 216
Regulierung (der Banken); 17ff., 33, 141, 149, 172, 198, 213, 251
REH (Rationale Erwartungshypothese); 27f.
Renminbi; 251ff., 266
Reservewährung; 118, 126f., 240, 263, 267
Rezession; 12, 13, 28, 50, 57, 65, 67, 85, 110, 156, 179, 182, 187f., 190, 203, 212, 223, 234, 240f., 243f., 251, 258, 265
Roach, Stephen; 175
Robbins, Lionel; 87
Roosevelt, Franklin D.; 21, 61, 74, 78, 89, 91, 197
Roosevelt, Theodore (»Teddy«); 213
Rudd, Kevin; 249
Russland; 190, 195, 224

Saudi-Arabien; 122
Scholes, Myron; 24
Schopenhauer, Arthur; 31
Schuldenkrise; 85, 133, 154, 240, 242f., 246f.
Schuman, Robert; 96
Schumpeter, Joseph; 49

Schwarzer Montag; 12, 21
Schweden; 186, 188, 213
Schweiz; 76, 178, 186
Singapur; 109, 114, 230
Sklavenhandel; 133
Sowjetunion; 77, 90ff., 94, 101, 111, 132, 237
Stahlproduktion; 90
Stagflation; 118, 120, 262
Stalin, Josef; 94
Strauss-Kahn, Dominique; 80, 268
Südkorea; 98f., 109, 114, 224, 226f., 230
Südostasien; 101, 109, 114, 173, 216, 224ff., 229–230, 251, 258
Suharto, Präsident von Indonesien; 120
Summers, Larry; 13, 160, 202, 205, 214
Sweezy, Paul; 94

Taiwan; 226f., 230
Tea Party; 194
Thailand; 109, 114
Thatcher, Margaret; 145, 165ff.
Tigerstaaten; 109, 226ff., 250f.
Tillman Act (1997); 213
Time Warner; 143
toxische Theorie; 24, 27, 29, 162, 168, 214
Treasury Bills; 135
Trickle down; 141, 162ff.
Trickle up; 164
Truman, Harry; 91, 93f.
Truman-Doktrin; 91, 93, 98

UBS; 178, 182
Ukraine; 187, 238
Unocal; 131
UN-Sicherheitsrat; 267

Venezuela; 120
Vereinigte Staaten von Amerika; 7, 11, 12, 15, 35f., 57f., 61, 76ff., 81, 83f., 87, 89ff., 93ff., 99, 101, 104ff., 110ff., 120ff., 129ff., 134ff., 139f., 143, 146, 149f., 153, 155ff., 159, 162, 166f., 173ff., 179, 182, 187f., 192, 194, 196, 210, 215, 219, 221ff., 225ff., 229f., 232ff., 249ff., 256ff., 268
Verstaatlichungen; 165, 213
Vietnamkrieg; 106, 109, 114ff., 119, 128
Volcker, Paul; 21, 35, 117, 123f., 126, 132, 135, 149, 168, 173ff., 213

Wachowski, Larry und Andy; 67
Währungsunion; 80f., 83, 232, 235, 264
Wall Street; 20, 23f., 27, 33, 35, 56, 74, 76, 108, 122, 125f., 128, 135f., 140ff., 146, 148, 150, 155, 159f., 163, 165ff., 170, 173, 175f., 181f., 184f., 190, 193, 198, 202, 206f., 210ff., 217f., 227f., 236, 239f., 242, 245, 251, 257, 263f.
Wallace, Harry; 93
Walmart; 140f., 147, 150ff., 216, 238, 250, 264
Washington Mutual; 184
Weltbank; 78f., 179, 226, 247, 267
Weltwirtschaftskrise; 52, 59ff., 74, 76, 78, 84, 92, 102f., 177, 189, 197, 215
Westinghouse, George; 55
White, Harry Dexter; 78, 90, 134
Wikileaks; 249
WTO (Welthandelsorganisation); 99, 253

Yom-Kippur-Krieg; 120

Zweiter Weltkrieg; 62, 74, 76, 83, 101, 104, 110f., 165, 185, 215, 260, 262, 267
Zypern; 90, 101